THÉATRE COMPLET

DE

ALEX. DUMAS

XIX

ROMULUS — LA JEUNESSE DE LOUIS XIV
LE MARBRIER

NOUVELLE ÉDITION

PARIS
MICHEL LÉVY FRÈRES, ÉDITEURS
RUE AUBER, 3, PLACE DE L'OPÉRA

LIBRAIRIE NOUVELLE
BOULEVARD DES ITALIENS, 15, AU COIN DE LA RUE DE GRAMMONT

1874

Droits de reproduction et de traduction réservés

COLLECTION MICHEL LÉVY

ŒUVRES COMPLÈTES

D'ALEXANDRE DUMAS

THÉATRE

XIX

OEUVRES COMPLÈTES D'ALEXANDRE DUMAS
PUBLIÉES DANS LA COLLECTION MICHEL LÉVY

Acté	1
Amaury	1
Ange Pitou	2
Ascanio	2
Une Aventure d'amour	1
Aventures de John Davys	2
Les Baleiniers	2
Le Bâtard de Mauléon	3
Black	1
Les Blancs et les Bleus	3
La Bouillie de la comtesse Berthe	1
La Boule de neige	1
Bric-à-Brac	2
Un Cadet de famille	3
Le Capitaine Pamphile	1
Le Capitaine Paul	1
Le Capitaine Rhino	1
Le Capitaine Richard	1
Catherine Blum	1
Causeries	2
Cécile	1
Charles le Téméraire	2
Le Chasseur de Sauvagine	1
Le Château d'Eppstein	2
Le Chevalier d'Harmental	2
Le Chevalier de Maison-Rouge	2
Le Collier de la reine	3
La Colombe. — Maître Adam le Calabrais	1
Le Comte de Monte-Cristo	6
La Comtesse de Charny	6
La Comtesse de Salisbury	2
Les Compagnons de Jéhu	3
Les Confessions de la marquise	1
Conscience l'Innocent	1
Création et Rédemption. — Le Docteur mystérieux	2
— La Fille du Marquis	2
La Dame de Monsoreau	3
La Dame de Volupté	2
Les Deux Diane	3
Les Deux Reines	2
Dieu dispose	2
Le Drame de 93	3
Les Drames de la mer	1
Les Drames galants. — La Marquise d'Escoman	2
La Femme au collier de velours	1
Fernande	1
Une Fille du régent	1
Filles, Lorettes et Courtisanes	1
Le Fils du forçat	1
Les Frères corses	1
Gabriel Lambert	1
Les Garibaldiens	1
Gaule et France	1
Georges	1
Un Gil Blas en Californie	1
Les Grands Hommes en robe de chambre : César	2
— Henri IV, Louis XIII, Richelieu	2
La Guerre des femmes	2
Histoire d'un casse-noisette	1
Les Hommes de fer	1
L'Horoscope	1
L'Ile de Feu	2
Impressions de voyage : En Suisse	3
— Une Année à Florence	1
— L'Arabie Heureuse	3
— Les Bords du Rhin	2
— Le Capitaine Arena	1
— Le Caucase	3
— Le Corricolo	2
— Le Midi de la France	2
— De Paris à Cadix	2
— Quinze jours au Sinaï	1
— En Russie	4
— Le Speronare	2
— Le Véloce	2
— La Villa Palmieri	1
Ingénue	2
Isabel de Bavière	2
Italiens et Flamands	2
Ivanhoe de Walter Scott (traduction)	2
Jacques Ortis	1
Jacquot sans Oreilles	1
Jane	1
Jehanne la Pucelle	1
Louis XIV et son Siècle	4
Louis XV et sa Cour	2
Louis XVI et la Révolution	2
Les Louves de Machecoul	3
Madame de Chamblay	2
La Maison de glace	2
Le Maître d'armes	1
Les Mariages du père Olifus	1
Les Médicis	1
Mes Mémoires	10
Mémoires de Garibaldi	2
Mémoires d'une aveugle	2
Mémoires d'un médecin : Balsamo	5
Le Meneur de loups	1
Les Mille et un Fantômes	1
Les Mohicans de Paris	4
Les Morts vont vite	2
Napoléon	1
Une Nuit à Florence	1
Olympe de Clèves	3
Le Page du duc de Savoie	2
Parisiens et Provinciaux	1
Le Pasteur d'Ashbourn	2
Pauline et Pascal Bruno	1
Un Pays inconnu	2
Le Père Gigogne	1
Le Père la Ruine	2
Le Prince des Voleurs	2
La Princesse de Monaco	2
La Princesse Flora	1
Les Quarante-Cinq	3
La Régence	1
La Reine Margot	2
Robin Hood le Proscrit	1
La Route de Varennes	1
Le Saltéador	1
Salvator (suite des Mohicans de Paris)	5
Souvenirs d'Antony	1
Les Stuarts	1
Sultanetta	1
Sylvandire	1
La Terreur prussienne	2
Le Testament de M. Chauvelin	1
Théâtre complet	25
Trois Maîtres	1
Les Trois Mousquetaires	1
Le Trou de l'enfer	2
La Tulipe noire	1
Le Vicomte de Bragelonne	6
La Vie au Désert	2
Une Vie d'artiste	1
Vingt Ans après	3

ROMULUS

COMÉDIE EN UN ACTE, EN PROSE

Théâtre-Français. — 13 janvier 1854

DISTRIBUTION

LE DOCTEUR WOLF.................................... MM.	REGNIER.
LE DOCTEUR CÉLESTUS...........................	MONROSE.
LE BOURGMESTRE BABENHAUSEN.................	ANSELME.
UN INCONNU..	TRONCHET.
MARTHE, sœur de Célestus....................... Mlle	FAVART.

— A Marbourg, en Westphalie. —

Une chambre fort simple. — Une grande fenêtre occupe le premier plan à droite. Cette fenêtre est ouverte, et un télescope est braqué à son ouverture. A gauche, une cheminée. A droite et à gauche, une porte au deuxième plan. Aux deux côtés du théâtre, deux guéridons : l'un, celui qui porte le télescope, est chargé de globes, de sphères terrestres et célestes. Au milieu, une table carrée. — Il fait nuit. Une bougie brûle sur chaque guéridon. — A droite, Célestus regardant par son télescope; à gauche, Wolf abîmé dans la lecture de son Leibnitz.

SCÈNE PREMIÈRE

CÉLESTUS, WOLF, MARTHE.

MARTHE, entrant par la gauche.

Bon! voilà tout le monde congédié jusqu'à lundi... Pas d'indiscrétion à craindre de ce côté... Je serai la très-humble servante de ces messieurs, s'ils veulent bien m'accepter comme telle. (S'avançant vers Célestus.) Voulez-vous de moi pour servante, mon frère ?

CÉLESTUS, à son télescope.

Il est évident que, tant que le vent viendra de l'est, je ne verrai pas Orion.

MARTHE.

Et d'un! (Se retournant vers Wolf.) Voulez-vous de moi pour servante, monsieur Wolf?

WOLF, frappant sur son Leibnitz.

Où la vérité n'existe pas, ou elle est là, dans Leibnitz!

MARTHE.

Et de deux! — Messieurs, à table! le souper est servi.

CÉLESTUS.

Allons, bon! voilà un nuage qui passe!... Ces nuages sont absurdes; autant vaudrait regarder dans un puits.

MARTHE.

Mon frère! (Haussant la voix.) Mon frère! (Le touchant.) Mon frère!

CÉLESTUS.

Hein?... Ah! c'est toi, petite sœur?

MARTHE, prenant la bougie sur le guéridon de Célestus.

Le souper refroidit. Allons, allons, à table!

CÉLESTUS, se levant.

Tu sais, ma chère, que je n'ai pas pu voir Orion!

MARTHE.

C'est désolant!... Mais vous le verrez demain, quand votre télescope sera arrivé de Cassel.

(Elle pose la bougie sur la table du milieu.)

CÉLESTUS.

Oh! ce n'est pas la faute de mon télescope, c'est la faute du vent, qui vient de l'est.

(Il s'assied à la droite de la table.)

MARTHE.

Espérons qu'il changera. (Allant à Wolf.) Docteur!

WOLF, lisant.

« Je n'ai jamais cessé de méditer sur la philosophie, et il m'a toujours paru qu'il y avait moyen d'établir quelque chose de solide par des démonstrations claires... » En effet, grand Leibnitz, ce qui fait ta force, à toi, c'est la clarté.

MARTHE.

Docteur!

WOLF, lisant.

« Il existe une monade primitive, infinie (*monas mona-*

dum), et des monades singulières ou produites, qui se distinguent les unes des autres par le degré et la qualité de leurs phénomènes. » — Tu as bien raison, grand homme, la clarté avant tout.

MARTHE, allant à la gauche de Wolf.

Docteur !

WOLF, se levant.

Ah ! pardon, mademoiselle.

MARTHE, prenant la bougie sur la table de Wolf.

Docteur, voulez-vous me permettre de vous faire observer que voilà près d'un quart d'heure que je vous parle sans avoir obtenu de vous la faveur d'une réponse ?

WOLF.

Mademoiselle, je vous souhaite le bonjour. J'aime à supposer que vous avez passé une bonne nuit.

MARTHE.

Et moi, docteur, j'aime à supposer que vous êtes simplement distrait et non pas fou ; vous me souhaitez le bonjour à neuf heures du soir.

WOLF.

Un salut, mademoiselle, est comme une prière : quand la bonne intention y est, la forme importe peu.

(Il s'assied à gauche de la table. Célestus se lève et va à son télescope.)

MARTHE.

Aussi, mon cher monsieur Wolf, croyez à ma reconnaissance. (Ne trouvant pas son frère à côté d'elle.) Ah ! bon ! voilà l'autre qui retourne à son télescope ! (Allant à Célestus.) Mon frère, je voudrais pour beaucoup de choses qu'Orion eût disparu tout à fait ou n'eût jamais existé.

CÉLESTUS.

Ce serait un grand malheur pour le Bâton de Jacob.

(Il se rassied à table.)

MARTHE.

Vraiment !

CÉLESTUS.

Sans doute... Suivez ma démonstration, Marthe. (Il prend son couteau de la main gauche.) Voici le Bâton de Jacob, qui, comme vous le savez, se compose de trois étoiles...

MARTHE.

Non, je ne sais pas.

CÉLESTUS.

Comment! vous ne savez pas cela, ma chère? Mais que savez-vous donc, alors?

MARTHE.

Mais je sais coudre, broder, tricoter, filer, toutes choses qui sont peut-être plus utiles dans un ménage que l'astronomie.

CÉLESTUS.

C'est possible!... Je disais donc... voici le Bâton de Jacob, et voici Orion. Eh bien, supposez qu'Orion disparaisse...

MARTHE.

Bon! voilà que vous renversez le sel... Oh! mon Dieu, mon Dieu, cela nous portera malheur!

(Elle se lève et remonte au fond.)

CÉLESTUS, se levant aussi.

Mais non, ce n'est pas le sel, c'est le poivre.

(Il souffle sur la table.)

MARTHE.

Ah! tant mieux!

(Célestus souffle le poivre et l'envoie dans les yeux et dans le nez de Wolf.)

WOLF, éternuant.

Atchi! atchi!

(Il se lève.)

CÉLESTUS.

Où vas-tu?

WOLF.

Mon ami, je vais fermer la fenêtre; je crois que je m'enrhume du cerveau... Atchi!

CÉLESTUS.

Allons, allons, reviens ici; assieds-toi à ta place, et déjeunons.

WOLF, éternuant.

Atchi!

(Il s'assied à droite.)

CÉLESTUS, regardant à son télescope.

Toujours le vent d'est! (Il va pour s'asseoir à la droite de la table; voyant que Wolf y est, il prend la place de gauche. A Wolf.) Veux-tu du poulet? (Plus haut.) Veux-tu du poulet? (Frappant sur la table avec le manche de son couteau.) Morbleu!

WOLF, tressaillant.

Hein?

CÉLESTUS.

Veux-tu du poulet?

WOLF, tendant son assiette.

Oui, mon ami, oui... j'en prendrai volontiers deux cuillerées.

MARTHE.

En vérité, cher docteur Wolf, on vous volerait votre habit sur le dos, que vous ne vous en apercevriez pas.

WOLF.

Il me paraît, mademoiselle, qu'il y a un peu d'exagération dans ce que vous dites...

CÉLESTUS.

Eh bien, petite sœur, veux-tu parier qu'il y a quelque chose dont Wolf s'est aperçu, malgré sa distraction?...

MARTHE.

Quelque chose?...

WOLF.

Quoi donc?

CÉLESTUS.

Oui, quelque chose que tu as remarqué, j'en suis sûr.

WOLF.

Tu te trompes, mon ami, je n'ai rien remarqué.

CÉLESTUS.

Rien?

WOLF.

Absolument rien!

CÉLESTUS.

Quel esprit contrariant que ce Wolf! Je te dis que tu l'as remarqué, moi.

WOLF.

Mon ami, dis-moi ce que j'ai remarqué, et, si c'est vrai, tu verras que je n'y mets aucun entêtement.

CÉLESTUS.

Eh bien, tu as remarqué que, depuis longtemps déjà, Marthe est triste.

WOLF.

Ah! oui, mademoiselle, cela est vrai, je l'ai remarqué.

MARTHE.

Bon! quelle folie!

CÉLESTUS.

Et que, depuis quelques jours, non-seulement tu es triste comme d'habitude, mais, de plus, pâle et fatiguée.

MARTHE.

Mon frère!...

CÉLESTUS.

Je te le demande, voyons, Wolf, Marthe est-elle pâle, et a-t-elle l'air fatigué?

WOLF.

Seriez-vous malade, mademoiselle?

MARTHE.

Mais non, monsieur Wolf, je vous jure... C'est une imagination de mon frère.

CÉLESTUS.

Wolf, regarde-moi ces yeux-là.

WOLF.

Je les regarde, mon ami.

CÉLESTUS.

Eh bien, comment les trouves-tu?

WOLF.

Je les trouve fort beaux!

CÉLESTUS.

Oui; mais battus, rougis, comme si tu avais veillé et pleuré... Donnez-moi la main... Je suis sûr... (Il lui prend la main et lui tâte un instant le pouls.) Tiens, Wolf!... touche-moi un peu cette main-là.

WOLF.

Volontiers, mon ami.

MARTHE.

Mais, en vérité, mon frère...

WOLF, demandant la main de Marthe.

Mademoiselle?... Le fait est, mon ami, que je ne sais pas si c'est ma main qui brûle ou si c'est celle de mademoiselle, mais, à coup sûr, un de nous deux a la fièvre

MARTHE.

Monsieur Wolf...

CÉLESTUS.

Eh! tiens! tiens! voilà, de pâle que tu étais, voilà que tu deviens rouge...

MARTHE.

Mais c'est qu'aussi, Célestus, vous insistez d'une façon si étrange...

CÉLESTUS.

Si j'insiste, c'est que j'ai mes raisons pour cela.

MARTHE.

Vos raisons?

CÉLESTUS.

Oui!... par exemple, la nuit passée...

MARTHE.

Eh bien, la nuit passée?...

CÉLESTUS.

J'ai entendu du bruit dans ta chambre.

WOLF.

Oh!... pour cela, oui... moi qui loge au-dessus de mademoiselle, je l'ai entendu aussi ; et il m'a semblé que mademoiselle se levait.

CÉLESTUS.

N'est-ce pas?

MARTHE, embarrassée.

Je me levais?... Eh bien, oui, si je me levais, si j'ai les yeux battus, c'est que, depuis trois ou quatre nuits, je veille pour achever une layette...

CÉLESTUS.

Une layette?...

MARTHE.

Oui, la layette de cette pauvre femme qui nous a été recommandée... La nuit dernière, je me suis levée parce que Gertrude, la fille du bourgmestre, M. Babenhausen, était indisposée et que j'ai monté chez elle. Y a-t-il du mal à cela? Je sais bien que M. Babenhausen et vous, vous vous détestez, quoique vous logiez dans la même maison ; mais, Gertrude et moi, nous sommes amies d'enfance, et nous n'avons aucun motif pour entrer dans vos différends.

(Elle dégarnit la table.)

CÉLESTUS.

Moi, je ne déteste pas le bourgmestre... Pauvre cher homme! Je trouve sa maison un peu bruyante, c'est vrai! Il a un tas d'enfants dans sa maison, et Dieu sait si je les aime! Mais ne nous écartons pas de mon sujet... Veux-tu que je te dise, moi, pourquoi tu es triste, pâle, fatiguée? pourquoi il y a chez toi agitation pendant le jour, insomnie pendant la nuit?

MARTHE.

Dites, mon frère.

CÉLESTUS.

Eh bien, c'est que tu t'ennuies.

MARTHE.

Moi?

WOLF.

Mademoiselle, si cela était, je pourrais vous prêter mon Leibnitz.

MARTHE.

Merci, monsieur Wolf; le sacrifice serait trop grand et je n'accepte pas.

CÉLESTUS.

D'autant plus qu'après y avoir mûrement réfléchi, j'ai, je crois, quelque chose de mieux à t'offrir que Leibnitz.

WOLF.

Quelque chose de mieux? Ce n'est ni Spinosa ni Descartes, j'espère?

CÉLESTUS.

Non, mon ami, sois tranquille... Écoute, ma petite Marthe, nous pouvons parler devant Wolf... Wolf est de la famille : voilà bientôt trois ans qu'il habite avec nous.

WOLF.

Est-ce qu'il y a déjà trois ans, mon ami?

CÉLESTUS.

Mais oui!

WOLF.

Mon Dieu! comme le temps passe!

CÉLESTUS.

Tu vas avoir dix-huit ans, Marthe.

MARTHE.

Eh bien?

CÉLESTUS.

Eh bien, j'ai pensé qu'il serait à la fois opportun et convenable de te marier.

(Wolf, qui portait son verre à sa bouche, reste la main en l'air et la bouche ouverte.)

MARTHE.

Me marier?

CÉLESTUS.

Sans doute.

MARTHE.

Mais... je ne veux pas me marier, moi, mon frère...
(Elle remonte au fond. Wolf pousse un soupir et avale un verre d'eau d'un trait.)

CÉLESTUS.

Bon! crains-tu que je ne veuille te marier contre ton gré?... Voyons, parle!... choisis qui tu voudras... Que dis-tu, par exemple, du fils du major?

WOLF.

Pardon, mon ami! mais je ne comprends pas comment, avec ton horreur pour les enfants, tu veux marier...

CÉLESTUS.

J'ai horreur des enfants en général, je les déteste comme espèce... *species*... Mais les enfants de ma sœur...

WOLF, poussant un troisième soupir.

Ah!

MARTHE.

Mon frère, il est inutile que vous vous donniez tant de peine : je n'épouserai pas plus le fils du conseiller que le fils du major...

CÉLESTUS.

Non? Croyez-vous donc, mademoiselle, que je vous laisserai devenir vieille fille?

WOLF.

Mais si, cependant, mademoiselle ne veut pas se marier?...

CÉLESTUS.

Comment, si elle ne veut pas se marier? Je voudrais bien voir qu'elle ne voulût pas se marier! L'homme est fait pour l'état de mariage!...

MARTHE, debout derrière le dos de la chaise de Wolf.

Mais, alors, mon frère, pourquoi êtes-vous resté garçon, vous?

CÉLESTUS, embarrassé.

Moi? moi? Parce que... parbleu!... parce que...

WOLF.

Tu sais, mon cher Célestus, qu'il y a un proverbe arabe qui dit : « Le mariage est comme une forteresse assiégée :

1.

ceux qui sont dehors veulent y entrer ; mais ceux qui sont dedans veulent en sortir. »

CÉLESTUS.

Oui-da! Je vois ce que c'est! c'est vous qui donnez à ma sœur ces mauvais conseils...

WOLF.

Pardon, mon ami, je ne donne pas de conseils à mademoiselle... Il me semblait que mademoiselle se refusait, et, alors... je disais, moi...

CÉLESTUS.

Vous disiez une sottise, monsieur Wolf.

WOLF.

C'est possible, mon ami; mais...

CÉLESTUS.

De quoi vous mêlez-vous, d'ailleurs?...

WOLF.

Je te demande pardon, Célestus; je sais bien que cela ne me regarde point.

CÉLESTUS.

Non, cela ne vous regarde point, entendez-vous, monsieur le philosophe!... C'est moi, moi, moi, que cela regarde...

WOLF, timidement.

Et puis un peu ta sœur, bon ami.

MARTHE.

Bien, docteur! défendez-moi.

WOLF.

Car, enfin, c'est mademoiselle...

CÉLESTUS.

Je sais, maître Wolf, que le mariage ne vous plaît pas ! (Il se lève.) Ah! je vois enfin où tendait cette philosophie que vous professiez au collége de Hall!... je reconnais là les principes de l'homme qui sapait la société dans sa base!...

WOLF.

Moi!... je sapais?...

MARTHE.

Vraiment, docteur?

CÉLESTUS, se promenant.

Oui! tu ne sais pas cela, toi... toi qui es prête à devenir la victime de ses maximes perverses?... Tu ne sais pas que le roi de Prusse, qui est cependant un philosophe, celui-là, puisqu'il est lié avec M. Diderot et M. de Voltaire... tu ne sais pas que le roi de Prusse l'a condamné à sortir de ses États, sous peine d'être pendu !...

MARTHE.

Est-ce possible ?...

CÉLESTUS, à gauche.

Et il a bien fait, entendez-vous !

WOLF.

Mademoiselle, laissez-moi vous expliquer de quelle fatalité j'ai été victime...

CÉLESTUS.

Point de mariage... point de mariage... C'est ma faute... je devais prévoir ce qui arrive... quand j'ai reçu sous mon toit ce tison de discorde.

(Il s'assied près du guéridon de gauche.)

WOLF, se levant.

Mon Dieu ! peut-on dire de pareilles choses, à moi... qui ne demande qu'à vivre tranquille !...

CÉLESTUS, se levant.

Oui ! certainement, monsieur ne demandait qu'à vivre tranquille !... Mais savez-vous ce que faisaient les élèves de monsieur ? le savez-vous, ma sœur ? En sortant de son cours, ils incendiaient les villages.

WOLF.

Mais, mon ami, ce n'est pas moi : c'est Descartes...

CÉLESTUS.

Appuyez-vous sur Descartes, je vous le conseille, un athée !

WOLF.

C'est possible !... mais moi ?

CÉLESTUS.

Taisez-vous, révolutionnaire !... Silence, anabaptiste !

WOLF.

Serait-il possible, ô mon Dieu ! que je fusse aussi méchant qu'il le dit ? (Se levant tout à coup avec résolution.) Allons !...

(Il prend son chapeau et son Leibnitz.)

MARTHE.

Mais que faites-vous, monsieur Wolf ?

WOLF.

Je prends mon chapeau et mon Leibnitz.

MARTHE.

Où allez-vous donc?

WOLF.

Je m'en vais, ma chère demoiselle... Votre frère vient de m'ouvrir les yeux. Vous comprenez bien que, maintenant que je me connais moi-même, je ne puis plus rester ici...

MARTHE.

Comment! docteur?...

WOLF.

Oui, mademoiselle, avec une doctrine que je crois bonne, je fais du mal partout où je vais.

MARTHE.

Vous?

WOLF.

Car votre frère a dit vrai... A la suite d'une de mes leçons sur les idées innées et l'harmonie préexistante, comme j'avais eu le malheur de dire que rien n'arrivait que ce qui devait arriver, un de mes élèves, un fou, un écervelé, un malheureux!...

CÉLESTUS.

M. Conrad!

MARTHE, tressaillant.

M. Conrad!

WOLF, continuant.

Jeta un paquet d'allumettes tout enflammées dans une meule de blé, en s'écriant: « Si tu ne dois pas brûler, tu ne brûleras pas... C'est le docteur Wolf qui l'a dit... » Hélas! mademoiselle...

CÉLESTUS.

La meule brûla.

WOLF.

Eh bien, il est temps que je mette une fin aux désordres que je traîne partout après moi... A partir d'aujourd'hui, je me condamne au silence, comme Pythagore... à la solitude, comme Épiménide... et puissé-je dormir cinquante ans comme lui! peut-être que, pendant ce temps, je ne ferai pas de mal. Allons!

MARTHE.

Monsieur Wolf, je vous en supplie...

CÉLESTUS, à part.

C'est donc sérieux?

WOLF.

Non, mademoiselle, je suis décidé... Ayez la bonté de m'envoyer demain mon pauvre bagage à l'hôtel du *Lion d'or* : ce sont quelque chemises, mon autre habit, ma veste, ma c... (baissant les yeux avec modestie) et un petit vêtement inférieur... Et maintenant, mademoiselle, je vous salue de tout mon cœur.

MARTHE.

Adieu donc, docteur.

CÉLESTUS, à part.

Comment! c'est pour tout de bon?

(Il s'est approché peu à peu et paraît très-ému. Wolf ne le voit pas et va pour sortir par le fond.)

MARTHE.

Décidément, vous vous en allez?

WOLF.

Je m'en vais!

MARTHE.

Mais où allez-vous?... Ce n'est point par là.

WOLF, d'une voix étouffée.

Mais par où donc, mademoiselle?

MARTHE, lui faisant faire un tour sur lui-même, et le poussant dans les bras de Célestus.

C'est par ici... Bonsoir, messieurs!

(Elle sort en riant par la gauche.)

SCÈNE II

CÉLESTUS, WOLF.

CÉLESTUS, embrassant Wolf.

Mon cher Wolf!

WOLF.

Mon cher Célestus!

CÉLESTUS.

Mon ami!

WOLF.

Mon ami!

CÉLESTUS.

Pardonne-moi!

WOLF.

Pardonne-moi !

CÉLESTUS.

Tu es bien la plus excellente créature que Dieu ait faite...

WOLF.

Non, mon ami, tu exagères toujours... Je suis, il est vrai, le plus honnête homme que j'aie jamais connu dans les intentions; mais qu'importe ! si les résultats ne répondent pas aux intentions ?

CÉLESTUS.

Et quand on pense que nous avons failli nous brouiller, à quel propos ? à propos d'une femme, c'est-à-dire d'un être inférieur.

WOLF.

Pas trop, mon ami, pas trop. Moi, je trouve ta sœur Marthe fort aimable.

CÉLESTUS.

N'importe, Wolf : ma sœur Marthe est une exception ; mais en général, vois-tu, tu as bien raison de ne pas aimer les femmes.

WOLF.

Oui ; mais il ne faudrait pas cependant étendre la proposition du général au particulier. Tu sais, Célestus, chacun à son antipathie. Annibal avait horreur de la souris, Épaminondas ne pouvait pas entendre le chant du grillon... Toi, tu détestes les enfants.

CÉLESTUS.

Et toi, c'est la femme.

WOLF.

Mon ami, je n'aime pas la femme parce que cela range.

CÉLESTUS.

Et moi, je n'aime pas les enfants, parce que cela dérange... Heureusement, nous n'avons ni femme ni enfant ; ma sœur est allée se coucher, et nous sommes tous deux garçons.

WOLF.

Nous allons nous remettre honnêtement et tranquillement au travail, n'est-ce pas ?

CÉLESTUS.

C'est ça. (Ils prennent chacun leur bougie et vont à leur guéridon respectif.) Seulement, mon cher Wolf, une prière...

WOLF.

Ordonne, mon ami.

CÉLESTUS.

Tu sais que, dans mes études astronomiques, j'ai l'habitude, pour ne pas te déranger, de retenir mon souffle?

WOLF.

C'est vrai! Ah! tu es meilleur que moi, Célestus!

CÉLESTUS.

Eh bien, ne parle pas tout haut, selon ton habitude; fais comme moi, étudie tout bas.

WOLF.

Sois tranquille. Reprends l'étude de la sphère céleste, mon ami; moi, je reprends celle du divin Leibnitz. (A lui-même.) Admirable système que celui de ces deux horloges : d'un côté l'âme, de l'autre le corps, et n'ayant pour elles deux qu'un seul balancier qui, à l'un de ses battements, dit : *Jamais*, et, à l'autre : *Toujours*.

CÉLESTUS, à son télescope.

Jupiter! Le voilà, le colosse! et quatre lunes à lui seul, tandis que nous n'en avons qu'une, et quatre satellites pour un seul monde... Qu'en fait-il?

WOLF, allumant sa pipe.

Des satellites!... un seul monde!... le corps!... la matière!... L'homme seul possède un rayon de la divine intelligence; ma volonté réfléchie préside à chacun de mes actes. (En disant cela, il souffle la bougie et l'éteint. L'obscurité d'une partie de la rampe l'avertit de sa distraction.) Toutefois, il peut arriver qu'une des deux horloges se détraque... momentanément, c'est de la distraction; continuellement, ce serait de la folie.

(Il va à la table de Célestus pour allumer sa bougie.)

CÉLESTUS, sans le voir, l'œil braqué à son télescope.

Car enfin, elle ne peut s'être éteinte naturellement.

WOLF.

Non, mon ami, mais j'ai soufflé dessus.

CÉLESTUS.

Que diable dis-tu donc là, et de quoi parles-tu?

WOLF.

De ma bougie, mon ami; tu comprends? j'avais allumé ma pipe, et machinalement... j'ai...

(Il éteint la bougie de Célestus en soufflant dessus.)

CÉLESTUS.

Allons, bon! voilà que tu éteins la mienne, maintenant; va-t'en au diable!

(Le théâtre est dans l'obscurité.)

WOLF.

Ne te fâche pas, mon ami, j'ai mon briquet.

CÉLESTUS.

Pardieu! moi aussi, j'ai mon briquet!

(Chacun cherche son briquet de son côté et le trouve. La porte s'ouvre doucement pendant qu'ils le battent, et un Homme masqué entre, portant une corbeille.)

SCÈNE III

WOLF et CÉLESTUS, battant le briquet de chaque côté de la scène; L'HOMME MASQUÉ, au milieu.

L'HOMME MASQUÉ.

L'obscurité me favorise... (Il dépose la corbeille sur la table.) A la grâce de Dieu!...

(Il sort.)

SCÈNE IV

CÉLESTUS et WOLF, qui ont allumé leur amadou en même temps, allument à cet amadou une allumette, et, avec l'allumette, chacun sa bougie.

CÉLESTUS.

Maintenant, fais-moi grâce de tes horloges, je te prie; il y a une demi-heure que tu parles tout haut, tandis que, moi, pour ne pas te déranger, je me concentre, je m'abstrais...

WOLF.

Oh! mon ami, excuse-moi, c'est un défaut de nature; je parle quand je veille et je ronfle quand je dors; mais sois tranquille, je vais m'observer, et cela ne m'arrivera plus...

(Tous deux commencent à parler bas, puis ils parlent à mi-voix, puis ils finissent par crier.)

CÉLESTUS.	WOLF.
Non, cette irrégularité n'est point naturelle; dans ce vide scandaleux de cent quatre	En effet, la véritable force active renferme l'action en elle-même; c'est un pouvoir

vingts millions de lieues, il y a ou il y a eu une planète. Jupiter est un astre déjà suspect d'accaparement à cause de ses quatre lunes... Est-il donc vrai, grand Dieu ! moyen, entre la simple faculté d'agir et l'acte déterminé et effectué : c'est là que la puissance des deux horloges est claire.

(Un cri d'enfant s'échappe de la corbeille.)

CÉLESTUS.

Hein ?

WOLF.

Quoi ?

CÉLESTUS.

Est-ce que tu n'as pas entendu ?

WOLF.

Oui...

CÉLESTUS.

Un cri étrange !...

WOLF.

En effet, j'ai cru...

CÉLESTUS.

Chut !...

WOLF.

Quoi ?

CÉLESTUS.

Plus rien... Je suis sûr, cependant...

WOLF.

Moi aussi.

CÉLESTUS.

Voyons donc un peu...

WOLF.

Voyons.

CÉLESTUS.

Qu'est-ce que ce peut être ?

(Chacun d'eux prend sa bougie et cherche à droite et à gauche. — Les mouvements doivent être calculés de manière que les deux hommes, avec les deux bougies, se trouvent chacun d'un côté de la table.)

WOLF.

Ah ! cette fois !

CÉLESTUS.

Tiens, qu'est-ce que c'est que cela ?

WOLF.

C'est une corbeille.

CÉLESTUS.

Parbleu! je le vois bien. Mais qui l'a apportée?

WOLF.

Je n'ai vu personne, moi.

CÉLESTUS.

Ni moi non plus.

WOLF.

A propos, n'attendais-tu pas un télescope?

CÉLESTUS.

Oui.

WOLF.

Eh bien, c'est sans doute cela.

CÉLESTUS.

Encore faudrait-il que quelqu'un l'eût posé sur cette table.

WOLF.

C'est juste, il ne saurait être venu tout seul.

CÉLESTUS, posant sa bougie.

N'importe! voyons.

WOLF.

Voyons.

CÉLESTUS lève le couvercle de la corbeille et jette un cri terrible.

Ah!

WOLF s'approche et jette un cri pareil.

Ah!

CÉLESTUS.

Un enfant!

WOLF.

Un enfant!

(Les deux hommes se regardent, presque épouvantés.)

CÉLESTUS.

Un enfant chez moi?... Je n'en veux pas!

WOLF.

Prends garde.

CÉLESTUS.

Je n'en veux pas!

WOLF.

Tu vas le réveiller.

CÉLESTUS.

Je me moque pas mal de le réveiller... Je n'en veux pas!

WOLF.

Oui; mais, si tu le réveilles, il criera.

CÉLESTUS.

Mais d'où nous arrive ce drôle-là, je te le demande?

WOLF.

Mon ami, voici un billet qui pourrait bien nous le dire.

CÉLESTUS.

Un billet!

WOLF.

Lis donc!

CÉLESTUS.

Alors, éclaire-moi. (Lisant.) « Mon cher Célestus... »

WOLF.

Tiens, c'est à toi que l'enfant est adressé.

CÉLESTUS.

A moi! quelle abominable plaisanterie!... « Mon cher Célestus.... » C'est bien à moi!... « Je te confie cet innocent... »

WOLF.

Il paraît que c'est un garçon... Tant mieux!...

CÉLESTUS, continuant de lire.

« Sois sa providence; apprends lui à plaindre son père, gémissant dans l'exil et qui, probablement, ne pourra jamais venir te réclamer le précieux dépôt qu'il remet entre tes mains. *Signé* : ***. » Trois étoiles! Comment, trois étoiles?... Mais ce n'est pas un nom, cela!

WOLF.

Trois étoiles?... Ah! c'est qu'il aura pensé que, s'adressant à toi...

CÉLESTUS.

C'est bien; plaisantez, monsieur Wolf!... faites le bel esprit!

WOLF.

Je ne plaisante pas le moins du monde, mon cher Célestus; je n'ai pas même l'idée de faire de l'esprit.

CÉLESTUS.

Je voudrais bien un peu que cet enfant fût vous adressé, à vous.

WOLF.

S'il m'était adressé, je l'accueillerais comme un hôte que Dieu m'envoie.

CÉLESTUS.

Libre à vous, monsieur Wolf; mais, moi...

(Il prend la corbeille.)

WOLF.

Que veux-tu faire?

CÉLESTUS.

Attends donc! La flamme de cette bougie ne va-t-elle pas de droite à gauche maintenant?

WOLF.

Sans doute.

CÉLESTUS.

En ce cas, c'est que le vent vient du nord, et, si le vent vient du nord, je puis voir Orion... Mon cher Wolf, sers de père à l'enfant pendant que le vent vient du nord.

(Il retourne à son télescope.)

WOLF.

Pourvu qu'il ne se réveille pas! (Il berce d'abord doucement l'enfant; puis, avec sa distraction habituelle, il arrive à le secouer d'une façon déplorable.) Dors, chère petite créature! tandis que ton destin se décide; dors de ce précieux sommeil qui ne ferme que les jeunes paupières. (Il secoue la corbeille.) Savoure ce repos bienfaisant que la nature, cette attentionnée, cette bienfaisante nourrice, accorde aux élus de son amour. Savoure! savoure!

(L'enfant jette des cris affreux.)

CÉLESTUS.

Ah! bon! voilà que ça recommence.

SCÈNE V

WOLF, MARTHE, CÉLESTUS, à son télescope.

MARTHE.

Oh! mon Dieu, qu'y a-t-il donc? Il me semble que j'entends les cris d'un enfant!

CÉLESTUS.

D'un démon! d'un diable!

MARTHE.

Oh! quel amour de petite créature!... D'où vient-elle donc, mon Dieu?

CÉLESTUS.

De l'enfer!

MARTHE.

De l'enfer?

WOLF.

Mademoiselle, c'est une figure... Non, nous l'avons trouvée là, sur cette table.

MARTHE.

Quand cela?

WOLF.

Tout à l'heure.

MARTHE.

Et sans aucun indice qui puisse faire connaître son origine?

WOLF.

Si fait, mademoiselle, il y avait ce billet.

MARTHE, à part, prenant le billet.

L'écriture de Conrad! je comprends... (Haut.) Eh bien, mon frère, que decidez-vous à l'égard de ce petit malheureux?

CÉLESTUS.

Ce que je décide? Par bonheur, Babenhausen demeure dans la maison, au-dessus de nous; ce que je décide, c'est que je vais l'appeler et lui remettre cet enfant; il est bourgmestre, cela le regarde!

MARTHE.

Oh! mon frère!... vous ne commettrez pas une pareille cruauté!

CÉLESTUS.

Si fait... au contraire!

MARTHE.

Vous n'abandonnerez pas un pauvre enfant qu'un père et une mère en larmes vous ont confié, à vous, par cette seule raison qu'ils vous jugent meilleur que les autres hommes.

CÉLESTUS.

Bah! bah! tout cela, ce sont de belles paroles, ma sœur...

MARTHE.

Qui vous amèneront à une bonne action, je l'espère, Célestus.

CÉLESTUS.

Jamais!

MARTHE.

Représentez-vous donc ce qu'un père et une mère ont dû souffrir avant de se séparer de leur enfant, pour le confier à un étranger.

CÉLESTUS.

Justement! pourquoi un étranger ferait-il pour lui ce que n'ont fait ni son père ni sa mère?... D'ailleurs, le cas est prévu : il y a dans chaque commune un établissement destiné à ces petits messieurs-là... et...

MARTHE.

Célestus, vous ne parlez pas avec votre cœur... Non, en ce moment-ci, vous n'êtes pas vous-même... Célestus, je vous croyais meilleur.

CÉLESTUS.

Ma sœur !

MARTHE.

Voyons, je t'en prie.

WOLF.

Célestus !

MARTHE.

Pour moi !

CÉLESTUS.

Eh bien!... puisque tu le veux, pour la paix, je consens à en prendre soin... Nous l'enverrons dans quelque village... un peu loin... Je ne regarderai pas à la dépense; tu me diras ce qu'il faut d'argent, et...

(Il retourne à son télescope.)

MARTHE.

Ton argent?... Ne parle pas de ton argent.

CÉLESTUS.

Allons, bon !

MARTHE.

Ton argent n'étouffera pas les cris de ta conscience, et ils te feront plus de mal que ceux de ce petit innocent. S'il pouvait te parler, il te dirait : « Ce n'est point de l'argent que mon père t'a demandé pour moi et que je te demande, c'est... c'est ton amitié... c'est ton amour... c'est ton cœur!... à défaut de l'amitié, de l'amour et des cœurs que j'ai perdus... »

CÉLESTUS.

Ma sœur!

WOLF.

Malheureusement, mademoiselle, je ne possède rien et je suis chez mon ami... Cependant, peut-être qu'en vendant mes livres...

MARTHE.

Vous entendez, Célestus! et vous n'avez pas de honte! O pauvre infortuné, pour qui la vie s'ouvre si triste et si amère!... en quelles mains es-tu tombé?...

CÉLESTUS, se levant et passant au milieu.

En des mains humaines, ma sœur. Merci, Marthe! merci, Wolf! de la leçon que vous venez de me donner; mais l'enfant m'est adressé, l'enfant est à moi. (Étendant la main sur l'enfant.) Dors tranquille, pauvre petit! à partir de ce moment, tu as un père.

MARTHE.

Ah! mon frère!

WOLF.

Oh! mon ami!

MARTHE.

Regarde, Célestus, on dirait qu'il te remercie par un sourire.

CÉLESTUS.

Il est gentil.

MARTHE.

Comme il est paisible!

CÉLESTUS.

Le fait est qu'il ne dit rien.

WOLF et MARTHE.

Pauvre petit ange!

(Ils se penchent sur le berceau; ils se trouvent ainsi tête contre tête et se relèvent tout confus.)

CÉLESTUS.

Attends donc! je ne sais pourquoi j'ai idée que ce gaillard-là fera du bruit dans le monde.

WOLF.

Oui, mon ami, c'est une chose à remarquer que beaucoup d'enfants qui ont été exposés ont eu de grandes destinées: Romulus, Cyrus, Thésée, Hercule même.

CÉLESTUS.

Comment l'appellerons-nous?

WOLF.

Comme tu voudras, mon ami.

MARTHE.

Théodore!

CÉLESTUS.

Orion!

WOLF.

Romulus!

MARTHE, à Célestus.

Mon ami, je crois que voilà Romulus qui va pleurer...

CÉLESTUS.

Ah!... je ne lui ai rien dit... Que signifie?

MARTHE,

Pauvre petit! ça signifie qu'il a faim.

WOLF.

Ah! si nous avions une louve!

MARTHE.

Non! Romulus se contentera d'une nourrice!... Justement, Édith Rembach est en quête d'un nourrisson; sa maison est à dix pas de la nôtre... Moi, j'emporte Romulus dans ma chambre; c'est là qu'on le trouvera... Ouvrez-moi la porte, mon frère.

(Elle emporte la corbeille; Célestus l'éclaire et ouvre la porte.)

SCÈNE VI

WOLF, sur le devant de la scène.

N'importe! quel que soit son père, il est bien coupable! Un homme, toutes les fois qu'il va courir les chances de la paternité, doit se recueillir et se poser à part lui ces douze questions, dont six de l'ordre moral : 1º Est-il bien certain...?

SCÈNE VII

CÉLESTUS, WOLF.

CÉLESTUS.

Mon ami, tu as entendu ce qu'a dit Marthe?

WOLF.

Non; mais cela a dû être très-bien dit.

CÉLESTUS.

A propos de la nourrice...

WOLF.

Oui, elle repousse la louve... Si nous prenions...?

CÉLESTUS.

Rien de tout cela, on lui donne Édith Rembach.

WOLF.

Ah! oui, notre voisine...

CÉLESTUS.

Tu sais où elle demeure?

WOLF.

Certainement!

CÉLESTUS.

Eh bien, mon ami, fais-moi le plaisir de descendre et de l'amener. Tu la feras entrer directement chez ma sœur. Va, mon ami, va!

WOLF.

Mon ami, dans dix minutes, elle sera ici.

(Il se dirige vers la gauche.)

CÉLESTUS.

Où vas-tu donc?

WOLF.

Je vais directement chez ta sœur?

CÉLESTUS.

Chez la nourrice d'abord... Prends ton chapeau... Pendant ce temps, je vais monter chez le bourgmestre et lui faire ma déclaration.

SCÈNE VIII

LES MÊMES, LE BOURGMESTRE, sur le seuil.

LE BOURGMESTRE.

Arrêtez, monsieur!

CÉLESTUS.

Le bourgmestre!...

LE BOURGMESTRE, se retournant.

Deux hommes à la porte de la rue, et que personne ne sorte!

WOLF et CÉLESTUS.

Qu'est-ce que c'est que cela?

LE BOURGMESTRE.

Vos noms prénoms, et qualités?... Ah! pardon, c'est M. Wolf; vous pouvez sortir, monsieur!

WOLF.

Bien obligé, monsieur.

(Il sort.)

CÉLESTUS.

Monsieur Babenhausen, que signifie...?

LE BOURGMESTRE.

Monsieur Célestus, j'ai bien l'honneur de vous souhaiter le bonsoir, ou plutôt bonne nuit, car il commence à se faire tard... Hum!

(Il regarde à droite et à gauche.)

CÉLESTUS.

Si tard, mon cher voisin, que je vous demanderai à quel heureux hasard je dois l'honneur de votre visite?

LE BOURGMESTRE.

Hum!... monsieur Célestus, je vous dirai...

CÉLESTUS.

Quoi?

LE BOURGMESTRE.

Je vous dirai que j'ai les ordres les plus sévères...

(Il regarde de tous côtés.)

CÉLESTUS.

Les ordres...

LE BOURGMESTRE.

Les plus sévères... Je vous dirai que je cherche...

CÉLESTUS.

Je vois bien que vous cherchez... Mais que cherchez-vous?

LE BOURGMESTRE.

Je cherche... un homme.

CÉLESTUS.

Un homme?

LE BOURGMESTRE.

Un jeune homme!

CÉLESTUS.

Un jeune homme?...

LE BOURGMESTRE.

Que j'ai ordre d'arrêter, monsieur Célestus, et qui doit être caché chez vous.

CÉLESTUS.

Caché chez moi?

LE BOURGMESTRE.

Oui, monsieur, il a été vu dans la maison et reconnu...

CÉLESTUS, à part.

Il est reconnu!

LE BOURGMESTRE.

Malgré son masque.

CÉLESTUS.

Son masque? Je n'y suis plus du tout. Mais de qui parlez-vous?

LE BOURGMESTRE.

Oh! vous le savez bien.

CÉLESTUS.

Non, parole d'honneur!

LE BOURGMESTRE.

Je parle du digne élève de votre ami Wolf, de maître Conrad, le brûleur de villes... Hum!

CÉLESTUS.

Conrad!... Mais, monsieur le bourgmestre, qui peut vous faire croire qu'il soit ici?

LE BOURGMESTRE.

Je vous dis qu'il y a été vu, monsieur.

(Il continue de regarder partout.)

CÉLESTUS.

Monsieur le bourgmestre, je vous donne ma parole d'honneur que je n'ai pas vu Conrad et que j'ignore où il est.

LE BOURGMESTRE.

Monsieur, je vous crois, comme homme; mais, comme magistrat, vous permettrez monsieur Célestus, que je continue ma perquisition?

CÉLESTUS.

Oh! continuez, monsieur; continuez.

LE BOURGMESTRE.

Il n'est point dans cette chambre: passons à une autre. Veuillez m'éclairer, monsieur.

(Il fait un pas vers la gauche.)

CÉLESTUS.

Mais où allez-vous?

LE BOURGMESTRE.

Je vais où je n'ai pas été, monsieur; quand on fait une perquisition, on visite toutes les chambres.

CÉLESTUS, se plaçant devant la porte de gauche.

Mais cette chambre, monsieur, est celle de ma sœur.

LE BOURGMESTRE.

Alors, prévenez mademoiselle votre sœur que je vais visiter sa chambre.

CÉLESTUS.

Mais vous ne supposez pas, monsieur Babenhausen, que, si M. Conrad était caché ici, il serait caché dans la chambre de ma sœur?

LE BOURGMESTRE.

Je ne suppose rien, monsieur; seulement, j'ai un mandat et je l'exécute. Veuillez m'ouvrir la porte de la chambre de mademoiselle votre sœur.

CÉLESTUS.

Ah! maître Babenhausen! maître Babenhausen!

LE BOURGMESTRE.

Plaît-il, monsieur?

CÉLESTUS.

Voyons, entrez et que cela finisse! (Il prend la bougie sur le guéridon à gauche. Arrivé à la porte, il dit au Bourgmestre.) Passez, monsieur.

LE BOURGMESTRE.

Après vous!

CÉLESTUS.

Passez donc!

LE BOURGMESTRE.

Après vous!

(Pendant qu'ils entrent chez Marthe, la porte de droite s'ouvre lentement; l'Homme masqué entre avec précaution, ferme la porte et va écouter à celle de Marthe.)

SCÈNE IX

L'HOMME MASQUÉ, seul.

Le théâtre est dans l'obscurité

Ils sont là! La porte de la rue est gardée, l'escalier est

gardé : pas moyen de sortir. (Écoutant à l'autre porte.) Il revient !... Pas d'issue... je suis perdu !... (Apercevant la fenêtre.) Ah !... cette fenêtre... dix pieds !... Bah !... Pour ne pas la compromettre, je sauterais dans un abîme !...

(Il saute par la fenêtre.

SCÈNE X

Le Bourgmestre et CÉLESTUS, rentrant par la porte de gauche, chacun avec une bougie.

Célestus entre le premier et pose sa bougie sur le guéridon de droite, près duquel il s'assied.

LE BOURGMESTRE, posant sa bougie à gauche.

Pardon, monsieur Célestus, cent fois pardon ! croyez que, si j'eusse pu deviner le motif qui vous faisait désirer que je n'entrasse point chez votre sœur, je n'eusse point insisté comme je l'ai fait.

CÉLESTUS.

Quel motif, monsieur ?... Je ne vous comprends pas.

LE BOURGMESTRE.

Parbleu ! cet enfant... cet enfant qu'elle était en train d'emmailloter !... Je n'ai jamais entendu dire, monsieur Célestus, que vous prissiez des enfants en sevrage, vous qui ne pouvez pas les souffrir !

CÉLESTUS.

Je ne sais pas quelle mauvaise pensée se cache au fond de ce que vous dites, monsieur le bourgmestre, mais je vous ai raconté l'histoire de cet enfant.

LE BOURGMESTRE.

Et c'est une histoire étrange, vous en conviendrez : un enfant qui tombe comme cela du ciel ou qui sort de terre, entre vous et M. Wolf, juste au moment où vous étiez dans l'obscurité; de sorte que vous l'avez trouvé, cet enfant...?

CÉLESTUS.

Là !... sur cette table !

LE BOURGMESTRE.

Hum ! sans autre renseignement?

CÉLESTUS.

Sans autre renseignement que cette lettre.

2.

LE BOURGMESTRE, lisant.

« Mon cher Célestus... » (Après avoir parcouru la lettre.) Trois étoiles... C'est clair !

CÉLESTUS.

Comment, c'est clair ?

LE BOURGMESTRE.

Sans doute !

CÉLESTUS.

Comment ! vous pourriez me guider sur la trace des parents ?

LE BOURGMESTRE.

Rien de plus facile.

CÉLESTUS.

Vous dites que vous connaissez... ?

LE BOURGMESTRE.

Que je connais... oui !

CÉLESTUS.

Le père ?

LE BOURGMESTRE.

Le père !

CÉLESTUS.

Bah !... Et moi, est-ce que je le connais ?

LE BOURGMESTRE.

Sans doute, puisqu'il vous écrit : « Mon cher Célestus ! »

CÉLESTUS.

Ce n'est pas une raison ; peut-être espère-t-il, en affectant cette familiarité, se dérober à mes investigations.

LE BOURGMESTRE.

Aux vôtres, c'est possible, mais non pas aux miennes.

CÉLESTUS.

Vraiment ?

LE BOURGMESTRE.

La justice a de bons yeux, monsieur Célestus.

CÉLESTUS.

Alors, éclairez-moi, cher monsieur, éclairez-moi.

LE BOURGMESTRE.

Et vous n'aurez pas à chercher bien loin.

CÉLESTUS.

Que voulez-vous dire ?

LE BOURGMESTRE.

Je veux dire que vous n'aurez qu'à étendre la main...

CÉLESTUS.

Pour le trouver?

LE BOURGMESTRE.

Pour le trouver.

CÉLESTUS.

Alors, vous croyez donc qu'il demeure dans la ville?

LE BOURGMESTRE.

Plus près que cela, monsieur.

CÉLESTUS.

Dans la rue?

LE BOURGMESTRE.

Plus près encore.

CÉLESTUS.

Dans la maison, voulez-vous dire?

LE BOURGMESTRE.

Dans la maison, oui.

CÉLESTUS.

Comment, monsieur le bourgmestre, vous soupçonnez...?

LE BOURGMESTRE.

Quelqu'un que vous soupçonnez déjà vous-même.

CÉLESTUS.

Wolf!...

LE BOURGMESTRE.

C'est vous qui l'avez nommé!

CÉLESTUS.

Allons donc, monsieur le bourgmestre!... Wolf! et quels indices?

LE BOURGMESTRE.

Quels indices! D'abord, monsieur, l'enfant est tout son portrait.

CÉLESTUS.

Oh! par exemple!

LE BOURGMESTRE.

Mais ce n'est pas tout.

CÉLESTUS.

Voyons!

LE BOURGMESTRE.

Cette lettre...

CÉLESTUS.

Eh bien?

LE BOURGMESTRE, relisant.

« Mon cher Célestus... »

CÉLESTUS.

Après?

LE BOURGMESTRE.

« Je te confie... je te confie... » Vous entendez ? *je... te...*

CÉLESTUS.

Bien ! je te confie... j'en conviens.

LE BOURGMESTRE.

« ... Cet innocent... Sois sa providence... Apprends-lui à plaindre son père proscrit... » *Proscrit !* Y a-t-il ou n'y a-t-il pas *proscrit ?*

CÉLESTUS.

Il y a *proscrit*, je le veux bien.

LE BOURGMESTRE, continuant.

« Gémissant dans l'exil... » Cela est-il écrit?

CÉLESTUS.

Oui.

LE BOURGMESTRE.

Eh bien, M. Wolf est-il proscrit?

CÉLESTUS.

Certainement, il l'est.

LE BOURGMESTRE.

Gémit-il dans l'exil ?

CÉLESTUS.

Il est exilé; mais il ne gémit pas, du moins je ne l'ai jamais entendu gémir, moi.

LE BOURGMESTRE.

Figure de rhétorique, mon cher monsieur.

CÉLESTUS.

Monsieur le bourgmestre, il y a trois ans que je connais Wolf, et Wolf est incapable...

LE BOURGMESTRE.

Monsieur le savant, vous avez consacré votre vie à la recherche de la vérité, n'est-ce pas?

CÉLESTUS.

Certainement ! ma vie est celle du philosophe de Genève : *Vitam impendere vero.*

LE BOURGMESTRE.

Comment y arrive-t-on, à la vérité?

SCÈNE XI

Les Mêmes, WOLF, entrant.

CÉLESTUS.

Comment on y arrive?

LE BOURGMESTRE.

Oui, comment y arrive-t-on?

CÉLESTUS.

Dame!

WOLF.

De déduction en déduction, mon ami.

LE BOURGMESTRE, à demi-voix.

Justement, le voilà!... Attendez, je vais tout lui faire avouer à lui-même!... Monsieur Wolf!

(Il lui fait signe d'approcher.)

WOLF.

Monsieur le bourgmestre?

LE BOURGMESTRE.

Qui était ici quand le mystérieux enfant est apparu?

WOLF.

Il n'y avait que Célestus et moi.

LE BOURGMESTRE.

Que Célestus et vous... (A Célestus.) Ce n'est pas vous qui avez apporté l'enfant, n'est-ce pas?

CÉLESTUS.

Moi?... Oh la la!

WOLF.

Mais, vous comprenez, monsieur le bourgmestre... nous n'avons pas pu voir qui l'apportait, parce que la chambre était dans l'obscurité.

LE BOURGMESTRE.

Et pourquoi dans l'obscurité?

CÉLESTUS.

Parbleu! parce que les bougies étaient éteintes!

LE BOURGMESTRE.

Et qui les avait éteintes?

WOLF.

C'était moi, monsieur le bourgmestre.

LE BOURGMESTRE, à Célestus.

Vous entendez! vous entendez!

CÉLESTUS.

Comment!...

LE BOURGMESTRE.

Je continue. N'avez-vous pas dit, monsieur Célestus, que d'abord vous ne vouliez pas garder cet enfant?

CÉLESTUS.

C'est vrai; mais Wolf a insisté...

WOLF.

Oh! mon ami, je n'ai pas eu besoin d'insister longtemps, et ton bon cœur...

CÉLESTUS.

Ne disons pas cela... C'est qu'au contraire tu as insisté très-fort.

LE BOURGMESTRE.

Très-fort! très-fort!

WOLF.

C'est-à-dire, mon ami, que tu te fais plus méchant que tu n'es.

CÉLESTUS.

Je vous dis, monsieur Wolf, que vous avez insisté très-fort... jusqu'à dire que, si je ne me chargeais pas de l'enfant... vous vendriez vos livres et vous vous en chargeriez, vous!

LE BOURGMESTRE.

Vendre ses livres pour un enfant qui lui est étranger... hein! c'est un beau trait!

CÉLESTUS.

Mais... en effet...

LE BOURGMESTRE.

Attendez... attendez donc! Et, dans ce moment, monsieur Wolf, vous qui étiez si pressé de sortir, que vous ne m'avez pas même demandé pourquoi je vous arrêtais... d'où venez-vous?

WOLF.

Monsieur, je viens de chercher la nourrice de Romulus.

LE BOURGMESTRE.

Comment!... vous-même!... un homme grave, un savant, un philosophe!... vous avez, à onze heures du soir, couru par les rues de Marbourg pour chercher une nourrice?...

WOLF.

A onze heures du soir, par les rues de Marbourg!... Mais, monsieur, à onze heures du matin, pour cet enfant qui pleurait, j'eusse été chercher une nourrice au bout du monde.

LE BOURGMESTRE, à Célestus.

Au bout du monde! ma foi, si ce n'est pas là la voix du sang qui parle, je ne m'y connais plus.

CÉLESTUS.

C'est bien, monsieur le bourgmestre... merci! Mais, maintenant, en supposant... resterait la mère?

LE BOURGMESTRE.

Ah! oui, la mère!

WOLF.

Monsieur, auriez-vous quelques renseignements sur la mère?... Oh! si vous en aviez, vous nous tireriez d'un grand embarras.

LE BOURGMESTRE, à Wolf.

La mère, monsieur? La mère n'est pas plus difficile à trouver que le père, entendez-vous?

WOLF.

Ah! le père est trouvé?

CÉLESTUS.

Nous sommes sur la trace, du moins.

WOLF.

Ah! tant mieux!... Alors, dites-nous...

LE BOURGMESTRE, à part.

Devant le frère!... quelle audace!... (Haut.) Éclairez-moi, monsieur.

WOLF.

Volontiers... J'ai failli me casser le cou dans l'escalier...

CÉLESTUS.

Vous partez... sans me dire le nom?...

LE BOURGMESTRE.

Plus tard, monsieur... Je doute encore... Je ne veux pas...

CÉLESTUS.

Comme vous voudrez; mais, quant à Wolf...

LE BOURGMESTRE.

Venez, venez, monsieur, et, puisque vous feignez de l'ignorer... (Ils ont gagné le seuil de la porte. Le Bourgmestre regarde si Célestus a les yeux sur lui, et, voyant Célestus pensif.) Eh bien, la mère...

(le saisissant au collet), c'est... (tout bas) mademoiselle Marthe!...

WOLF.

Oh!

CÉLESTUS.

Hein?

WOLF.

Rien!

CÉLESTUS, se retournant.

Le visage bouleversé?... Babenhausen a deviné juste!

SCÈNE XII

CÉLESTUS, WOLF.

WOLF, à lui-même.

Marthe! Marthe! la mère!...

CÉLESTUS.

Voyons jusqu'où il poussera la dissimulation! Eh bien, monsieur Wolf?

WOLF.

Eh bien, mon ami?... (A part.) Ne lui disons pas un mot de ce que cet imbécile... (Haut.) Eh bien, mon ami, c'est fait.

CÉLESTUS, à lui-même.

Serait-il possible que, sous cet air de bonhomie, la nature eût caché une âme si perverse?

WOLF.

Édith Rembach était chez elle; je l'ai amenée presque de force; elle ne voulait pas venir. « Un enfant chez M. Célestus, disait-elle, ce n'est pas vrai! M. Célestus ne peut pas souffrir les enfants. » Enfin, elle s'est décidée, elle est chez ta sœur, et Romulus ne manquera de rien... Là! maintenant, remettons-nous au travail... Tu sais que le vent est toujours du nord?

CÉLESTUS.

Oui, du nord.

WOLF.

Et que, par conséquent, tu peux voir Orion... Mais qu'as-tu donc?

CÉLESTUS.

Monsieur Wolf!...

WOLF.

Mon ami?...

CÉLESTUS.

Regardez-moi.

WOLF.

Je te regarde.

CÉLESTUS.

En face.

WOLF.

En face, soit.

CÉLESTUS.

Et que voyez-vous?

WOLF.

Je vois un excellent homme qui vient d'accomplir une bonne action dont le ciel lui tiendra compte.

CÉLESTUS.

Vous vous trompez, monsieur : vous voyez un niais.

WOLF.

Un niais?...

CÉLESTUS.

Un imbécile!...

WOLF.

Un imbécile?

CÉLESTUS.

Une dupe!...

WOLF.

Toi, mon ami?

CÉLESTUS.

Un homme de la confiance duquel on abuse!

WOLF.

Et quel est le misérable...?

CÉLESTUS.

Le misérable?

WOLF.

Oui.

CÉLESTUS.

Le misérable, c'est le père de l'enfant!

WOLF.

Le père de Romulus!... Mais tu le connais donc?

CÉLESTUS.

Je le connais... Et vous, monsieur Wolf... le connaissez-vous?

WOLF.

Non, je ne le connais pas.

CÉLESTUS.

Vous ne le connaissez pas?

WOLF.

Non!

CÉLESTUS, le prenant au collet et le secouant.

Tu ne le connais pas?... Eh bien, le père de l'enfant... c'est toi!

WOLF.

Moi?

CÉLESTUS.

Toi, malheureux!

WOLF.

Ah! écoute, mon cher Célestus, je crois avoir été doué par la nature de toute la patience dont un homme est capable... Je ne pense même pas qu'il me soit arrivé de me mettre en colère une seule fois dans ma vie... Mais, fussé-je un saint... dussé-je être damné sur un seul mot... je m'emporte, à la fin... Célestus... tu m'ennuies... là!

CÉLESTUS.

Je n'y comprends plus rien. Voyons! sois franc: cet enfant... ce n'est donc pas toi, Wolf?

WOLF.

Moi, un enfant?... Mon ami, tu n'y penses pas!

CÉLESTUS.

Que veux-tu! tu es si distrait.

WOLF.

Cette idée n'est point de toi, Célestus. Il n'entre pas dans ton esprit, ou plutôt dans ton cœur, de soupçonner un ami d'une pareille chose.

CÉLESTUS.

Eh! morbleu! non, l'idée n'est pas de moi.

WOLF.

Mais de qui est-elle, alors?

CÉLESTUS.

De cet abominable bourgmestre!... de cet affreux Babenhausen!

WOLF.

Le malheureux !... Je m'en doutais.

CÉLESTUS.

Comment, tu t'en doutais ?

WOLF.

Il t'a dit que j'étais le père, n'est-ce pas? Eh bien, sais-tu ce qu'il me disait, à moi, sur l'escalier... là... tout bas?

CÉLESTUS.

Babenhausen?

WOLF.

Sais-tu qui il accusait d'être la mère?

CÉLESTUS.

Non.

WOLF.

Ta sœur, mon ami ! ta sœur !

CÉLESTUS.

Marthe?...

WOLF.

Mademoiselle Marthe!...

CÉLESTUS.

Ah! le misérable!... Marthe!... (Appelant.) Monsieur le bourgmestre !

WOLF.

Que vas-tu faire?

CÉLESTUS.

Eh bien, avais-je raison de haïr les enfants? Il n'y a pas une heure que ce petit Romulus est dans la maison, et il a déjà mis tout sens dessus dessous. Monsieur le bourgmestre !

WOLF.

Mais enfin, dis-moi...

CÉLESTUS.

Il est encore temps de rétablir l'ordre ici... Cet enfant ne t'est rien?

WOLF.

Absolument rien.

CÉLESTUS.

Tu en es sûr?

WOLF.

Très-sûr.

CÉLESTUS.

Réfléchis bien.

WOLF.

Je l'ai vu tout à l'heure pour la première fois.

CÉLESTUS.

Cela me suffit. (Entre Marthe.) Monsieur le bourgmestre !

MARTHE.

Quel est ce bruit?

CÉLESTUS, à la cantonade.

Frantz, prie M. le bourgmestre de descendre.

MARTHE.

Hein ? Qu'est-ce que c'est ?

CÉLESTUS, à Wolf.

Pour prix de ses calomnies, je vais lui rendre l'enfant, et lui déclarer que je le laisse à la charge de la commune.

SCÈNE XIII

WOLF, MARTHE, CÉLESTUS.

MARTHE.

A la charge de la commune ?...

CÉLESTUS, regardant au dehors par la porte.

Ah çà ! mais viendra-t-il ?

MARTHE.

Mon frère !... Célestus ! Il ne s'agit pas de Romulus, j'espère ?

WOLF.

Au contraire, mademoiselle : il s'agit de lui en personne.

MARTHE.

Oh !... après avoir fait serment de lui servir de père !

WOLF.

Mademoiselle... il est des circonstances...

MARTHE.

Monsieur Wolf, il n'y a pas de circonstances qui autorisent l'inhumanité !

WOLF.

Mademoiselle, ce n'est pas moi ; c'est Célestus...

MARTHE.

Eh bien, alors, empêchez-le à tout prix de commettre une pareille indignité... ou je ne vous parle de ma vie...

WOLF.

Mon Dieu ! à moi, mademoiselle ?

CÉLESTUS.

Ah! le voilà, enfin!

SCÈNE XIV

Les Mêmes, le Bourgmestre.

LE BOURGMESTRE.

Cher monsieur Célestus...

CÉLESTUS.

Entrez, monsieur le bourgmestre.

(Il va tirer la porte.)

LE BOURGMESTRE.

Qu'y a-t-il donc pour votre service?

CÉLESTUS, furieux.

Ce qu'il y a, monsieur?... ce qu'il y a?...

WOLF.

Devant ta sœur!

CÉLESTUS.

Tu as raison... Marthe, fais-moi le plaisir de rentrer chez toi.

MARTHE.

Mais, mon frère, il me semble...

CÉLESTUS.

Je t'en prie...

MARTHE.

Enfin...

CÉLESTUS.

Je te l'ordonne.

MARTHE.

J'obéis... Monsieur Wolf... je vous rends responsable de tout; je m'en vais... Mon Dieu! qu'est-ce que cela veut dire?

(Elle sort.)

SCÈNE XV

WOLF, CÉLESTUS, le Bourgmestre.

LE BOURGMESTRE, à Célestus.

Vous m'avez fait demander?

CÉLESTUS.

Je vous ai appelé, monsieur...

LE BOURGMESTRE.

Oh! oh!... Et pour quoi faire, cher monsieur Célestus?

CÉLESTUS.

Pour vous dire que vous... (Mouvement du Bourgmestre.) Que vous allez faire dresser, ici même, sur les lieux où les événements se sont passés, un procès-verbal bien en forme, qui déclare que, l'enfant ne nous étant rien... entendez-vous, monsieur le bourgmestre, absolument rien!... je le laisse à la charge de la commune.

LE BOURGMESTRE.

A la charge de la commune!... Oh! pardon, cela ne se peut plus.

CÉLESTUS.

Comment, cela ne se peut plus?

LE BOURGMESTRE.

Non... Il est trop tard, maintenant.

CÉLESTUS.

Trop tard!

LE BOURGMESTRE.

De même que le droit romain exige que ceux qui veulent garder un enfant prouvent que l'enfant leur appartient...

WOLF.

C'est vrai!

LE BOURGMESTRE.

De même le droit romain exige que ceux qui veulent se débarrasser d'un enfant prouvent que cet enfant ne leur appartient pas.

WOLF.

C'est vrai!

LE BOURGMESTRE.

Or, l'enfant est chez vous, on ne sait comment il y est... personne ne l'a apporté... Toutes les probabilités sont que l'enfant vous appartient de plus près que vous ne voulez l'avouer... Serviteur, monsieur Célestus, serviteur!

CÉLESTUS.

Monsieur Babenhausen!

LE BOURGMESTRE.

D'ailleurs, monsieur Célestus, je ne suis pas seul maître dans cette affaire... Il y a conseil de nuit à l'hôtel de ville.

CÉLESTUS.

Conseil de nuit?

LE BOURGMESTRE.

Oui, conseil de prud'hommes!

WOLF.

Comment! vous allez en plein conseil...?

LE BOURGMESTRE.

Certainement, monsieur.

CÉLESTUS.

Répéter une telle calomnie?

LE BOURGMESTRE.

Je dirai qu'il y a pour et qu'il y a contre.

CÉLESTUS.

Monsieur le bourgmestre, si vous faites une chose comme celle-là!...

LE BOURGMESTRE.

Des menaces?... des menaces à un magistrat?...

CÉLESTUS.

Quand un magistrat...

WOLF, arrêtant Célestus.

Célestus, mon ami...

LE BOURGMESTRE.

Ah! des menaces!... Prenez garde, monsieur Célestus, elles coûtent cher, les menaces... Ah! vous menacez!

WOLF.

Mais non, monsieur, il ne vous menace pas, il vous prie.

LE BOURGMESTRE.

Et vous aussi, monsieur Wolf, vous vous mêlez de la partie?

WOLF.

Mais non, monsieur, au contraire.

LE BOURGMESTRE.

Au contraire... Mon devoir... entendez-vous, messieurs! mon devoir avant tout... Je vous attends à la commune, monsieur Célestus... à la commune.

(Il sort furieux.)

SCÈNE XVI

CÉLESTUS, WOLF.

CÉLESTUS.

Ah! le traître! ah! le misérable!

WOLF.

Calme-toi, mon ami, calme-toi.

CÉLESTUS.

Que je me calme!... quand je vois qu'on va traîner par les ruelles et par les carrefours l'honneur d'une honnête fille!... la réputation de ma sœur!

WOLF.

Mon ami!

CÉLESTUS.

Que je me calme!

(Il marche avec agitation.)

WOLF.

Peut-être il y a un moyen...

CÉLESTUS.

D'étouffer de pareilles calomnies!... Il n'y en pas.

WOLF.

Cherchons!

CÉLESTUS.

Je te dis qu'il n'y en a pas.

WOLF, frappé d'une idée.

Ah!

CÉLESTUS.

Quoi?

WOLF.

Il y en a un!

CÉLESTUS.

Il y en a un?

WOLF.

Oui.

CÉLESTUS.

Et c'est toi qui l'as trouvé?

WOLF.

A l'instant même, mon ami.

CÉLESTUS, haussant les épaules.

Allons donc!

WOLF.

Pourquoi pas?... Archimède a bien trouvé la vis sans fin.

CÉLESTUS.

Archimède ! Il est bien question...

WOLF.

Ah! mon ami, ne disons pas de mal d'Archimède, c'était un homme !...

CÉLESTUS, avec impatience.

Voyons ton moyen...

WOLF.

Écoute !... c'est ma présence assidue dans ta maison... c'est mon séjour prolongé sous ton toit... c'est parce que je suis... c'est-à-dire ta sœur...

CÉLESTUS.

Ah !... ton moyen?

WOLF.

Suppose une chose...

CÉLESTUS.

Laquelle?

WOLF.

Suppose que, malgré ma répugnance bien connue pour le mariage, je consente à épouser ta sœur.

CÉLESTUS.

Épouser ma sœur?

WOLF.

Oui.

CÉLESTUS.

Toi ?...

WOLF.

Dame!

CÉLESTUS.

Toi, tu donnerais un pareil démenti à tous tes principes?

WOLF.

Je le donnerais... puisqu'en le donnant, je vous rendrais le bonheur à tous deux.

CÉLESTUS.

Ah! Wolf!... ah! mon ami!... un pareil dévouement!... Mais non... c'est inutile...

WOLF.

Inutile! comment cela?

3.

CÉLESTUS.

Si tu épouses ma sœur, ils diront que c'était pour réparer sa faute...

WOLF.

Non; car, le lendemain de notre mariage, nous rendrons l'enfant à la commune, et, puisque nous serons mariés, on pensera bien que, si l'enfant était à nous, nous le garderions au lieu de le rendre.

CÉLESTUS.

Tu as raison, Wolf... cette idée... Mais elle, mon ami?

WOLF.

Qui, elle?

CÉLESTUS.

Ma sœur !... elle ne veut pas se marier.

WOLF.

C'est juste ! je n'y avais pas songé.

CÉLESTUS.

Elle s'est formellement exprimée devant toi à cet égard, il y a deux heures.

WOLF.

Eh bien, sais-tu ce qu'il faut faire, Célestus ?

CÉLESTUS.

Non ; mais je m'en rapporte à toi. Tu es un fleuve d'idées ce soir, mon ami; je ne te reconnais pas.

WOLF.

Il faut la mettre dans l'impossibilité de me refuser.

CÉLESTUS.

Comment cela ?

WOLF.

En annonçant notre mariage comme s'il était fait. Va à la commune, mon ami, et dis que nous nous marions demain... cette nuit si tu veux... tout à l'heure s'il est nécessaire... Je suis prêt à tous les sacrifices.

CÉLESTUS.

Oh !... Wolf... mon ami !... mon frère !

WOLF.

Tu consens ?

CÉLESTUS.

Si j'y consens !

WOLF.

Merci, Célestus.

CÉLESTUS.

C'est lui qui me dit merci... Cœur d'or! (Appelant.) Marthe! (Marthe entre.) Ah! ma sœur, si tu savais!

MARTHE.

Quoi donc?

CÉLESTUS.

Regarde Wolf... (A Marthe.) Embrasse-moi... Il nous sauve la vie! (Il sort vivement.) C'est un Décius!

SCÈNE XVII

MARTHE, WOLF.

MARTHE.

Un Décius!

WOLF.

Décius Flaccus... Mus...

MARTHE.

Que veut-il dire?

WOLF.

Il paraît que Célestus est content... et il vous embrasse parce qu'il est content.

MARTHE.

Et avez-vous obtenu de lui que je garde Romulus?

WOLF.

Oui, mademoiselle, oui, à peu près; je lui ai proposé un moyen.

MARTHE.

De garder Romulus?

WOLF.

Oui; seulement, reste à savoir si ce moyen vous convient, à vous?

MARTHE.

Oh! tout me conviendra pourvu qu'on ne m'enlève pas cet enfant, que j'aime déjà comme s'il était à moi!

WOLF.

Oh! c'est que vous ne le connaissez pas, le moyen!

MARTHE.

Non.

WOLF.

Et peut-être... quand vous le connaîtrez, le moyen...

MARTHE.

Enfin, dites!

WOLF.

C'est que... c'est que... C'est embarrassant!

MARTHE.

Mais vous l'avez dit à mon frère.

WOLF.

Ah! votre frère, ce n'est pas la même chose... Mais à vous.. c'est difficile.

MARTHE.

Si c'est difficile... voyons, employez un détour, un apologue.

WOLF.

Un apologue?... Mademoiselle, auriez-vous une grande répugnance à devenir ma femme?

MARTHE.

Moi! votre femme?

WOLF.

Oui.

MARTHE.

Et à quel propos me faites-vous une pareille proposition?

WOLF.

Mais à propos de Romulus, mademoiselle.

MARTHE.

Comment, à propos de Romulus?... Je ne comprends pas.

WOLF.

Parce que vous ignorez ce qui se passe.

MARTHE.

Où cela?

WOLF.

Ici.

MARTHE.

Depuis quand?

WOLF.

Depuis une heure.

MARTHE.

Que se passe-t-il donc? Vous m'inquiétez.

WOLF.

Vous ne savez pas de quoi on m'accuse, mademoiselle?

MARTHE.

De quoi vous accuse-t-on, mon cher monsieur Wolf?

WOLF.

D'être le père de Romulus...

MARTHE.

Vous?... Eh bien, mais quel rapport cette accusation a-t-elle avec le mariage que vous me proposez?

WOLF.

C'est que, si l'on m'accuse d'être le père, moi...

MARTHE.

Eh bien?

WOLF.

On vous accuse, vous...

MARTHE, riant.

De quoi?... d'être...?

WOLF.

Voilà!

MARTHE.

Et qui m'accuse de cela, monsieur Wolf?

WOLF.

Le bourgmestre!... cet infâme Babenhausen!

MARTHE.

Lui!... oh! comment! c'est lui?... Et vous, voyant qu'on m'accusait, monsieur Wolf...

WOLF.

Voyant qu'il n'y avait que ce moyen pour sauvegarder votre réputation...

MARTHE.

Vous vous êtes décidé à renoncer en ma faveur à votre cher célibat!

WOLF.

Comme vous voyez, mademoiselle.

MARTHE, émue.

Ah!... de sorte que, sans cette accusation...

WOLF.

Je n'eusse jamais osé vous faire une telle proposition.

MARTHE.

Jamais!... Merci, monsieur Wolf. J'apprécie toute l'étendue du sacrifice que vous me faites; mais je ne puis l'accepter.

WOLF.

Ainsi, vous me refusez, mademoiselle?

MARTHE.

Je ne puis abuser à ce point de votre générosité.

WOLF.

Vous ne craignez pas les calomnies?

MARTHE.

Je n'aurais qu'un mot à dire pour les faire taire.

WOLF.

Eh bien, alors, dites-le, mademoiselle.

MARTHE.

C'est un secret.

WOLF.

Vous avez raison, mademoiselle, si c'est un secret... Du moment que vous refusez d'être ma femme, dame... c'est un malheur, mais il faut... Adieu, mademoiselle...

MARTHE.

Comment, adieu?

WOLF.

Oui, il faut que je parte...

MARTHE.

Que vous partiez?

WOLF.

Sans doute, puisque vous gardez votre secret... les méchants... pardonnez-moi, mademoiselle, d'oser prononcer ce mot en parlant d'un ange du ciel... les méchants diront... que vous êtes ma maîtresse, et vous comprenez, dès lors... il n'y a plus de raison pour qu'on n'envoie pas chaque année à votre frère un nouvel enfant par la fenêtre comme on a fait ce soir... Ainsi donc...

(Il prend son chapeau et sa canne.)

MARTHE.

Monsieur Wolf, vous partez? c'est une résolution prise?

WOLF.

Oh! oui, bien prise!

MARTHE.

Et, en partant... vous ne regrettez rien?

WOLF.

Oh! si fait : je regrette bien sincèrement... mon ami...

MARTHE.

Alors, vos regrets sont pour lui seul?

WOLF.

Mes regrets sont pour tout ce que j'abandonne, mademoiselle. (En faisant un mouvement, il laisse tomber son Leibnitz, il s'en échappe quelques feuilles de rose.) Oh! pardon, mademoiselle, ce n'est pas pour me mettre impudemment à vos genoux... c'est pour ramasser...

MARTHE.

Qu'est cela?

WOLF.

Rien, mademoiselle.

MARTHE.

Mais ce sont des feuilles de rose!

WOLF.

Ne faites pas attention...

MARTHE.

Cependant, si je vous priais bien de me dire...

WOLF.

Vous voulez...?

MARTHE.

Je vous en prie.

WOLF.

Mon Dieu, mademoiselle... c'est qu'autrefois... avant que vous fussiez devenue triste... car, depuis quelque temps, vous êtes devenue triste, mademoiselle.

MARTHE.

Eh bien, avant ce temps-là...?

WOLF.

Eh bien, je me rappelle que, dès que vous aviez ouvert votre fenêtre, le matin, au-dessus de la mienne... Vous n'avez peut-être jamais remarqué, mademoiselle, que votre fenêtre donnait au-dessus de la mienne.

MARTHE.

Continuez... Quand j'ouvrais ma fenêtre...?

WOLF.

Vous chantiez comme un oiseau... et moi qui travaillais depuis l'aube, votre chant me réjouissait alors, comme si le soleil se fût levé une seconde fois.

MARTHE.

Vraiment, monsieur Wolf?

WOLF.

Oui... Et, alors, je m'approchais, sur la pointe du pied, de peur de vous effaroucher... et je me penchais jusqu'à ce que je pusse apercevoir votre main... votre main qui effeuillait les fleurs fanées au-dessus de ma tête... Ces fleurs, vous les laissiez tomber : c'était comme une pluie parfumée... Le vent les poussait dans ma chambre... et moi...

MARTHE.

Et vous?

WOLF.

Moi, je les ramassais... C'était un enfantillage, sans doute; mais, que voulez-vous! j'y trouvais du plaisir, plus que du plaisir, du bonheur!

MARTHE.

Comment! vous ramassiez mes fleurs fanées?... Oh! quel conte vous me faites là, monsieur Wolf!

WOLF.

Ce n'est point un conte, mademoiselle; la preuve, c'est que les feuilles sont encore là, comme vous le voyez, entre les pages de mon Leibnitz!

MARTHE.

Monsieur Wolf!...

WOLF.

Sans doute, puisqu'elles sont dans mon Leibnitz et que j'emporte mon Leibnitz!

MARTHE.

C'est bien, monsieur Wolf, emportez votre Leibnitz; mais rendez-moi mes fleurs.

WOLF.

Comment, mademoiselle, que je vous les rende? Mais, quand je serai loin de vous, je n'aurai donc plus rien de vous, moi?

MARTHE.

Et pourquoi donc désirez-vous avoir quelque chose de moi, monsieur Wolf?

WOLF.

Le malheureux qui perd tout se rattache à tout... chaque débris de sa vie passée lui devient précieux... C'est bien peu de chose pour vous, que ces fleurs, n'est-ce pas, mademoiselle? ce n'est rien même. Eh bien, pour moi, c'est un trésor de souvenirs : quand je serai seul, triste, abandonné, avec un regard jeté sur ces feuilles desséchées, je rebâtirai tout le passé. Je me retrouverai dans ma petite chambre; je vous reverrai dans la vôtre. Le rosier planté au bas de ma fenêtre et grimpant le long du mur, fleurira encore pour moi... A travers ses feuilles, je verrai votre main venir chercher les fleurs fanées, les effeuiller de nouveau. Le vent frais du matin les fera voltiger dans l'air... j'étendrai les bras vers elles... je les suivrai des yeux... inutilement, je le sens, puisque le rosier, les roses et vous n'existeront plus que dans mon imagination... Mais, à défaut de la réalité, il me restera au moins le rêve, et, vous le savez, mademoiselle, un grand philosophe l'a dit : « La vie, c'est le rêve de l'homme éveillé !... »

MARTHE.

Alors, monsieur Wolf, sans cette circonstance, vous ne nous eussiez jamais quittés?

WOLF.

Moi, mademoiselle, vous quitter !... Mais savez-vous ce qu'il me semble... au moment de mon départ, à l'heure où je vous dis adieu?... C'est que, quand je vais vous avoir quittés, je ne pourrai plus vivre... Mon Dieu ! moi qui vous voyais à chaque heure du jour, moi qui pensais à vous le soir en m'endormant, la nuit dans mon sommeil, le matin en m'éveillant! moi qui m'étais fait à cette douce vie à trois... et qui ne demandais pas autre chose à Dieu pour mon ciel, pour mon paradis, pour mon éternité !... moi, vous quitter si je n'y étais pas forcé?... (Sanglotant.) Ah ! mademoiselle !... (tombant sur une chaise) jamais ! jamais !...

MARTHE.

Alors, si je consentais à ce mariage...?

WOLF.

Si vous consentiez à ce mariage, mademoiselle, rien ne serait changé... Je serais aussi heureux qu'autrefois, bien plus heureux, à ce qu'il me semble; car, au lieu d'être trois, Célestus, vous et moi, nous ne serions plus que deux, nous et lui.

MARTHE.

Tandis qu'au contraire, si vous vous en alliez...?

WOLF.

Je crois que je mourrais.

MARTHE, lui tendant la main.

Allons, je ne veux pas avoir à me reprocher un si grand malheur.

WOLF.

Ah ! mademoiselle !... vous consentez donc?...

MARTHE.

Gardez mes roses, et laissez là votre Leibnitz.

SCÈNE XVIII

MARTHE, CÉLESTUS, WOLF.

CÉLESTUS, accourant.

Oh! mes amis, quelle bonne nouvelle!...

WOLF.

Hein!

CÉLESTUS.

Grande nouvelle !

MARTHE.

Quoi donc?

CÉLESTUS.

Tout est éclairci... Romulus...

WOLF et MARTHE.

Comment?

CÉLESTUS.

Plus de sacrifice, plus de mariage... Vous n'avez plus besoin de vous épouser : on connaît le père et la mère...

WOLF.

Qu'est-ce que cela veut dire?

CÉLESTUS.

Cela veut dire que, lorsque Gertrude, la fille du bourgmestre, a su qu'on accusait Marthe, elle a tout avoué.

WOLF.

Comment?

CÉLESTUS, voyant entrer Babenhausen.

Silence !

SCÈNE XIX

MARTHE, CÉLESTUS, LE BOURGMESTRE, WOLF.

Le Bourgmestre entre, penaud et confus, et va droit à Célestus, auquel il semble vouloir parler; mais, suffoqué par le chagrin, il ne peut articuler aucun son. Alors, il passe à Marthe, et, ne pouvant non plus lui parler, il lui prend la main et la baise. Puis il va à Wolf, qu'il embrasse. — Celui-ci en est tout surpris, mais il se laisse faire. — Enfin, le Bourgmestre revient à Célestus, auquel il fait signe de se taire, en mettant l'index de la main droite sur ses lèvres, et se retire en poussant un cri étouffé.

SCÈNE XX

MARTHE, CÉLESTUS, WOLF.

MARTHE.
Bonne Gertrude ! elle a tout avoué !...

WOLF.
De sorte que le jeune Romulus...?

MARTHE.
Est son fils et celui de Conrad, caché depuis longtemps chez M. le bourgmestre lui-même.

CÉLESTUS.
Son grand-père... Et, comme, par bonheur, il vient d'obtenir sa grâce, il se marie demain en votre lieu et place...

WOLF, tristement.
Ah ! bien... ce sont eux qui se marient demain en notre... lieu et...

CÉLESTUS.
Aussi, comme nous allons reprendre nos bonnes habitudes d'autrefois ! Heureux Wolf !... fortuné célibataire !...

WOLF.
Oui... oui... c'est-à-dire non... Adieu, mon ami...

CÉLESTUS.
Comment, adieu ? Tu t'en vas ?

WOLF.
Oui.

CÉLESTUS.
Pourquoi ?

WOLF.
Oh ! ne demande pas d'explication.

CÉLESTUS.
Mais il n'y a donc pas moyen de vivre cinq minutes avec ce Wolf ? mais tu es donc un trouble-fête perpétuel ?...

WOLF.
Hélas ! oui... mon ami !... et c'est pour cela que je m'en vais...

(Il va prendre sa canne, son chapeau et son Leibnitz.)

CÉLESTUS.
Mais, Marthe !... dis-lui donc... Comment ! toi aussi, tu pleures ?

MARTHE.

Oui... je pleure... et tu ne comprends pas...

CÉLESTUS.

Oh!... imbécile que je suis !

WOLF, qui a repris sa canne, son chapeau et son Leibnitz.

Bon ! adieu, mademoiselle...

CÉLESTUS.

Mais par où t'en vas-tu donc?.... Ce n'est pas par ici.

WOLF.

Par où donc, Célestus ?

CÉLESTUS, lui faisant faire un tour sur lui-même et le poussant dans les bras de sa sœur.

C'est par là !

WOLF, près de s'évanouir de joie.

Ah!... ah!... mademoiselle !

CÉLESTUS.

Allons, c'est bon, Décius !... il n'y aura rien de changé au programme. Vous vous marierez toujours demain... Seulement, au lieu d'une noce, nous en aurons deux... à moins que... dans ta distraction...

MARTHE, souriant.

Oh !... d'ici à demain... j'espère bien, monsieur Wolf, que vous n'oublierez pas ?...

WOLF.

Oh ! soyez tranquille, mademoiselle : je vais faire une corne à mon Leibnitz.

FIN DE ROMULUS

LA JEUNESSE DE LOUIS XIV

COMÉDIE EN CINQ ACTES, EN PROSE

Vaudeville (Bruxelles). — 20 janvier 1854.

A MON AMI NOEL PARFAIT
ANCIEN REPRÉSENTANT DU PEUPLE
Souvenir d'exil.

ALEX. DUMAS.

DISTRIBUTION

LOUIS XIV..	M.	DUCHESNE.
LE DUC D'ANJOU (Monsieur), frère du Roi......	Mlle	IRMA GRANIER.
CHARLES STUART.....................................	MM.	GRANDEL.
MAZARIN..		ROMANVILLE.
MOLIÈRE..		JULIEN MARY.
JEAN POQUELIN, tapissier du Roi................		TAUTIN.
GUITAUT, capitaine des Gardes...................		LAFAYE.
BOUCHAVANNES, mousquetaire..................		STANISLAS.
LE COMTE DE GUICHE................................		DURAND.
LE MARQUIS DE MONTGLAT.......................		BEAUQUESNE.
LE DUC DE GRAMMONT..............................		ANATOLE.
LE COMTE DE DANGEAU............................		HUBERT.
LE DUC DE VILLEROI.................................		TERRIER.
LE DUC DE VILLEQUIER..............................		EUGÈNE.
LYONNE...		WILMANS.
LE TELLIER...		ADOLPHE B.
LE SURINTENDANT FOUQUET.....................		LAROSE.
PIMENTEL, ambassadeur d'Espagne............		JAMET.
GUÉNAUD, médecin....................................		AUG. RADIGUET.
BERNOUIN, valet de chambre de Mazarin......		WORMS.
BERINGHEN, secrétaire de la Reine mère......		BRIET.
BRÉGY, mousquetaire..................................		VAN CAMP.
UN SERGENT..		GIGUET.
ANNE D'AUTRICHE.....................................	Mlles	HORTENSE.
MADAME HENRIETTE.................................		LISE TAUTIN.
MARIE DE MANCINI....................................		DAVENAY.
MADEMOISELLE DE LA MOTTE....................		MARIE.
GEORGETTE...		AUGUSTA.
CHARLOTTE..		LÉOPOLDINE.

GENTILSHOMMES, GARDES, PAGES, LAQUAIS, PIQUEURS, etc.

— Vincennes, 25-26 septembre 1850. —

ACTE PREMIER

La salle du conseil, au château de Vincennes. — Porte au fond; porte à droite; fenêtre à gauche. — Douze fauteuils de maroquin et une grande table ronde couverte de drap vert, pour tout ameublement.

SCÈNE PREMIÈRE

MAZARIN, POQUELIN.

MAZARIN, entrant.
Par ici, mon cer monsou Poquelin! par ici!

POQUELIN, suivant Mazarin, un carnet à la main.
Oui, monseigneur, oui, me voici... J'additionne les demoiselles d'honneur. Les demoiselles d'honneur: deux mille livres.

MAZARIN.
Allez, allez touzours! c'est au total que ze vous attends.

POQUELIN.
Monseigneur est trop juste pour chicaner un pauvre tapissier sur des fournitures où il gagne à peine cinq pour cent... sans compter la rapidité avec laquelle j'ai exécuté les ordres de monseigneur.

MAZARIN.
Essécouté! essécouté! il y a plous d'oun mois que vous êtes prévenou, mon bon ami.

POQUELIN.
Oh! monseigneur!... Par bonheur, j'ai encore sur moi la lettre de M. Bernouin, votre valet de chambre... Tenez, monseigneur, la voici.

MAZARIN.
Inoutile, mon cer monsou Poquelin.

POQUELIN.
Pardon, mais je désire lire cette lettre à Son Éminence pour lui rappeler un tout petit paragraphe.

MAZARIN.
Oun paragraphe? Ze ne sais pas ce que vous voulez dire!

POQUELIN, lisant.

« Mon cher monsieur Poquelin, Sa Majesté ayant décidé qu'elle passerait la saison des chasses dans son château de Vincennes, vous êtes invité à vous rendre incontinent dans ledit château avec tous vos ouvriers, afin que cette résidence, qui est complètement démeublée depuis qu'elle a servi de prison d'État, soit prête pour le 25 du présent mois de septembre... »

MAZARIN, l'interrompant.

Eh bien, ze ne vois point là de paragraphe, monsou Poquelin.

POQUELIN.

Le voici justement, monseigneur... (Reprenant sa lecture.) « Passez les nuits, et faites-les passer à vos hommes, si besoin est : *le roi ne regardera pas à la dépense*. Par ordre de M. le cardinal Mazarin, BERNOUIN, *premier valet de chambre de Son Éminence*. — Ce 7 septembre 1658. »

MAZARIN.

Eh bien, ensouite ?

POQUELIN, lui montrant la phrase.

Dame, voyez, monseigneur.

MAZARIN.

Quoi ?

POQUELIN.

« Passez les nuits, et faites-les passer à vos hommes, si besoin est : *le roi ne regardera pas à la dépense*. » C'est clair, monseigneur, il me semble.

MAZARIN, allongeant le doigt sur la lettre.

Qu'y a-t-il là ?

POQUELIN.

Il y a : *Le roi*.

MAZARIN.

Très-bien !... il n'y a pas : *Le cardinale* ; or, comme c'est monsou le cardinale qui est le trésorier, c'est avec monsou le cardinale que vous compterez, mon maître... Voyons le total, monsou Poquelin ! le total ! ou nous n'en finirons zamais.

POQUELIN, lui présentant son carnet.

C'est bien facile, monseigneur. Voici le total.

MAZARIN.

Pardon, ze préfère additionner moi-même. (Regardant sur la

table.) Eh bien, mais votre table dou conseil! il n'y a ni encre, ni papier, ni ploumes sour votre table-dou conseil!

POQUELIN.

Je vais appeler, et demander ce que Votre Éminence désire.

MAZARIN.

Non, non! cela nous ferait perdre dou temps. Il est nouf houres et demie, et le conseil il se réounit à dix houres... Ze trouverai bien quelque vioux papier dans ma poce. (Il tire un papier.) Voilà! Maintenant, prêtez-moi votre crayon. (Il s'assied.) Oh! que l'on est mal sour vos fauteuils, monsou Poquelin!... Voyons, vous dites : « Salle à manzer : doux mille livres. » (Écrivant.) Doux mille livres... « Çambre à coucer dou roi, de la reine, de mousou le douque d'Anzou : quatre mille livres... Oh! monsou Poquelin, si ce n'était pas pour le roi!... ma c'est pour le roi. (Écrivant.) Quatre mille livres... « Çambre à coucer de Sa Mazesté la reine d'Angleterre et de madame Henriette, sa fille : doux mille livres. » Ze vous demande oun pou : elles étaient si bien au Louvre! Qu'avaient-elles besoin de venir à Vincennes? Enfin, pouisqu'il le faut, azoutons doux mille livres... « Çambre à coucer de monsignor l'éminentissime cardinale Giulio Mazarini ; antiçambre pour recevoir à son petit et à son grand lever ; cabinet pour monsou Bernoin, son valet de çambre : houit mille livres. » Pour cela, il n'y a rien à dire, et ce n'est pas trop cer! (Écrivant.) Houit mille livres. « Pour la çambre de très-haute et très-pouissante demoiselle Marie de Mancini, nièce de l'éminentissime cardinale : trois mille livres. » Trois mille livres pour la çambre de cette petite fille? Oh! oh! monsou Poquelin!

POQUELIN.

Monseigneur, j'ai reçu, à cet endroit, une recommandation particulière.

MAZARIN.

Et de qui, ze vous prie?

POQUELIN.

De M. Bontemps, valet de chambre de Sa Majesté, qui est venu me trouver, et qui m'a ordonné, de la part du roi, de ne rien négliger pour que l'appartement de mademoiselle de Mancini fût convenable.

MAZARIN.

Ah! ah!

POQUELIN.

Oui, monseigneur.

MAZARIN.

Bontemps! ce brave Bontemps! de la part de Sa Majesté!

POQUELIN.

C'est comme j'ai l'honneur de vous le dire.

MAZARIN, à part, se frottant les mains.

Per Bacco! Ze m'étais bien aperçou que le roi s'occoupait de ma nièce!... (Haut.) Très-bien, monsou Poquelin! très-bien! Ze vous passe celle-là encore; mais c'est sour le reste que nous allons avoir à cicaner, ze vous en préviens... Houm! « Çambre à coucer des demoiselles d'honnour : doux mille livres. » Doux mille livres, cer monsou Poquelin, pour de semblables péronnelles!

POQUELIN.

Elles sont six, monseigneur... C'est trois cent trente-trois livres six sous huit deniers par tête.

MAZARIN.

Eh! mordiou! il fallait les faire coucer doux dans la même çambre! Vous nous rouinez! Ah!... (Écrivant.) Doux mille livres! « Enfin, pour la salle dou conseil : quatorze cent quarante livres. Total : Vingt-doux mille quatre cent quarante livres. » *Pecaïre!* comme vous y allez, monsou Poquelin! Par bonheur pour vous, comme ze souis pressé, nous mettrons tout cela, pour faire oun compte rond, à vingt mille livres.

POQUELIN.

Mais réfléchissez donc, monseigneur... Impossible!

MAZARIN.

C'est convenou. Vous viendrez cercer votre ordonnance dans houit zours.

POQUELIN.

Monseigneur, si c'était un effet de votre bonté...

MAZARIN.

Ma bonté! ma bonté! ze sais bien qu'elle est grande... Voyons, mon cer Poquelin, que loui demandez-vous, à ma bonté?

POQUELIN.

Puisque Votre Éminence a le crayon à la main, il ne lui en coûterait pas plus d'ordonnancer cette petite somme tout de suite; et, en considération de ce que je toucherais de l'argent comptant, je consentirais à la réduction imposée par monseigneur.

MAZARIN.

Et sour quoi ordonnancer? Ze n'ai point d'état.

POQUELIN.

Oh! je me contenterai de ce bout de papier... La signature de monseigneur est excellente, et, au lieu que monseigneur mit là : « Bon pour vingt mille livres, » je voudrais qu'il y mît : « Bon pour un million. »

MAZARIN.

Bon pour oun million! Et où voudriez-vous donc que ze le prisse?... Ma il me faudrait vendre zousqu'à ma barrette, cer monsou Poquelin, pour payer oun million, et encore! (Il signe.) Tenez; pouisque vous le voulez assoloument... Ma, en vérité, ze souis d'une faiblesse pour vous!...

(Il prend le chiffon de papier et le lui donne.)

POQUELIN, ouvrant le papier, et lisant.

Oh! monseigneur!

MAZARIN.

Monsignor! monsignor! Quoi encore?

POQUELIN.

Mais Votre Éminence a remis le payement à une année... Voyez! « 25 septembre 1659. »

MAZARIN.

Ai-ze remis à oune année?

POQUELIN.

Mais oui.

MAZARIN.

Ze me souis trompé, alors : ze croyais avoir mis à doux années... Rendez-moi ce papier, monsou Poquelin... Oh! cette maudite Fronde! cette maudite Fronde! elle nous a rouinés de fond en comblé!

POQUELIN, retirant le papier.

Eh bien, monseigneur, je consentirai à attendre... si Son Éminence veut m'accorder une grâce...

MAZARIN.

Oune grâce? Non!

POQUELIN.

Une grâce qui ne coûtera rien à monseigneur.

MAZARIN.

Alors, parlez! voyons.

POQUELIN.

Monseigneur sait que j'ai le malheur d'avoir un fils.

MAZARIN.

Oui, ce drôle de Molière, qui s'est fait, ze crois, poëte et comédien, au lieu d'assepter la sourvivance de tapissier valet de çambre dou roi.

POQUELIN.

Justement, monseigneur. Eh bien, si monseigneur voulait me donner une lettre de cachet pour l'appréhender au corps, et le mener en prison jusqu'à ce qu'il ait renoncé à faire des vers et à jouer la comédie...

MAZARIN.

Eh bien, mon ami?

POQUELIN.

Eh bien, monseigneur, je crois que je mettrais volontiers mon acquit au bas de cette note, quoique n'ayant rien touché.

MAZARIN.

Ouais! Signez vite! (Il le fait passer devant lui, puis l'arrête.) Mais non, *diavolo!*

POQUELIN.

Quoi, monseigneur?

MAZARIN, à part.

Ze me souviens que ce drôle est protézé par le prince de Conti, mon cer nevou, dont il a été le camarade de collèze... Peste! Son Altesse elle n'aurait qu'à se facer, et ézizer le million que z'ai promis pour dot à ma nièce Anne Martinozzi! ce serait payer de ma poce, et oun pou cer, l'amoublement dou câteau de Vincennes.

POQUELIN.

Eh bien, monseigneur?

MAZARIN.

Eh bien, mon cer Poquelin, mon désir de vous être agréable me faisait oublier que les lettres de cacet sont affaires d'État, et, par conséquent, regardent Sa Majesté... Ze ne me mêle pas d'affaires d'État, moi.

POQUELIN.

Comment! monseigneur ne se mêle pas d'affaires d'État?

MAZARIN.

Eh! mon cer ami, le roi est mazour depouis six ans: adressez-vous au roi.

POQUELIN.

Au roi! mais quand pourrai-je le voir, le roi?

MAZARIN.

Quand vous voudrez... Demain, auzourd'houi, dans oune houre... Sa Mazesté doit même dézà être ici : il y a grande partie de çasse dans la forêt, à la souite dou conseil que nous réounissons pour essayer d'avoir oun pou d'arzent... Comme tapissier valet de çambre dou roi, vous avez vos entrés partout : tâcez de saisir Sa Mazesté au passaze, et de loui faire signer votre factoure... le pistolet sour la gorze, monsou Poquelin! le pistolet sour la gorze!

POQUELIN, à part.

Oh! si jamais mon coquin de fils fait une comédie sur un avare, et qu'il soit embarrassé de trouver son modèle, je le lui fournirai, moi!

MAZARIN.

Vous dites, mon cer monsou Poquelin?

POQUELIN.

Je dis que je verrai le roi, monseigneur.

MAZARIN.

Oui, affaire d'État! cela regarde le roi. Allez, monsou Poquelin! allez!

POQUELIN, près de sortir, rencontrant Anne d'Autriche sur la porte.

Ah! Sa Majesté la reine!

SCÈNE II

Les Mêmes, ANNE D'AUTRICHE, BERINGHEN.

ANNE.

Ah! c'est vous, Poquelin? Je vous cherchais.

POQUELIN.

Votre Majesté sait que je suis à ses ordres.

ANNE.

Tant mieux, car j'ai de la besogne pressée à vous donner.

POQUELIN.

A moi, madame?

ANNE.

A vous... Suivez Beringhen, et il vous expliquera ce que je désire.

POQUELIN, s'inclinant.

Majesté !...

ANNE.

Puis, la chose terminée, vous passerez chez le roi, Beringhen, et lui direz que je l'attends.

BERINGHEN.

Oui, Majesté. — Venez, monsieur Poquelin.

SCÈNE III

MAZARIN, ANNE D'AUTRICHE.

MAZARIN.

Sans trop de couriosité, madame, oserai-ze vous demander ce que Beringhen et Poquelin ont à faire ensemble ?

ANNE.

Monsieur le cardinal, ils ont à meubler un appartement... Mais, soyez tranquille, c'est moi qui paye l'ameublement sur ma cassette particulière.

MAZARIN.

Oun appartement ?

ANNE.

Oui ; cela vous inquiète ?

MAZARIN.

La reine sait que z'ai fait moubler oun appartement pour elle, oun appartement pour le roi, oun pour le douque d'Anzou !...

ANNE.

Des chambres, monsieur le cardinal.

MAZARIN.

Des çambres ou oun appartement, c'est touzours la même çose... Oun pour la reine d'Angleterre, oun pour sa fille, oun pour moi et pour ma nièce Marie, et six çambres pour les demoiselles d'honnour.

ANNE.

Je viens de les visiter, monsieur.

MAZARIN.

Eh bien ?

4.

ANNE.

Eh bien, avec tout cela, voyez comme je suis exigeante ! je trouve qu'il n'y a pas assez d'appartements.

MAZARIN.

La reine attend quelqu'oun ?

ANNE.

Justement.

MAZARIN.

C'est oun secret ?

ANNE.

De famille, oui, monsieur, mais qui peut devenir un secret d'État.

MAZARIN.

Eh bien, mais ze souis oun peu de la famille...

ANNE.

Et beaucoup dans l'État ! A ce double titre, vous avez donc droit à être mis dans la confidence, c'est trop juste. Sommes-nous seuls ?

MAZARIN.

Parfaitement souls, et, à part le mousquetaire qui se promène devant cette porte... Ma...

ANNE.

Mais, en parlant bas, voulez-vous dire, c'est comme s'il n'y était pas ; et, à la cour, on est habitué à parler bas. (Elle fait signe à Mazarin, qui s'approche et s'appuie sur son fauteuil.) Monsieur le cardinal ?

MAZARIN.

Madame ?

ANNE.

Avez-vous réfléchi parfois que le roi était en âge d'être marié ?

MAZARIN.

Peccato! ze crois bien ! Ze ne réflécis qu'à cela... et, ici, tenez, tout à l'houre, là, sour ce fauteuil, z'y pensais encore, et ze disais, comme vous (se frottant les mains) : « Le roi est en âze d'être marié ! »

ANNE.

Ah ! vraiment ? (Regardant Mazarin.) Est-ce que vous aviez quelque idée là-dessus ?

MAZARIN.

Moi, madame ? Aucoune !

ANNE.

Plus d'une fois nous avons cherché ensemble la femme qui pourrait lui convenir.

MAZARIN.

C'est vrai; nous avons passé en revoue toutes les princesses à marier, et, malhourousement, pour oune raison ou pour oune autre, aucoune ne pouvait être reine de France...

ANNE.

L'infante Marie-Thérèse nous eût convenu de tous points, si elle n'eût pas été fille unique, et, par conséquent, destinée au trône d'Espagne. Or, à moins que ma belle-sœur la reine d'Espagne, qui est enceinte, ne mette au monde un fils, il ne faut absolument pas songer à l'infante.

MAZARIN.

Hélas! non.

ANNE.

Cependant, le roi grandit, monsieur; le roi se fait homme; le roi a vingt ans. Avec les années, les passions de la jeunesse vont succéder aux caprices de l'enfance. Jusqu'ici, il n'a été qu'amoureux; mais, un jour, — chose plus grave, — il peut aimer!... A tous ces caprices peut succéder une passion réelle!...

MAZARIN.

Réelle! ah! et pour qui?

ANNE.

Le sais-je, moi? Pour quelque demoiselle plus adroite ou plus ambitieuse que les autres, qui, bien dirigée par ses parents, lui fasse faire quelque sottise...

MAZARIN.

Ah! Votre Mazesté craint cela?

ANNE.

Oui, et voilà pourquoi je prends mes précautions. Jusqu'à présent, le roi nous a obéi, monsieur le cardinal. Le roi vous craint et le roi m'aime. Nous avons conservé, même sur sa jeunesse, ce pouvoir que notre âge avait le droit de s'arroger sur son enfance, et contre lequel, croyez-moi, il est tout prêt à se révolter. Que la lutte s'engage sérieusement, — je connais ce caractère altier, — il nous courbera tout aussi bien que les autres, monsieur!

MAZARIN.

Eh! eh! madame, ze souis forcé d'avouer qu'il y a beaucoup de vrai dans ce que vous dites là.

ANNE.

Oh! tout, monsieur, tout est vrai!

MAZARIN.

Eh bien, qu'a résolou Votre Mazesté?

ANNE.

Une chose que je vais vous dire, monsieur le cardinal, et que je n'ai encore dite à personne. J'ai écrit à ma belle-sœur Christine de France, veuve du duc Amédée Ier de Savoie, de venir passer quelques jours avec nous, et d'amener sa fille Marguerite, charmante enfant de dix-sept ans, dont j'espère que le roi deviendra amoureux. Marguerite ferait un parti fort convenable à mon fils. Ne trouvez-vous pas, monsieur le cardinal?

MAZARIN, pensif.

Si fait! ze le trouve, madame.

ANNE.

Voilà pourquoi j'ai besoin d'un appartement en dehors des appartements déjà préparés. J'attends, ce soir ou demain, la duchesse Christine et la princesse Marguerite.

MAZARIN.

Bon.

ANNE.

Et j'ai fait prévenir, par Beringhen, le roi de venir me joindre ici.

MAZARIN.

Sa Mazesté veut le mettre au courant de ses prozets?

ANNE.

Non pas! ce serait le mettre en garde contre ce que je désire. Je veux, au contraire, qu'il ne voie dans sa cousine Marguerite qu'une visiteuse ordinaire... Ah! voici mon messager!

SCÈNE IV

Les Mêmes, BERINGHEN

ANNE.

Eh bien, Beringhen?

BERINGHEN.

Madame, le roi n'est pas encore arrivé de Paris, ou, du moins, personne ne l'a encore vu à Vincennes.

ANNE.

Ah! vraiment? (Avec intention.) Et mademoiselle de Mancini est-elle arrivée, elle?

BERINGHEN.

Oui, madame; car je viens de l'apercevoir à sa fenêtre.

ANNE.

Et sa fenêtre donne sur la route de Paris, il me semble?... N'est-ce pas, monsieur le cardinal?

MAZARIN.

Ze crois que oui.

ANNE.

Mais cela m'inquiète, cette absence du roi. Voyez-y donc, monsieur de Mazarin. Vous devez connaître des gens qui savent mieux que nous où il peut être. Quoique vous ne songiez probablement pas à le consulter, vous désirez que Louis assiste au conseil qui va se tenir, n'est-ce pas?

MAZARIN.

Oui, madame, oui, ze désire certainement qu'il y assiste, loui et tout ce que nous avons ici de zentilshommes.

ANNE.

Allez donc, monsieur de Mazarin, et voyez de vos propres yeux. Vous connaissez la nouvelle fable de M. de la Fontaine, *l'Œil du Maître?*

MAZARIN.

Z'y vais, madame! z'y vais! (A part.) Oh! elle se doute de quelque çose!...

(Il sort.)

SCÈNE V

ANNE D'AUTRICHE, BERINGHEN.

ANNE, regardant Mazarin s'éloigner.

Beringhen!

BERINGHEN.

Madame?

ANNE.

Vous ne m'avez pas dit tout ce que vous aviez à me dire, n'est-ce pas?

BERINGHEN, les yeux sur l'antichambre.

Non, madame, pas tout à fait.

ANNE.

Au moment du départ, le roi ne s'est-il pas plus particulièrement occupé d'une personne que d'une autre?

BERINGHEN.

Si fait, madame! il a accompagné mademoiselle de Mancini, chevauchant à sa portière, en costume de chasse, et cela jusqu'au faubourg Saint-Antoine; là seulement, il a pris congé d'elle.

ANNE.

Sait-on ce qu'il a dit en la quittant?

BERINGHEN.

Voici ce qu'on a entendu : Comme mademoiselle de Mancini manifestait la crainte que cette séance du parlement annoncée pour aujourd'hui ne retardât la partie de chasse engagée : « Mademoiselle, a dit le roi, vous pourrez assurer à ceux qui vous interrogeront à ce sujet, que ce n'est point une centaine de robins assemblés au palais de justice qui m'empêcheront de lancer le cerf à l'heure convenue. » Et, à ces mots, il a tourné bride avec MM. de Saint-Aignan, de Villeroi et de Guiche, et il est rentré dans Paris au grand galop de son cheval.

ANNE, pensive.

Dans Paris! Où peut-il être allé?

SCÈNE V.I

LES MÊMES, GUITAUT, en pourpoint de buffle et en cuirasse; costume de service de la fin de Louis XIII.

GUITAUT, brusquement.

Si je suis importun, j'en demande pardon à Votre Majesté, et je me retire.

ANNE.

Importun, toi, Guitaut? Jamais! Je suis toujours, au contraire, heureuse de te voir et aise de te parler.

(Elle lui donne sa main à baiser.)

GUITAUT.

Eh bien, c'est comme moi, Majesté : je suis toujours content quand je vous parle et heureux quand je vous vois !

ANNE, à Beringhen.

Beringhen, promenez-vous dans la cour du château, sans perdre la porte de vue, et, aussitôt le roi arrivé, que je sache, s'il est possible, d'où il vient et où il va.

BERINGHEN.

Oui, madame.

(Il sort.)

SCÈNE VII

ANNE D'AUTRICHE, GUITAUT.

ANNE.

Viens, Guitaut ! viens ! tu es mon vieil ami, toi !

GUITAUT.

Et je m'en vante !

ANNE.

Tu as raison, car tu m'as donné, toi, plus d'une preuve d'amitié.

GUITAUT.

Votre Majesté veut dire de dévouement ?

ANNE.

Je n'oublierai jamais que c'est toi qui as amené le roi Louis XIII au Louvre, dans la soirée du 5 décembre 1637.

GUITAUT.

Et qui, après l'avoir amené au Louvre, l'ai poussé dans votre chambre, où il n'était pas entré depuis six ans, et d'où il n'est sorti que le lendemain à neuf heures du matin.

ANNE, souriant derrière son éventail.

Tu as bonne mémoire, Guitaut.

GUITAUT.

Bon ! et, si la mémoire faiblissait, le roi Louis XIV, né le 5 septembre 1638, serait comme un souvenir vivant pour la rafraîchir.

ANNE.

Mais ce n'est point là tout ce que tu as fait pour moi, Guitaut.

GUITAUT.

Non ; en ma qualité de capitaine des gardes, j'ai eu l'avantage d'arrêter, par votre ordre, d'abord M. le duc de Beaufort, puis M. de Condé, puis M. de Conti, puis M. de Longueville. Ne parlons ni de M. de Conti, ni de M. de Longueville, que je vous donne par-dessus le marché ; mais, sans me vanter, beaucoup peut-être ne se fussent pas cru la main assez solide pour prendre au collet le roi des halles et le vainqueur de Rocroy !

ANNE.

Et, depuis, mon cher Guitaut, tu as encore arrêté Broussel.

GUITAUT.

Peuh ! un conseiller ! cela ne vaut pas la peine d'en parler.

ANNE.

Puis M. de Gondy.

GUITAUT.

Non, Votre Majesté fait erreur : celui-là, c'est Villequier qui ui a fait son affaire.

ANNE.

Ah ! c'est vrai ! Mais, que veux-tu, mon cher Guitaut ! on ne prête qu'aux riches.

GUITAUT.

Mordieu ! je n'étais pas là quand la chose s'est faite ; je l'ai bien regretté ! Et, si Sa Majesté eût daigné m'écrire, comme le roi Henri IV à Crillon : « Pends-toi, Guitaut ! » je crois, foi de gentilhomme ! que je me fusse pendu !

ANNE.

Ainsi donc, si l'occasion se présentait de me donner quelque nouvelle preuve de dévouement du même genre...?

GUITAUT.

Que la reine fasse un signe de l'œil, ou un geste de la main, — ça ou ça, — et celui que la reine m'aura fait l'honneur de désigner est d'avance à la Bastille !

ANNE.

Quel qu'il soit ?

GUITAUT.

Quel qu'il soit ! Je trouve même qu'il y a longtemps qu'on n'a arrêté personne.

ANNE.

Silence, mon cher Guitaut ! quelqu'un !

(La porte latérale s'ouvre.)

GUITAUT, se penchant.

Oh! ce n'est pas quelqu'un : c'est M. le duc d'Anjou. (A part, se retirant et frisant sa moustache.) Oh! oh! est-ce que le bon temps va revenir, que l'on me caresse?

SCÈNE VIII

Les Mêmes, LE DUC D'ANJOU.

ANNE.

C'est toi, Philippe?

D'ANJOU.

Oui, madame.

ANNE.

Oh! par bonheur, il n'y a personne, et tu peux m'appeler *ma mère*.

D'ANJOU.

Tant mieux! car j'ai une grâce à te demander.

ANNE.

Laquelle?

D'ANJOU.

Mais, d'abord, comment me trouves-tu, ce matin, petite mère?

ANNE.

Beaucoup trop beau pour un homme!

D'ANJOU.

Bon! toi aussi?... Imagine-toi que le chevalier de Lorraine m'a fait faire une pommade pour les lèvres... Tiens, regarde mes lèvres.

ANNE.

Elles sont, en effet, d'une adorable fraîcheur.

D'ANJOU.

Et que Guiche m'a apporté un opiat pour les dents... Vois.

ANNE.

Tes dents sont si belles, mon enfant, qu'elles n'ont pas besoin d'opiat.

D'ANJOU.

Il n'y a rien de si beau, petite mère, qui ne puisse s'embellir encore.

ANNE.

Mais pourquoi donc veux-tu être si beau, je te le demande?

D'ANJOU.

Mais pour plaire, donc!

ANNE.

Regarde le roi : est-ce qu'il passe tout son temps à sa toilette!

D'ANJOU.

Le roi est le roi : il n'a pas besoin de plaire, puisqu'il peut commander, lui.

ANNE.

En entrant ici, tu me parlais d'une grâce...

D'ANJOU.

Ah! oui, c'est vrai.

ANNE.

Eh bien?

D'ANJOU.

Oh! c'est une chose à laquelle je tiens tout à fait, je t'en préviens, petite mère... Ah! à propos, tu as vu mes gants de peau d'Espagne?

ANNE.

Non, mais je les vois.

D'ANJOU.

C'est Manicamp qui me les a fait faire... Hein! comme ils sentent bon! Toi qui adores les parfums, cela doit te convenir.

ANNE.

Prends garde! si, à force de les aimer, toi, tu allais me les faire prendre en haine!

D'ANJOU.

Oh! il n'y a pas de danger! (Imitant l'accent de Mazarin.) « Avec des parfoums et dou beau linze, on condouirait la reine Anne d'Autrice en enfer! »

ANNE.

Eh bien, monsieur!

D'ANJOU.

Ce n'est pas moi, petite mère, qui dis cela : c'est monsou le cardinale!

ANNE.

Et ta demande? Voyons!

D'ANJOU.

C'est juste ! Voici ce que c'est. Il paraît que M. de Conti, qui est un prince très-savant, a été élevé chez les Jésuites de Clermont, avec le fils de notre tapissier Poquelin.

ANNE.

Oui. Après ?

D'ANJOU.

Ah ! à propos de tapissier, comme c'est mal meublé ici ! Et ces coussins, sont-ils durs ! ils me brisent les genoux.

ANNE, riant.

Tu sais que M. de Mazarin est économe.

D'ANJOU.

Oh ! oui, et mon frère aussi le sait. Te rappelles-tu, petite mère, le jour où M. le surintendant des finances avait donné à Louis deux cents pistoles ?

ANNE.

Oui.

D'ANJOU.

Et où, ce pauvre frère ayant eu l'imprudence de les faire sonner dans son haut-de-chausses, monsou de Mazarin lui a dit avec son çarmant petit assent de Pissina : « Qu'est ce que z'ai entendou, mon cer prince ? Vous avez de l'arzent, ze crois ? » et lui a pris ses deux cents pistoles, quoique Louis se soit bien débattu ?

ANNE.

Chut ! ne disons pas de mal de M. de Mazarin, qui t'aime tant !

D'ANJOU.

Lui ? Il me fait les blanches dents ; mais, au fond, il ne peut pas me souffrir, j'en suis sûr.

ANNE.

Philippe !...

D'ANJOU.

Vous avez raison, petite mère. Revenons à ma demande... Eh bien, ce fils de notre tapissier qui se nomme Molière, il paraît que c'est un garçon de mérite. M. de Conti lui a offert la place de son secrétaire, qu'il a refusée... Il est vrai que, comme M. de Conti est un peu vif, on prétend qu'il a tué l'ancien d'un coup de pincettes ; ce qui n'était pas engageant pour le nouveau, tu en conviendras... Enfin, ce Molière est enragé du théâtre ; il fait des comédies qu'il joue lui-même...

— Ah! quand y aura-t-il un nouveau ballet ? Le costume de la nymphe Écho m'allait si bien !

ANNE.

Je crois que ton frère ne demanderait pas mieux que d'en faire danser un nouveau ; mais l'argent manque.

D'ANJOU.

Comment, l'argent manque ? Je croyais que les édits étaient rendus.

ANNE.

Oui ; mais le parlement refuse de les enregistrer.

D'ANJOU.

Oh ! quel malheur ! Vilain parlement ! J'ai toujours pensé, moi, qu'il n'y avait rien de bon à tirer de gens si laids et si mal habillés !... Donc, pour en revenir au protégé de M. de Conti, le nevou de mousou le cardinale...

ANNE.

Encore !

D'ANJOU.

Il désire... Ah ! mon Dieu, comment cela s'appelle-t-il donc ? Il désire... Ah ! j'y suis ! un privilége de théâtre.

ANNE.

Oh ! mais un privilége de théâtre, cela regarde le roi.

D'ANJOU.

Le roi ?

ANNE.

Oui, c'est une grande affaire ! une affaire d'État !

D'ANJOU.

Alors, les affaires d'État, cela regarde mon frère ?

ANNE.

Sans doute, puisqu'il est roi.

D'ANJOU.

Mais la guerre alors, ce n'est point affaire d'État; la paix, ce n'est point affaire d'État; les finances, ce n'est point affaire d'État; les alliances avec l'étranger, ce n'est point affaire d'État.

ANNE.

Pourquoi cela ?

D'ANJOU.

Dame, puisque vous vous en chargez, M. de Mazarin et toi, petite mère... Tiens, veux-tu que je te dise ? j'ai peur que mon pauvre frère Louis XIV ne ressemble beaucoup à notre auguste père Louis XIII, à qui le cardinal de Richelieu, le grand cardinal, comme on l'appelle depuis qu'il est mort, n'avait laissé, pour office royal, que le privilége de guérir les écrouelles.

ANNE.

Te tairas-tu, méchant enfant?

D'ANJOU.

Eh bien, moi, petite mère, je ne suis pas un si grand politique que Sa Majesté Anne d'Autriche, et surtout que monsou de Mazarin; mais, si j'étais à leur place à tous les deux, eh bien, parole d'honneur! je lui laisserais quelque chose à faire, à ce pauvre Louis, de peur qu'un beau jour...

ANNE.

Eh bien?

D'ANJOU.

De peur qu'un beau jour, comme on ne veut le charger de rien, lui ne se charge de tout: guerre, paix, finances, alliances, mariage. Tenez-vous-le pour dit!... En attendant, comme M. Molière est chez moi, — vu que, lorsqu'il a appris que son père était à Vincennes, il n'a plus eu qu'une crainte: celle de rencontrer son père, qui, dit-on, veut le faire mettre dans une prison d'État; — or, dis-je, comme M. Molière est chez moi, comme les priviléges de théâtre rentrent, à ce que l'on assure, dans les grandes attributions que l'on a réservées au roi, ou que le roi s'est réservées, je vais ménager à M. Molière une entrevue avec Louis; et, ma foi! il se débarbouillera avec le grand prince comme il l'entendra. Quant à moi, j'aurai fait, dans cette grande affaire, tout ce que j'aurai pu... (se regardant dans la glace de l'éventail de sa mère) jusqu'à en défriser ma perruque!

ANNE.

Silence!

D'ANJOU, regardant du côté de la porte.

Je crois bien, silence! voici les grands conseillers de la couronne, monsou le cardinale en tête... M. le Tellier, M. le surintendant des finances... Je l'aime assez celui-là: c'est lui qui tient l'argent; il en offre toujours, et il en donne quelquefois. Par malheur, le parlement refuse celui qu'il offre, et le cardinal reprend celui qu'il donne!... Puis M. de Villeroi, M. de Gramont, M. de Montglat, M. de Villequier, le conseil tout entier enfin!... Oh! comme on va royalement s'ennuyer ici!... Maman, où est donc mon frère? Je croyais que c'était là un des priviléges qui lui étaient réservés, et qu'on n'avait pas le droit de s'ennuyer sans lui.

SCÈNE IX

Les Mêmes, MAZARIN, LE TELLIER, LYONNE, le Surintendant des finances, LE DUC DE GRAMONT, LE DUC DE VILLEROI, LE MARQUIS DE MONTGLAT, LE DUC DE VILLEQUIER, GUITAUT, Gentilshommes.

MAZARIN, qui est entré le premier.

Prenez place, messiours. (Allant à Anne d'Autriche.) Madame, personne ne sait où est le roi, et, d'honnour! pas plous moi que les autres.

ANNE.

Alors, faites, monsieur le cardinal, faites.

MAZARIN, aux Conseillers.

Messiours, vous savez pour quelle cause vous êtes rassemblés. Sour la présentation de monsou le sourintendant des finances, des édits ont été signés par Sa Mazesté; il s'azissait de nouvelles tasses que rendaient indispensables les besoins de l'État. Avant-hier, le parlement, intimidé sans doute par la présence dou roi, a promis de les enrezistrer; mais, hier et auzourd'houi, le parlement revient, à ce qu'il paraît, sour sa promesse; il y a grande assemblée de ces messiours, au palais de zoustice. A votre avis, messiours, que faut-il faire?

GUITAUT.

Il faut arrêter le parlement, et le fourrer à la Bastille!

MAZARIN.

Qui a parlé là-bas?

GUITAUT, s'avançant.

Moi, morbleu!

MAZARIN.

Ah! c'est vous, mon cer Guitaut? Bonzour, Guitaut!

GUITAUT.

Que l'on me charge de l'opération, et elle sera bientôt faite.

MAZARIN.

Messiours, vous avez entendou la proposition de Guitaut; qu'en dites-vous?

LE TELLIER.

Le parlement est un corps avec lequel il faut compter ; il nous l'a appris, monseigneur...

LYONNE.

Il a droit de remontrance.

LE SURINTENDANT.

Oui ; mais je nie qu'il ait droit de refus.

LE DUC DE GRAMONT.

Messieurs, voici ce que je propose...

MAZARIN.

Ecoutez monsou le douque de Gramont, messiours ; c'est oun homme d'esprit !

LE DUC DE GRAMONT.

Je remercie Votre Éminence. Le compliment est d'autant plus flatteur qu'elle s'y connaît.

(Bruit, rumeurs dans les antichambres.)

MAZARIN.

Silence !

LE DUC DE GRAMONT.

Voici donc ce que je propose...

(Le bruit et le mouvement augmentent.)

SCÈNE X

Les Mêmes, BERINGHEN.

BERINGHEN, entrant vivement.

Le roi, messieurs !

TOUT LE MONDE.

Le roi !

(La porte se démasque ; le Roi paraît, en habit de chasse rouge, le feutre sur la tête, de grandes bottes aux jambes, le fouet à la main. — Derrière lui, la jeune Cour, faisant opposition, par le costume, avec l'ancienne : Saint-Aignan, le marquis de Villeroi, le comte de Guiche, etc., etc.)

SCÈNE XI

Les Mêmes, LE ROI, LE DUC D'ANJOU, LE COMTE DE GUICHE, LE MARQUIS DE VILLEROI, SAINT-AIGNAN.

LE ROI.

Salut, messieurs ! Il y a conseil, à ce qu'il paraît ?

MAZARIN.

Sire, Votre Mazesté nous voit occoupés à délibérer sour cette réounion dou parlement, et à cercer oun moyen d'ottenir de ces messiours l'enrezistrement des édits.

LE ROI.

Inutile, messieurs : les édits sont enregistrés.

TOUS.

Enregistrés?

MAZARIN.

Et qui donc a fait ce miracle, sire?

LE ROI.

Moi, monsieur le cardinal.

MAZARIN.

Ma comment Sa Mazesté a-t-elle pou ottenir...?

LE ROI.

J'ai été moi-même au parlement.

MAZARIN.

Et Votre Mazesté a prononcé oun beau discours?

LE ROI.

J'ai dit : « Je veux ! »

(Mazarin et la Reine échangent un regard.)

D'ANJOU.

Bravo, Louis !

LE ROI.

Et, maintenant, messieurs (regardant à sa montre), il est onze heures ; j'avais indiqué le départ de la chasse pour midi. Allez revêtir vos costumes de chasse, car le départ sonnera à midi précis... Ma mère... monsieur le cardinal... j'espère bien que vous nous ferez l'honneur d'être de notre chasse ?

ANNE.

Oui, mon fils.

(Elle sort la première.)

MAZARIN.

Oui, sire.

(Il sort le deuxième.)

D'ANJOU.

Reste quelques instants encore dans cette salle, Louis : j'ai un protégé qui va venir t'y demander une grâce.

LE ROI.

Et, toi, va t'habiller, et tâche de ne pas te faire attendre, si c'est possible.

D'ANJOU.

Oh! je ne réponds de rien! D'ailleurs, si je ne suis pas prêt, j'irai vous rejoindre.

(Il sort le troisième.)

LE DUC DE GRAMONT, à part, aux Conseillers.

Eh bien, messieurs, que dites-vous de ce qui vient de se passer?

LE DUC DE VILLEROI.

Il me semble que mon élève fait des merveilles!

LE MARQUIS DE MONTGLAT.

Certes, le roi me paraît bien décidé à être roi!

GUITAUT.

Et, moi, je dis qu'il ne sera vraiment roi que lorsqu'il m'aura ordonné d'arrêter quelqu'un; et il ne m'a encore ordonné d'arrêter personne!

(Sortie générale.)

SCÈNE XII

LE ROI, seul.

Elle était à sa fenêtre! qui eût-elle attendu, si ce n'est moi? Dieu le sait! Peut-être Saint-Aignan, peut-être Villeroi, peut-être Guiche... Il me semble, cependant, que c'est bien moi qu'elle a salué... Bah! on salue toujours le roi, si peu roi qu'il soit... Oh! si j'étais sûr qu'elle m'aimât véritablement, cela me donnerait du courage!... Étrange chose que cette crainte dont je ne puis triompher! Moi qui ai levé le fouet sur tout ce parlement comme sur une meute... (il fait le geste de frapper; son fouet lui échappe des mains, et va se perdre sous le tapis de la table), je tremble devant une jeune fille! Il est vrai que je tremble bien un peu aussi devant ma mère, et beaucoup devant M. le cardinal! (Il se baisse pour ramasser son fouet, lève le tapis de la table, et, sous la table, aperçoit une jeune fille très-coquettement vêtue en paysanne.) Comment! qui est là?... Que fais-tu là, mon enfant?

5.

SCÈNE XIII

LE ROI, GEORGETTE.

GEORGETTE.
Oh! excusez-moi, sire!... Sire, pardon!
LE ROI.
Mais je ne me trompe pas... Non... Si... si! c'est toi, mon enfant?
GEORGETTE.
Oh! le roi me reconnaît? Quel bonheur!
LE ROI.
Oui, tu es la fille du père Dupré...
GEORGETTE.
Oui, sire!
LE ROI.
Qui était jardinier en second du château de Saint-Germain.
GEORGETTE.
Et qui vient d'être nommé jardinier en premier du château de Vincennes.
LE ROI.
Nous avons joué cent fois ensemble dans les parterres du château neuf, et dans les bâtiments du vieux château. On t'appelait... attends donc... on t'appelait Georgette!
GEORGETTE.
Oui, Georgette la Curieuse, parce que l'on me trouvait toujours cachée quelque part, derrière quelque rideau ou sous quelque table, regardant ou écoutant.... C'est cela.
LE ROI, riant.
Eh bien, il paraît que tu as grandi, que tu as embelli, mais que tu n'as pas changé de nom, hein?
GEORGETTE.
Le roi croit donc que c'est par curiosité que j'étais là?
LE ROI.
Dame, il me semble...
GEORGETTE.
Oh! le roi se trompe bien!
LE ROI.
Pourquoi y étais-tu donc, alors?

GEORGETTE.

Parce que j'ai eu peur !

LE ROI.

Peur de qui ?

GEORGETTE.

De M. le cardinal.

LE ROI.

Et à quelle occasion ?

GEORGETTE.

C'est que... c'est que... Je n'ose pas trop dire cela à Votre Majesté.

LE ROI.

Mademoiselle Georgette !

GEORGETTE.

Sire...

LE ROI.

Prenez garde ! je vais dire : « Je veux ! »

GEORGETTE.

Comme au parlement !

LE ROI, à lui-même.

Mais elle est charmante, cette petite fille !

GEORGETTE.

Le roi est bien bon !

LE ROI.

Comment, tu as entendu ?

GEORGETTE.

Oh ! j'ai l'oreille fine !

LE ROI.

Allons, dis-moi cela, mon enfant... Pourquoi étais-tu cachée sous cette table ?

GEORGETTE.

Le roi ne se fâchera point ?

LE ROI.

Non ; d'ailleurs, ce n'est pas au roi que tu le diras, c'est à ton camarade Louis.

GEORGETTE.

Le roi se souvient donc... ?

LE ROI.

Si tu as l'oreille fine, Georgette, moi, j'ai la mémoire bonne.

GEORGETTE.

Alors, voilà qui me rassure !

LE ROI.

J'écoute.

GEORGETTE.

Eh bien, sire, il faut vous dire qu'il s'est fait, depuis huit jours, un grand remue-ménage au château de Vincennes.

LE ROI.

Je m'en doute.

GEORGETTE.

Chacun allait, venait, criait : « On dit que le roi va venir... M. Poquelin est arrivé pour meubler le château... Il va y avoir des chasses, des bals, des fêtes. »

LE ROI.

Et, toi, qu'as-tu dit en apprenant cela?

GEORGETTE.

Moi, j'ai battu des mains, et j'ai dit : « Tant mieux!... tant mieux! »

LE ROI.

Et pourquoi as-tu dit : « Tant mieux? »

GEORGETTE.

C'est justement ce que m'a demandé mon père.

LE ROI.

Et tu lui as répondu?

GEORGETTE.

Je lui ai répondu : « Tant mieux, parce que le roi est un de mes bons amis, et que nous jouerons encore ensemble dans les jardins et dans les appartements, comme autrefois! »

LE ROI.

Mais sais-tu que tu es adorable, Georgette?

GEORGETTE.

Moi? Oh! que c'est drôle, ce que vous me dites là, sire!

LE ROI, lui prenant la main.

Et tu as répondu à ton père...? Mais voyez donc la jolie petite main!

GEORGETTE.

Non, c'est mon père qui a répondu à son tour... Il a répondu : « Chut, Georgette! il ne faut pas dire de ces choses-là! Le roi n'est plus ce petit garçon exilé de Paris par la Fronde, et qui jouait avec toi dans les jardins de Saint-Germain; c'est un beau jeune homme; c'est un grand prince; et il y a même un poëte, M. de Benserade, qui dit que c'est un dieu. »

LE ROI.

Vraiment? Pauvre dieu, sur ma foi, Georgette! Dieu sans Olympe et sans tonnerre!

GEORGETTE.

Alors, je me suis sentie redevenir plus curieuse que jamais. J'avais vu de beaux jeunes gens, j'avais vu de grands princes; mais je n'avais jamais vu de dieu... qu'en marbre, et dans les jardins du château neuf... « Oh! me suis-je dit, je veux voir un dieu en chair et en os, la première avant tout le monde. » Alors, ce matin, sachant que vous alliez arriver de Paris, je me suis glissée dans cette grande salle, et je me suis mise à cette fenêtre, qui donne sur la route. J'avais déjà vu entrer beaucoup de mortels, mais pas un seul dieu, quand, tout à coup, j'ai entendu du bruit derrière moi. Je me suis retournée: c'était M. de Mazarin qui venait avec le tapissier... Vous vous rappelez, sire? autrefois, nous avions très-grand'-peur tous deux de M. de Mazarin!

LE ROI.

J'en ai même très-grand'peur encore!

GEORGETTE.

Ah! voyez! Cela prouve qu'à ma place vous eussiez fait comme moi.

LE ROI.

Qu'as-tu donc fait?

GEORGETTE.

Vous ne devinez pas? Je me suis cachée sous la table... Dame, je croyais que, ses comptes avec le tapissier finis, ils allaient s'en aller tous les deux; point! Le tapissier sorti, est entrée la reine mère, dont nous avions autrefois très-grand'peur aussi tous deux... Vous rappelez-vous, sire?

LE ROI.

Oui, j'en ai peur encore, mais un peu moins, cependant.

GEORGETTE.

Alors, ils se sont mis à parler d'affaires d'État.

LE ROI.

Cela a dû t'amuser!

GEORGETTE.

Oh! cela m'ennuyait beaucoup, sire! Cependant, lorsqu'il a été question de votre mariage, oh! alors, j'ai écouté, j'ai écouté...

LE ROI.
Comment, de mon mariage?
GEORGETTE.
Oui, il paraît que vous allez vous marier... Mais chut! sire, il ne faut pas que vous le sachiez.
LE ROI.
Comment, il ne faut pas?
GEORGETTE.
Non, c'est un grand secret! Il n'y a au monde que la reine mère et M. de Mazarin qui connaissent ce projet; et encore, ce matin, le cardinal ne le connaissait pas. C'est la reine mère qui l'avait arrêté d'avance dans son esprit, — c'est à peu près ainsi qu'elle s'est exprimée, — et qui le lui a confié.
LE ROI.
Ainsi, ils veulent me marier sans que je le sache?
GEORGETTE.
Je crois que c'est leur intention.
LE ROI.
Mais, enfin, avec qui veut-on me marier?
GEORGETTE.
Ah! dame, je ne sais pas si je puis vous le dire.
LE ROI.
Comment, tu ne sais pas si tu peux, Georgette? Non-seulement tu le peux, mais encore tu le dois!
GEORGETTE.
Vous êtes sûr?
LE ROI.
Oui, sous peine de rébellion à ton roi! Es-tu une rebelle, Georgette?
GEORGETTE.
Non, sire!
LE ROI.
Eh bien, alors, dis! Avec qui veut-on me marier?
GEORGETTE.
Avec la princesse Marguerite de Savoie.
LE ROI.
Avec ma cousine!
GEORGETTE.
Ah! c'est votre cousine, sire?

LE ROI.

Toutes les princesses sont mes cousines... Ah! c'est avec Marguerite de Savoie que l'on veut me marier !

GEORGETTE.

Oui, et elle arrive aujourd'hui ou demain avec sa maman, madame Christine... Seulement, vous comprenez, sire, elles viennent pour rendre visite à Sa Majesté la reine mère, pas pour autre chose.

LE ROI.

Oui.

GEORGETTE.

Et, comme la princesse est très-jolie, très-spirituelle, très-charmante, on espère qu'elle combattra votre amour.

LE ROI, vivement.

Mon amour pour qui ?

GEORGETTE.

Ah ! je ne sais pas... Votre amour pour la personne que vous pourriez aimer.

LE ROI.

Ah ! ah ! c'est bon à savoir, ce que tu me dis là, Georgette ! Et voilà tout ce que tu as entendu ?

GEORGETTE.

Tout ! Est-ce que ce n'est point assez, sire ?

LE ROI.

Oh ! si ! si !... Comme tu as bien fait de te cacher, Georgette !

GEORGETTE.

Vraiment ? Que je suis contente ! Alors, je me cacherai toujours, sire.

LE ROI.

Et tu viendras me dire tout ce que tu auras entendu ?

GEORGETTE.

Tout !

LE ROI.

Ainsi, ils n'ont pas dit autre chose ?

GEORGETTE.

Autre chose de relatif au roi ? Non. M. Poquelin a demandé une lettre de cachet contre son fils ; mais M. le cardinal a répondu : « Cela regarde le roi ! Affaire d'État ! » M. le duc d'Anjou a demandé à la reine mère un privilège de théâtre pour M. Molière ; mais la reine mère a répondu : « Cela regarde le roi! Affaire d'État! » De sorte qu'il est convenu que M. Poquelin viendra lui-même vous demander la lettre de cachet contre son fils, et que M. Molière sollicitera en personne son privilège de théâtre. C'est pour cela que M. le duc d'Anjou vous a prié de rester dans cette salle.

LE ROI.

Et il n'y a plus rien?

GEORGETTE.

Non, sire; cette fois, il n'y a plus rien, j'en suis bien sûre.

LE ROI.

Quel charmant lieutenant de police j'ai là!

(Il regarde autour de lui.)

GEORGETTE.

Le roi désire quelque chose?

LE ROI.

Oui, mademoiselle Georgette la Curieuse ; je désire savoir quel est le mousquetaire de garde. (Appelant.) Monsieur le mousquetaire !

SCÈNE XIV

Les Mêmes, BOUCHAVANNES.

BOUCHAVANNES, s'arrêtant sur le seuil de la porte.

Le roi a appelé?

LE ROI.

Oui, monsieur. Je désire que vous preniez le signalement de cette enfant-là, et que vous le donniez à vos camarades, afin qu'elle puisse arriver quand elle voudra jusqu'à moi ; d'ailleurs, son nom sera son passe-port : elle s'appelle Georgette.

BOUCHAVANNES.

Le roi sera obéi.

GEORGETTE.

Oh! que je suis contente!

LE ROI.

Attendez donc, monsieur...

BOUCHAVANNES.

Sire?

LE ROI.

N'êtes-vous pas M. de Bouchavannes?

BOUCHAVANNES.

Oui, sire.

LE ROI.

Alors, vous arrivez de Turin ? Il me semble qu'on m'a fait signer un congé pour vous.

BOUCHAVANNES.

J'arrive de Turin, en effet, il y a huit jours, sire, et j'y ai passé trois mois, ma mère ayant l'honneur d'être dame du palais de la régente.

LE ROI.

Venez ici, s'il vous plaît, monsieur.

BOUCHAVANNES, déposant sa demi-pique près de la porte, et s'avançant.

Sire !

LE ROI.

Vous devez connaître la princesse Marguerite ?

BOUCHAVANNES.

J'ai eu l'honneur de la voir presque tous les jours, et de lui parler deux ou trois fois.

LE ROI.

Et quelle personne est-ce, monsieur ?

BOUCHAVANNES.

Le roi me fait l'honneur de m'interroger sur le physique ou sur le moral ?

LE ROI.

Sur tous deux, monsieur.

GEORGETTE, barrant la porte du fond à Poquelin avec la demi-pique de
Bouchavannes.

On n'entre pas !

LE ROI.

C'est cela, Georgette ! fais bonne garde à la place de M. de Bouchavannes.

POQUELIN.

Sire !

LE ROI.

Ah ! c'est vous, monsieur Poquelin ? Bien, dans un instant.

POQUELIN, s'éloignant.

Sire !...

GEORGETTE, remettant la pique à sa place.

La !

LE ROI.

Revenons à notre interrogatoire, monsieur.

BOUCHAVANNES.

Eh bien, sire, la princesse Marguerite est, au moral, une pieuse et bienfaisante princesse, digne en tous points du sang dont elle sort.

LE ROI.

Et au physique?..., Je désire un portrait exact, monsieur de Bouchavannes.

BOUCHAVANNES.

Sire, des cheveux noirs, de grands yeux mélancoliques, un teint plutôt calme qu'animé, un nez bien fait, des lèvres fraîches, des dents blanches, une taille gracieuse et flexible... D'ailleurs, si le roi désire des renseignements plus précis...

LE ROI.

Eh bien?

BOUCHAVANNES, souriant.

J'ai l'avantage de connaître une jeune fille attachée à la princesse en qualité de demoiselle d'honneur.

LE ROI.

Merci, monsieur de Bouchavannes; je sais tout ce que je voulais savoir. Si vous n'êtes pas de service, ce soir, ce qui est probable, puisque vous l'êtes ce matin...

BOUCHAVANNES.

Pardon, sire! nous sommes peu nombreux : vingt-quatre en tout...

LE ROI.

Je savais que M. le cardinal faisait des économies d'argent, mais j'ignorais qu'il fît des économies de mousquetaires.

BOUCHAVANNES.

De sorte que nous avons deux factions toutes les vingt-quatre heures; ma seconde, à moi, vient ce soir, de neuf à onze heures, dans la cour de l'Orangerie.

LE ROI.

Eh bien, jusqu'à neuf heures, venez au jeu; j'aurai plaisir à vous y voir, et peut-être besoin de vous demander de nouveaux renseignements. Vous êtes bon gentilhomme, à ce que je crois, monsieur?

BOUCHAVANNES.

Sire, mon père a eu l'honneur de monter dans les carrosses du roi Louis XIII.

LE ROI.

C'est bien ; on tâchera de vous trouver une compagnie, monsieur.

BOUCHAVANNES.

Oh ! sire !...

(Il salue militairement et reprend sa faction.

LE ROI.

Et, maintenant, laissez entrer M. Poquelin.

SCÈNE XV

Les Mêmes, POQUELIN.

POQUELIN.

Sire !

LE ROI, faisant signe de la main.

Georgette, laisse-moi avec ce brave monsieur-là ; tu n'as pas besoin d'écouter ce qu'il va me dire, tu le sais d'avance.

GEORGETTE.

Oui.

LE ROI.

Tandis qu'ailleurs tu apprendras peut-être quelque chose que tu ne sais pas.

GEORGETTE.

Je tâcherai.

LE ROI.

Va ! tu as près de moi les grandes et les petites entrées.

GEORGETTE.

Merci, sire ! j'en profiterai. (A part.) Oh ! mais c'est que le roi ne ressemble pas du tout aux dieux de marbre du château neuf !

(Elle sort.)

SCÈNE XVI

LE ROI, POQUELIN.

LE ROI.

Approchez, monsieur Poquelin ! approchez !

POQUELIN, *tout tremblant et tripotant une foule de papiers qu'il laisse tomber et qu'il ramasse.*

Sire !...

LE ROI.

Je sais ce que c'est... Un placet, n'est-ce pas? Donnez!

(Il lui prend le papier des mains.)

POQUELIN.

Oui, sire, un placet.

LE ROI.

Tendant à faire enfermer votre fils Molière, parce qu'il déshonore le nom des Poquelin.

POQUELIN.

Comment! le roi sait?...

LE ROI.

Oui, je sais beaucoup de choses qu'on ne se doute pas que je sais... De sorte que M. Molière...?

POQUELIN.

Oh! sire! le malheureux! il fait la honte de notre famille... Poëte et comédien!

LE ROI.

Il me semble, cependant, que poëte...

POQUELIN.

Poëte, passe encore... quoique, lorsqu'on a devant soi un état aussi sûr et aussi honorable que celui de tapissier, cela me paraisse une grande folie, d'aller risquer de mourir de faim en embrassant celui de poëte... Mais, enfin, y a-t-il, du moins, des gentilshommes qui s'en mêlent... Tandis qu'un comédien, sire! un baladin! un histrion! un homme qui se met de la farine sur le visage! oh!...

LE ROI.

Eh bien, soyez tranquille, j'examinerai cela.

POQUELIN.

Je puis donc espérer...?

LE ROI.

Qu'il sera fait justice à qui de droit. Allez, monsieur Poquelin! allez!

POQUELIN.

Ah! sire, vous sauvez l'honneur de la famille!

(Il sort.)

SCÈNE XVII

LE ROI, seul, s'asseyant.

Où diable l'orgueil va-t-il se nicher? (Ouvrant le placet.) « Placet tendant à obtenir une lettre de cachet contre le sieur Jean-Baptiste Poquelin, se faisant appeler Molière. — Sire... » (Apercevant un papier.) Tiens, qu'est-ce donc que ce papier qui s'est glissé dans le placet de maître Poquelin?... L'écriture de M. le cardinal! (Il lit.) « Salle à manger : deux mille livres; chambre à coucher du roi, de la reine : quatre mille livres... Total : vingt mille livres, payables le 25 septembre 1659. — MAZARIN. » Ah çà! mais c'est l'ordonnance de ce pauvre diable, que, dans son trouble et dans son indignation, il a glissée entre les pages du placet... Il faut que je la lui fasse remettre... (S'arrêtant.) Oh! oh! qu'y a-t-il donc de l'autre côté?... Peste! un chiffre assez rond! « Trente-neuf millions deux cent soixante mille livres! » Qu'est-ce que cela? « État de la fortune de M. le cardinal Mazarin, au 24 septembre 1658. » Ah! par ma foi! c'est d'hier; on ne saurait rien trouver de plus nouveau. (Lisant.) « Sur Lyon : trois millions neuf cent mille livres; sur Bordeaux : sept millions; sur Madrid : quatre millions; rentrées générales : sept millions; propriétés en terres, châteaux, palais, maisons, bois : neuf millions; bourse et valeurs diverses : deux millions six cent mille livres; total : trente-neuf millions deux cent soixante mille livres. » Ah! monsieur de Mazarin, vous qui criez toujours misère! Mais comment ce précieux papier se trouve-t-il entre les mains de Poquelin?... Ah! je comprends! sans faire attention à ce qui était écrit d'un côté, M. de Mazarin a écrit de l'autre... C'est cela! Par ma foi! voilà un précieux renseignement, et qui peut faire le pendant à la nouvelle que m'a annoncée Georgette... Bon! on vient... C'est sans doute le coquin de fils.

SCÈNE XVIII

LE ROI, MOLIÈRE, entr'ouvrant la porte du duc d'Anjou, avec timidité, mais sans gaucherie.

MOLIÈRE.

Le roi excusera ma hardiesse, je l'espère ; mais monseigneur le duc d'Anjou m'a dit que Sa Majesté était prévenue de l'objet de ma visite.

LE ROI.

Entrez, monsieur Molière ! entrez ! Oui, je suis prévenu, et je vous attendais.

MOLIÈRE.

Mon Dieu, sire, la crainte que j'avais de me trop hâter m'aurait-elle fait tomber dans cette faute, au contraire, que le roi aurait eu l'ennui de m'attendre ?

LE ROI.

Oui, je vous ai attendu ; mais rassurez-vous, je n'ai pas perdu mon temps en vous attendant.

MOLIÈRE.

Sire, je tâcherai d'exposer ma demande en deux mots ; d'ailleurs, si je fatigue le roi, un signe de Sa Majesté, et je me retire.

LE ROI.

Non pas, monsieur Molière ! je suis homme de premier coup d'œil, et, au premier coup d'œil, vous me plaisez.

MOLIÈRE.

Sire !...

LE ROI.

On vous tourmente dans votre famille, on vous persécute, on vous rend fort malheureux, n'est-ce pas ?

MOLIÈRE.

Sire, il m'est impossible d'en vouloir pour cela à mes bons parents : ils ont la conviction bien sincère qu'en suivant la carrière que j'ai embrassée, je perds mon corps en ce monde et mon âme dans l'autre.

LE ROI.

Et ce n'est point votre avis, à vous ?

MOLIÈRE.

Mon avis, à moi, sire, est que, dans toutes les conditions,

on peut demeurer honnête homme, et que Dieu est trop juste pour damner les honnêtes gens.

LE ROI.

M. de Conti a été votre condisciple?

MOLIÈRE.

Oui, sire ; nous avons étudié ensemble au collége des Jésuites de Clermont.

LE ROI.

Il est plus jeune que vous, cependant.

MOLIÈRE.

Oh! oui, sire, beaucoup plus jeune; ce n'est que fort tard, c'est-à-dire à l'âge de dix-huit ans, que j'ai obtenu de mon père la permission d'étudier.

LE ROI.

Vous avez étudié le droit?

MOLIÈRE.

J'ai même été reçu avocat, sire ; mais là n'était point ma vocation.

LE ROI.

Vous savez que M. de Conti fait grand cas de vous... Il prétend que, s'il était roi, il vous consulterait sur toutes les choses de la politique; il dit que vous savez la rhétorique, la philosophie, la poésie...

MOLIÈRE.

Sire, M. de Conti est trop indulgent pour moi! Il est vrai que j'ai appris la rhétorique avec le père Thuillier, et la philosophie avec Gassendi; mais, quant à la poésie...

LE ROI.

Quant à la poésie?... Achevez, monsieur.

MOLIÈRE.

Eh bien, sire, je crois que l'on n'apprend pas la poésie, et que celui qui n'est pas né poëte, ne le deviendra jamais.

LE ROI.

Ah! vraiment? Et, dites-moi, monsieur Molière, voyons, qu'est-ce qu'un poëte?

MOLIÈRE.

Mais, sire, n'avez-vous point à la cour, près de Votre Majesté, sous ses yeux, des gens qu'on appelle ainsi?

LE ROI.

Qui cela?

MOLIÈRE.

Mais M. de Benserade, par exemple; M. de Saint-Aignan, sire.

LE ROI.

Voulez-vous que je vous dise une chose, monsieur Molière? Eh bien, j'ai l'idée que ce ne sont pas de véritables poëtes.

MOLIÈRE.

Vraiment, sire?

LE ROI.

Oui. (Le regardant fixement.) Tandis que vous en êtes un, vous! Voilà pourquoi je vous demande, à vous : Qu'est-ce qu'un poëte?

MOLIÈRE.

Sire, vous avez lu autrefois, dans Virgile, la fable du pasteur Aristée?

LE ROI.

Oui, monsieur Molière.

MOLIÈRE.

Eh bien, dans cette fable, sire, il y a un certain Protée, lion, serpent, flamme, fumée, nuage, éther, échappant sans cesse à la chaîne qui veut le lier, à la main qui tente de le saisir, à l'œil qui essaye de l'analyser... Sire, c'est le poëte! Comment donc voulez-vous que je vous explique ce qu'est un pareil personnage?

LE ROI.

N'importe, essayez toujours. Ce que vous me dites est si différent de la langue en usage dans le pays que j'habite, qu'il me semble entendre parler un homme pour la première fois.

MOLIÈRE, avec une profonde mélancolie.

Le poëte, sire, c'est l'homme né pendant un sourire de tristesse de la nature; c'est un composé de joie et de larmes, riant comme un enfant, pleurant comme une femme; laissant sans cesse échapper la réalité pour se mettre à la poursuite du rêve; estimant, à l'égal de tous les biens de la terre, le nuage qui glisse au ciel, et qui change de forme vingt fois en une minute! C'est l'empereur romain désireux de l'impossible, et qui, cependant, satisfait par une illusion, prend la goutte d'eau pour la perle, le ver luisant pour l'étoile, le caprice pour l'amour! C'est tantôt le pauvre grillon qui chante sous l'herbe enivré de l'âcre odeur des foins fraîchement coupés, roi d'un monde de bluets et de pâquerettes qu'il préfère même à votre royaume, sire! C'est tantôt l'aigle orgueilleux planant au-dessus des nues, empereur de l'immensité, ruisselant de l'or du soleil, et jetant, de minute en minute, un cri rauque et sauvage qui n'est que l'expression de son impuissance à ne pas monter plus haut, et de sa douleur d'être forcé de descendre! C'est, enfin, l'homme que vous pourriez faire, comme le disait M. de Conti, conseiller, secrétaire d'État, premier ministre; que vous pouvez combler de toutes les faveurs de la fortune et de tous les dons de la puissance, et qui, lorsqu'il a l'honneur de voir son roi, de lui parler, de tomber à ses pieds, demande pour tout don, sollicite pour toute faveur, quatre planches posées sur quatre tonneaux, enfermées par quatre murs, sur lesquelles il puisse faire entrer, sortir, parler, agir, déclamer, rire, pleurer et souffrir, des personnages de fantaisie qui, éclos dans son imagination, n'ont jamais existé que pour lui, et qui, cependant, sont sa vraie famille, son seul monde, ses uniques amis!... Voilà le poëte, sire! Et, maintenant, il ne me reste plus qu'à m'étonner qu'un si étrange animal ait osé se présenter devant ce qu'il y a de plus grand, de plus noble, de plus puissant dans l'univers, devant le roi Louis XIV!

LE ROI.

Ah! ma foi! monsieur Molière, vous m'avez donné une si bonne définition du poëte, que je vous en demanderai une du roi. Ce sera plus difficile, n'est-ce pas?

MOLIÈRE.

Non, sire.

LE ROI.

Eh bien, monsieur Molière, qu'est-ce qu'un roi?

MOLIÈRE.

Sire, c'est un homme que la postérité maudit quand il s'appelle Néron, et que les âges futurs bénissent quand il s'appelle Henri IV.

LE ROI.

Et, à votre avis, monsieur Molière, si un roi avait à demander à Dieu de lui accorder un don, quel don devrait-il demander?

MOLIÈRE.

Salomon avait demandé la sagesse.

LE ROI.

Mais, moi, je ne veux pas faire ce qui a été fait avant moi, fût-ce par le roi Salomon.

MOLIÈRE.

Eh bien, sire, la connaissance la plus précieuse pour un roi serait celle de la vérité.

LE ROI.

Oui; mais le moyen de connaître la vérité?

MOLIÈRE.

Eh! sire, c'est parfois de faire semblant de la savoir.

LE ROI.

Faites-moi toucher du doigt ce que vous me dites.

MOLIÈRE.

Hélas! sire, je ne suis qu'un pauvre poëte comique, et ne puis, par conséquent, vous offrir qu'un moyen de comédie.

LE ROI.

Offrez, monsieur Molière ; il sera le bien reçu.

MOLIÈRE.

Eh bien, sire, supposez, par exemple, que le hasard vous ait rendu maître d'un secret...

LE ROI.

Le hasard a mieux fait, monsieur Molière ; car, aujourd'hui même, il m'en a livré deux, et des plus importants!

MOLIÈRE.

Alors, le hasard vous traite en enfant gâté, et cela prouve son intelligence. Eh bien, le roi m'a fait l'honneur de rester seul un quart d'heure avec moi...

LE ROI.

Oui.

MOLIÈRE.

Personne ne m'a vu entrer, personne ne me verra sortir; eh bien, sire, que le roi dise que, ce quart d'heure, il l'a passé avec un agent secret qui lui rend compte de tout ce qui se fait, se dit, se pense même à la cour; qu'il glisse la connaissance des deux secrets qu'il a dans l'oreille des deux personnes qui croient ces secrets connus d'elles seules; que ces personnes racontent ce qui vient de leur arriver chacune à un ami ou à un confident, et... et je connais les hommes de cour, sire : chacun viendra vous dire le secret de son voisin, et peut-être même le sien, de peur que votre agent secret ne vienne vous le dire avant lui.

LE ROI.

Oh! par le ciel! monsieur Molière, voilà une plaisante idée, et je l'adopte!

MOLIÈRE.

Sire, c'est trop d'honneur pour le pauvre poëte qui vous la donne. (Le cor se fait entendre.) Mais...

(On sonne le départ.)

LE ROI.

C'est le départ qui sonne. Maintenant, écoutez, monsieur Molière : comme il faut, avant tout, que le poëte, qui lâche toujours la réalité pour l'ombre, ait, au bout du compte, de quoi manger, à partir d'aujourd'hui, vous êtes mon valet de chambre honoraire, à trois mille livres d'appointements.

MOLIÈRE.

Oh! sire, que de bontés! Et, quant à mon privilège...?

LE ROI.

Vous êtes mon valet de chambre, monsieur Molière : vous me le demanderez quand vous voudrez.

MOLIÈRE.

Oh! sire! baiser cette main royale est, maintenant, la seule chose qui me reste à désirer.

(Le Roi présente sa main; Molière la baise respectueusement, et sort. — Pendant ce temps, l'antichambre s'est remplie de Gentilshommes en costume de chasse.)

SCÈNE XIX

LE ROI, TOUTE LA COUR.

LE ROI.

Allons, messieurs, en chasse! et j'espère que la journée finira aussi bien qu'elle a commencé!

(Le Roi sort. Tout le monde le suit.)

ACTE DEUXIÈME

La forêt de Vincennes. — A gauche, le chêne dit de *saint Louis* ; à droite, un bouquet d'arbres, et, derrière ces arbres, une grotte de verdure.

SCÈNE PREMIÈRE

LE ROI, ANNE D'AUTRICHE, LE DUC D'ANJOU, MAZARIN, MADAME HENRIETTE, MARIE DE MANCINI, MADEMOISELLE DE LA MOTTE, LE COMTE DE GUICHE, LE DUC DE GRAMONT, les deux VILLEROI, DANGEAU, VILLEQUIER, BERINGHEN, Pages, etc., etc.

Ces personnages sont divisés en groupes, les uns assis ou couchés, les autres debout. Les Pages font leur service autour d'eux. — Le premier groupe, sous le chêne de saint Louis, se compose d'Anne d'Autriche, de madame Henriette, de mademoiselle de la Motte, de Beringhen et du chevalier de Lorraine. — Le deuxième groupe, à droite, se compose du Roi, du duc d'Anjou, de Marie de Mancini, du comte de Guiche, du marquis de Villeroi et du comte de Dangeau. — Le troisième groupe se compose du Cardinal, du duc de Villeroi, du duc de Gramont et de M. de Villequier. — Deux ou trois autres groupes complètent la mise en scène. Des tapis chargés de mets, de verres et de bouteilles sont étendus à terre. On est à la fin de la collation.

MARIE, à demi-voix, montrant, d'un mouvement de tête, Dangeau, qui écrit sur ses tablettes.

Sire, demandez donc à Dangeau ce qu'il fait... Je parie, moi, que c'est un madrigal en l'honneur de votre passion mademoiselle de la Motte d'Argencourt, qui nous regarde d'un œil féroce, et qui fait que Sa Majesté la reine mère, ne pouvant pas entendre nos paroles, ne perd pas, du moins, un de nos gestes.

LE ROI.

D'abord, vous savez mieux que personne que mademoiselle de la Motte a pu être, mais n'est plus ma passion. Si je n'ai pas encore tout à fait la puissance d'un roi, j'en ai le cœur : mademoiselle de la Motte, ayant aimé ou aimant M. de Chamarante, ne pouvait plus être rien pour moi. Ensuite, je sais mieux que personne, moi à qui un agent secret révèle toutes choses, que Dangeau ne fait pas de vers. Il est donc impossible de faire passer deux plus gros mensonges par une plus petite et une plus charmante bouche que ne le fait à cette heure mademoiselle Marie de Mancini!

MARIE.

Oh! sire, voilà le plus galant démenti qui ait jamais été donné, même dans les alcôves de madame de Rambouillet!

D'ANJOU.

Guiche, est-ce que ça t'amuse, toi, d'entendre sans cesse parler d'amour?

GUICHE.

D'en parler, oui; d'en entendre parler, non...

MARIE.

Mais, enfin, j'en reviens au fond des choses, comme dit la belle Arténice. Comment voulez-vous donc que je sache, sire, si mademoiselle de la Motte est ou n'est plus votre passion, et si M. Dangeau compose ou non un madrigal?

LE ROI.

Parce que la femme ne se trompe point au sentiment qu'elle inspire, et que son regard voit aussi facilement l'amour au fond du cœur de son amant que le plongeur voit la perle au fond de la mer.

MARIE.

Ah! sire, mais c'est vous qui êtes poëte! et, si vous le tentiez, j'en suis sûre, vous feriez des vers aussi couramment que M. le comte de Saint-Aignan ou M. le marquis de la Feuillade.

D'ANJOU.

Est-ce ton avis, Guiche?

GUICHE.

Pardieu! le roi n'est-il pas le roi? et, en cette qualité, le roi ne peut-il pas tout ce qu'il veut? D'ailleurs, la poésie est femme! pourquoi, comme toute femme, ne serait-elle pas coquette ou infidèle?

LE ROI.

Guiche, je te préviens que, si tu continues à dire du mal des femmes, je t'exile!

GUICHE.

Comme Chamarante, sire? Parbleu! cela ne m'étonnerait pas.

D'ANJOU.

Moi, je ne me connais pas beaucoup en vers : je les aime un peu plus que les sucreries, un peu moins que les dentelles, les bijoux et les diamants, pour lesquels je vendrais mon droit d'aînesse, si j'étais Ésaü au lieu d'être Jacob; mais j'ai trouvé le dernier quatrain de M. de la Feuillade fort mal rimé.. Attendez donc...

MARIE.

Oh! monseigneur, est-ce que, par hasard, dans vos pénitences, monsieur votre gouverneur vous ferait apprendre les quatrains de M. de la Feuillade?

D'ANJOU.

D'abord, mademoiselle Marie, sachez qu'il y a deux ans que je n'ai plus de gouverneur, et que, par conséquent, je me gouverne tout seul. Non, Dieu merci! je n'ai plus de gouverneur, et ne fais d'autres pénitences que celle que m'impose M. de Mazarin, quand son avarice me refouze de l'arzent pour aceter des passementeries... A propos, la nièce de notre oncle, vous avez là du point d'Angleterre passablement merveilleux!

MARIE.

C'est Sa Majesté la reine Henriette qui me l'a donné.

D'ANJOU.

Pauvre tante! il lui reste donc encore quelque chose à donner? Je croyais que MM. Cromwell père et fils lui avaient tout pris.

GUICHE.

Allons, bien! voilà que nous tournons à la politique, maintenant.

D'ANJOU.

Ah çà! mais tu n'es donc jamais content, toi, Guiche?

MARIE.

Non, mais M. de Guiche veut rappeler à monseigneur que mon point d'Angleterre lui a fait oublier les vers de M. de la Feuillade.

D'ANJOU.

Ah!... Eh bien, voici. Il fait rimer *hasarder* avec *baiser*, et M. Molière, à qui j'ai montré le quatrain aujourd'hui, m'a assuré que cela ne rimait pas suffisamment.

LE MARQUIS DE VILLEROI.

La Feuillade est un gentilhomme, monseigneur, et, en cette

qualité, il me semble qu'il n'est pas tenu de rimer comme un croquant.

MARIE.

Mais, en somme, tout cela, sire, ne nous dit pas si Dangeau fait des vers ou de la prose.

LE ROI.

Nous allons le savoir. Viens çà, Dangeau !

DANGEAU.

Me voilà, sire.

LE ROI.

Mademoiselle de Mancini prétend que tu fais des vers ; je prétends que tu fais de la prose...

D'ANJOU.

Il ne fait peut-être ni l'un ni l'autre.

LE ROI.

Lequel de nous deux a raison ?

DANGEAU.

Vous, comme toujours, sire !

LE ROI.

Prends garde, Dangeau ! il y a certaines personnes qui doivent toujours avoir raison contre moi, même quand elles ont tort.

DANGEAU.

Sire, ma qualité d'historiographe m'interdit tout mensonge.

D'ANJOU.

Et surtout toute flatterie !

DANGEAU.

Je suis donc forcé de dire que c'est de l'histoire que je fais, et que l'on ne fait pas de l'histoire en vers.

LE ROI.

Eh bien, voyons, lis-nous ton histoire.

DANGEAU.

Permettez-vous, sire, que j'achève ma phrase ?

LE ROI.

Oui, achève ! achève !

MADEMOISELLE DE LA MOTTE, à Anne d'Autriche.

Voyez, madame, il ne la perd pas un instant des yeux !

ANNE.

Hélas ! mon enfant, il y a quinze jours, au Louvre, madame de Châtillon m'en disait autant de vous !

MADEMOISELLE DE LA MOTTE.

Oh! excusez-moi, madame, mais c'est que vous ne pouvez comprendre...

ANNE.

Je ne puis comprendre, parce que j'ai trois fois votre âge, n'est-ce pas, mon enfant? Mais, vous saurez cela un jour, les femmes ont toujours vingt ans dans quelque coin du cœur.

LE ROI.

As-tu fini, Dangeau?

DANGEAU.

Oui, sire.

LE ROI.

Alors, nous t'écoutons.

DANGEAU, lisant avec le plus grand sérieux.

« Le 25 décembre 1658, Sa Majesté Louis XIV, avant de se mettre en chasse, a pris son dîner dans la forêt de Vincennes, au lieu dit le chêne de saint Louis; les chasseurs ont mangé sur le gazon, et divisés en plusieurs groupes. Le groupe du roi se composait... »

LE ROI, l'interrompant.

Bien, bien, Dangeau! tu nous en as dit assez, et nous sommes convaincus, maintenant, que ce n'est pas de la poésie que tu faisais.

D'ANJOU.

Peste! quel livre intéressant vous composerez, Dangeau, si votre histoire du règne de mon frère contient beaucoup de paragraphes pareils à celui que vous venez de nous lire!

ANNE, appelant.

Gramont!

GRAMONT, quittant le groupe de Mazarin, et s'approchant d'Anne d'Autriche.

Madame?

ANNE.

Quelle méchanceté venez-vous donc de dire au cardinal, que vous riez tous deux, vous rose, et lui vert, tandis que les autres ne rient pas du tout!

GRAMONT.

Oh! Majesté! une simple plaisanterie... Son Éminence ne mange ni ne boit, sous prétexte que cet empoisonneur de Guénaud l'a mise au régime.

ANNE.

Et vous trouvez plaisant...?

GRAMONT.

Qu'après avoir pris le ministère à M. de Beaufort, la régence à la reine Anne d'Autriche, la liberté à M. de Condé, le cardinalat au pape Urbain, l'archevêché de Paris à M. de Retz, la royauté au roi, l'argent à la France, M. de Mazarin ne puisse prendre un bon estomac au laquais de son antichambre ou au portefaix du coin de la rue!

GUICHE, se levant, et passant la main sur son front.

Ah!...

(Il s'éloigne.)

LE ROI.

Qu'a donc Guiche? Tout à l'heure, il grondait, et maintenant, le voilà qui soupire!

MARIE.

Le sais-je, moi?

LE ROI.

Bon! vous ne voulez pas me le dire? N'en parlons plus. Je demanderai la chose à mon agent secret.

MARIE.

Pardon, sire, mais voilà déjà deux fois que Votre Majesté parle de son agent secret; peut-on savoir à quoi vous employez ce mystérieux confident?

LE ROI.

A savoir tout ce qui se dit, se fait ou se pense à la cour... Ainsi, par exemple, je n'ai qu'à lui demander ce qui se passe dans votre cœur, il me le dira; à quoi pense ma cousine Henriette, qui n'a pas encore prononcé un seul mot, et qui me semble plus près de pleurer que de rire, il me le dira; enfin, ce que M. de Mazarin murmure si bas à M. le duc de Villeroi, que la calotte de l'un et le chapeau de l'autre ne sont point dans le secret de leurs paroles, eh bien, il me le dira!

MARIE.

Oh! la bonne plaisanterie!

D'ANJOU.

M. Dangeau, voici un fait à consigner dans vos Mémoires. Mon frère Louis a, comme cet affreux Socrate, dont le buste me faisait si grand'peur quand j'étais enfant, que j'en ai pris en haine tous les philosophes passés, présents et futurs;

mon frère Louis a un démon familier qui le hante le jour, et le visite la nuit.

ANNE, qui a écouté avec une certaine attention.

Que dis-tu donc là, Philippe ?

D'ANJOU.

Madame, je joue, comme cela m'est déjà arrivé dans le ballet des *Quatre Saisons*, le rôle de la nymphe Écho. Mon frère Louis prétend avoir un agent secret qui lui répète tout ce qui se dit, se fait ou se pense à la cour; de sorte qu'il n'y aura plus moyen de lui rien cacher à l'avenir.

HENRIETTE, tremblante.

Oh! mon Dieu!

D'ANJOU.

Eh bien, cela te fait peur, Henriette?... Est-ce que, par hasard, tu aurais quelque chose à cacher?... (A mademoiselle de la Motte, qui lui fait un signe.) Plaît-il?

HENRIETTE, à Anne, tandis que d'Anjou cause avec mademoiselle de la Motte, et que Beringhen va prendre les ordres de Mazarin.

Madame, si c'était vrai, ce que dit d'Anjou, le roi saurait donc que mon frère Charles est, depuis hier, à Vincennes? Peut-être, en ce cas, devrais-je le prévenir.

ANNE.

Ne crains rien, petite!... D'abord, ce démon familier dont j'entends parler pour la première fois, et qui n'a jamais donné signe de vie, n'existe probablement que dans l'imagination de d'Anjou, la plus folle des imaginations! ensuite, Louis sût-il que le roi d'Angleterre a rompu le ban qui l'exile de France, comme c'est avec mon autorisation que ce ban a été rompu, et que Louis ne veut que du bien à son cousin Charles, ton frère, mon enfant, ne courrait aucun danger.

HENRIETTE.

De la part de mon cousin Louis, non, je le sais; mais de la part de M. de Mazarin...

ANNE, avec un sourire mélancolique.

Je suis forcée d'avouer que le cardinal, étant des amis de M. Cromwell, est naturellement des ennemis du roi d'Angleterre.

HENRIETTE.

Hélas! il l'a bien prouvé! Ma pauvre mère espérait qu'à la mort de l'usurpateur, M. de Mazarin songerait à mon frère

Charles. L'usurpateur meurt, mon frère Charles accourt... Que trouve-t-il? M. Richard Cromwell reconnu, et la cour en deuil de M. Olivier Cromwell!... Oh! madame, n'est-ce point une impiété que de voir la cour de France porter le deuil d'un homme qui a fait monter son maître sur l'échafaud, et qui, depuis dix ans, tient au ban de l'Europe le roi légitime de la Grande-Bretagne?

ANNE.

Chut, mon enfant! tout cela peut changer; après les jours de pluie, les jours de soleil! Rappelle-toi le temps où le roi, le duc d'Anjou et moi mourions de faim à Melun, tandis que ta mère et toi mouriez de faim au Louvre... Mais silence! M. de Villeroi nous écoute.

MADEMOISELLE DE LA MOTTE, au bras du duc d'Anjou.

Monseigneur, répétez-moi, je vous prie, ce que le roi disait tout à l'heure à mademoiselle de Mancini.

D'ANJOU.

D'abord, il lui faisait compliment sur sa toilette... et le fait est qu'il est impossible d'avoir un habit mieux coupé que le sien, et qui aille mieux à l'air de son visage.

MADEMOISELLE DE LA MOTTE.

J'ai entendu qu'il parlait de ses yeux... Sans doute lui disait-il qu'elle les avait les plus magnifiques du monde.

D'ANJOU.

Bon! ce ne serait pas d'un assez beau langage pour une précieuse comme la nièce de M. le cardinal! Il lui disait... (S'interrompant.) Ah! que vous avez là une charmante agrafe de pierreries!

MADEMOISELLE DE LA MOTTE.

Vous ne la reconnaissez pas, monseigneur?

D'ANJOU.

Mais si fait! il me semble que je l'ai vue au chapeau de Louis.

MADEMOISELLE DE LA MOTTE.

Ne parlez pas si haut, monseigneur : vous rendriez mademoiselle de Mancini jalouse... Il lui disait donc, à propos de ses yeux...?

D'ANJOU.

Qu'elle les avait profonds comme l'azur de la mer.

MADEMOISELLE DE LA MOTTE.

Et elle répondait?

D'ANJOU.

Et elle répondait : « Mauvaise comparaison, sire ! la mer est perfide, et mes yeux ne promettront jamais rien qu'ils ne soient disposés à tenir. — Alors, a repris Louis, profonds comme l'azur du ciel qui s'étend au-dessus de nos têtes. — Ah ! j'accepte cela ! a répondu mademoiselle de Mancini, quoique cet azur soit bien, à cette heure, taché de quelques nuages. » Ils en sont, comme vous voyez, à la plus pure et à la plus délicate bergerie !... Ah çà ! mais vous me faites toutes ces questions-là... vous n'êtes donc plus amoureuse du beau Chamarante ?

MADEMOISELLE DE LA MOTTE.

Pas plus que mademoiselle de Mancini n'est amoureuse du comte de Guiche.

D'ANJOU.

Oh ! oh ! que dites-vous là, beau serpent de satin et de velours ?

MADEMOISELLE DE LA MOTTE.

Je dis qu'il n'y a, pour savoir ce qui se passe, qu'à voir la manière dont le comte de Guiche regarde mademoiselle de Mancini, et la façon dont mademoiselle de Mancini ne regarde pas le comte de Guiche.

D'ANJOU.

Oui, pour reconnaître qu'un jour ou une nuit, la chose finira entre le roi et mademoiselle de Mancini comme elle a fini entre le roi et mademoiselle de la Motte d'Argencourt.

SCÈNE II

Les Mêmes, GEORGETTE.

GEORGETTE, perdue dans une brassée de bouquets.

A mon secours ! à mon secours ! tous mes bouquets vont tomber !

LES DAMES.

Oh ! les charmantes fleurs !

LES HOMMES.

Oh ! la belle enfant !

LE ROI.

C'est toi, Georgette ?

D'ANJOU, bas, à Marie.

Prenez garde, mon agneau ! vous semez votre laine, et il y a des loups là-bas !

GEORGETTE.

Oui, sire, c'est moi... Le père m'a dit : « Georgette, il ne faut pas que nous fassions comme ce bourgmestre qui, donnant à dîner au roi Henri IV, gardait son bon vin pour une meilleure occasion ; je vais couper toutes mes fleurs, tu en feras des bouquets, et tu les porteras à ces dames. Cela réjouira le roi, qui est le plus galant gentilhomme de sa cour. Sitôt dit, sitôt fait. Le père prend sa serpette ; moi, je ramasse les fleurs, et me voici avec mes bouquets. Mais j'en ai tant, j'en ai tant, qu'ils vont tomber, si on ne les prend pas !

LE ROI.

Mesdames, vous voyez l'embarras de Georgette ; soyez donc assez bonnes pour accepter les bouquets que la pauvre enfant apporte à votre intention. Jardinier qui donne ses fleurs, page qui donne son amour, roi qui donne sa couronne, sont égaux devant le Seigneur : chacun ne peut donner que ce qu'il a.

(On débarrasse Georgette de ses bouquets, mais elle en défend un avec acharnement.)

GEORGETTE.

Non, pas celui-là, mesdames !... non, pas celui-là, messieurs ! Celui-là, c'est pour le roi (à demi-voix au Roi), ou plutôt pour mademoiselle de Mancini.

LE ROI.

Et pourquoi ce bouquet est-il pour mademoiselle de Mancini ?

GEORGETTE.

Parce qu'il est le plus beau, sire.

LE ROI.

Et pourquoi le bouquet de mademoiselle de Mancini doit-il être plus beau que les autres bouquets ? Voyons.

GEORGETTE.

Parce que j'étais sous la table quand M. de Beringhen a dit à la reine mère que mademoiselle de Mancini était, depuis le matin, à sa fenêtre pour vous attendre. Donc, si elle était, depuis le matin, à sa fenêtre pour vous attendre, c'est qu'elle vous aime, et, si elle vous aime, je l'aime !

LE ROI.

Chère petite ! attends...

(Il déchire une feuille de ses tablettes, et écrit.)

MADEMOISELLE DE LA MOTTE, à elle-même.

Oh ! je me doutais bien que le plus beau bouquet serait pour elle !

GEORGETTE, qui a lu ce qu'écrit le Roi, en se haussant sur la pointe des pieds.

Ah ! c'est très-joli, ce que vous avez écrit là, sire !

LE ROI.

Tu l'as donc lu ?

GEORGETTE.

Oui.

LE ROI, mettant le papier dans le bouquet.

Eh bien, maintenant, va porter ce bouquet à mademoiselle de Mancini.

GEORGETTE.

J'y vais... (Bas.) A propos, sire, j'ai quelque chose de très-important à dire à Votre Majesté.

LE ROI.

Parle.

GEORGETTE, de même.

La princesse Marguerite vient d'arriver avec sa maman et une demoiselle d'honneur. On a annoncé madame Christine sous le nom de la comtesse de Verceil.

LE ROI.

Et comment sais-tu que c'est la princesse Marguerite ?

GEORGETTE.

Je l'ai reconnue au portrait que vous en avait fait M. de Bouchavannes.

LE ROI.

Très-bien... Va !

GEORGETTE, allant à Marie.

Tenez, mademoiselle, voici qui vient de la part du roi.

MADEMOISELLE DE LA MOTTE, à Anne d'Autriche.

Ah ! madame, vous voyez que c'était bien à elle qu'il écrivait !

ANNE.

Oui, vous avez raison, et, aujourd'hui même, je lui parlerai.

(Elle donne tout bas un ordre à Beringhen, qui s'approche ensuite du Roi.)

MARIE, après avoir lu le billet.

Oh! les charmants vers que le roi m'envoie, messieurs! Je vous avais bien dit que le roi était poëte. Écoutez!

> Allez voir cet objet si charmant et si doux!
> Allez, petites fleurs, mourir pour cette belle.
> Mille amants voudraient bien en faire autant pour elle,
> Qui n'en auront jamais le plaisir comme vous!

GUICHE, à demi-voix.

Marie! Marie!

MARIE.

Eh bien, mais qui vous empêche de m'en faire, des vers? Personne! N'est-ce pas, sire, que vous permettez que M. de Guiche, M. de Villeroi et M. Dangeau m'en fassent, des vers, et même de plus jolis que ceux-là, si la chose leur est possible?

LE ROI.

Oui, certes, je le permets!... Empêcher qu'on ne vous trouve belle, empêcher qu'on ne vous le dise, ce serait défendre à l'alouette de chanter pour le matin, et au rossignol de chanter pour le soir.

(Pendant tout ce temps, on a enlevé les tapis, les mets, les bouteilles; on a détaché les cors suspendus aux branches des arbres. Enfin, on sonne le lancer.)

LE ROI.

Mesdames, vous entendez? On lance l'animal... A cheval, messieurs! Mesdames, à cheval!...

MARIE.

Ne venez-vous point, sire?

LE ROI.

Non, je suis forcé de rester un instant pour ma mère, qui me fait les gros yeux. Beringhen vient de me prévenir de sa part.

MARIE.

Et à quel propos?... (Riant.) Le roi aurait-il été désobéissant?

LE ROI.

Il paraît!

MARIE.

Et l'on va le punir?

LE ROI.

On va l'essayer du moins.

MARIE.

Eh bien, mais la chasse?...

LE ROI.

Les fanfares me guideront, et je la rejoindrai. En attendant, conduisez-la... Pourquoi ne pas régner où je ne suis pas, quand vous régnez bien où je suis?

MARIE.

Voici la reine... Bon courage, sire!

LE ROI.

Les anciens preux combattaient pour leur roi et pour leur dame : le roi va combattre pour la royauté et pour vous.

(Les fanfares redoublent; tout le monde sort de scène.)

SCÈNE III

LE ROI, ANNE D'AUTRICHE, MAZARIN, au fond, discutant avec LE MAJORDOME, un carnet à la main.

ANNE.

Vous me pardonnerez, n'est-ce pas, Louis, de vous priver un instant de l'agrément de la chasse, et du plaisir d'accompagner mademoiselle de Mancini? mais ce que j'ai à vous dire est, en vérité, de la plus haute importance.

LE ROI.

En supposant qu'une mère qui demande quelques minutes d'entretien à son fils ait besoin de pardon, madame, vous obtiendrez facilement le mien ; car j'étais résolu à rester ici pour moi, quand même je n'y fusse pas resté avec vous et pour vous.

ANNE.

Vous restez ici?

LE ROI.

Oui, j'y ai donné rendez-vous à quelqu'un ; mais que cela ne vous gêne aucunement : la personne est tout à mes ordres, et attendra votre bon plaisir.

ANNE.

Je vous croyais trop galant pour faire attendre une jolie femme, Louis.

LE ROI.

Je ferais attendre toutes les femmes de ce monde, les plus belles comme les plus puissantes, ma mère, du moment qu'il s'agit pour moi de rester près de vous; mais je n'ai pas même ce mérite : la personne que j'attends n'est point une femme.

ANNE.

Ce n'est point une femme qui va venir? Mais qui est-ce donc, que vous avez renoncé à suivre la chasse pour l'attendre?

LE ROI.

N'avez-vous point entendu, madame, ce que disait d'Anjou de certain démon familier qui me rend le bon office de me répéter tout ce qui se dit, se fait et même se pense autour de moi?

ANNE.

Et depuis quand ce bon génie est-il près de vous, mon fils?

LE ROI.

Oh! par malheur, depuis bien peu de temps, madame ; depuis ce matin, à onze heures.

ANNE.

Mais, à onze heures, vous étiez rentré au château de Vincennes.

LE ROI.

Aussi est-ce depuis ma rentrée au château, madame, que j'ai eu le bonheur de le voir.

ANNE.

Impossible! depuis onze heures jusqu'au moment où nous sommes, c'est-à-dire deux heures de l'après-midi, aucune personne étrangère n'est arrivée jusqu'à vous.

LE ROI, souriant.

Pour être si sûre de ce que vous avancez, madame, vous avez donc aussi un démon familier qui vous rend compte de mes actions?

ANNE, sans répondre.

Et cet inconnu... car c'est un inconnu, sans doute?

LE ROI.

Pour tout le monde, excepté pour moi.

ANNE.

Et cet inconnu est déjà retourné d'où il était venu?

LE ROI.

Non, madame, à partir d'aujourd'hui, il reste où je suis.

ANNE.

Et quelle place occupera-t-il à la cour?

LE ROI.

Aucune qui soit remplie, madame : celle de mon ami.

ANNE.

C'est un gentilhomme, je présume?

LE ROI.

Peu importe, madame! il n'a la prétention ni d'être présenté, ni de monter dans mes carrosses.

ANNE.

Prenez garde! vous allez soulever bien des susceptibilités, donner lieu à bien des réclamations!

LE ROI.

Quelles susceptibilités peut soulever un homme qui désire rester invisible? A quelles réclamations peut donner lieu un inconnu dont la première condition de dévouement est qu'on ne lui offrira jamais ni place, ni honneurs, ni argent?

ANNE.

Mais, enfin, où demeurera cet homme?

LE ROI.

Hors du palais; il déteste la cour.

ANNE.

Louis, vous saurez cela plus tard, tout dévouement se paye, et le plus désintéressé en apparence finit souvent par être le plus cher en réalité.

LE ROI.

Je suis sûr du peu d'exigence de celui-là.

ANNE.

Et, sans doute, vous êtes aussi sûr de sa véracité?

LE ROI.

J'ai des preuves irrécusables de l'un et de l'autre, madame.

ANNE.

Tenez, Louis, je suis vraiment folle de me prêter à une plaisanterie faite, sans doute, pour amuser un écervelé comme d'Anjou, une coquette comme mademoiselle de Mancini et un niais comme Dangeau...

LE ROI.

Pardon, madame, mais veuillez croire, je vous prie, que

rien n'est plus réel que ce que j'ai l'honneur de vous dire en ce moment.

ANNE.

En vérité, vous affirmez cela d'un ton...

LE ROI.

Du ton de la vérité, oui, madame.

ANNE.

Et, depuis ce matin que cet officieux ami est près de vous, il vous a déjà sans doute, révélé force secrets?

LE ROI.

Un seul, madame, mais assez important pour qu'il ait attiré toute mon attention.

ANNE.

Vraiment?

LE ROI, prenant le bras de sa mère et le passant sous le sien.

Oui, et la découverte de ce secret a doublé, si c'est possible, mon respect, mon affection et ma reconnaissance pour vous, ma bonne mère!

ANNE.

En quoi?

LE ROI.

En ce qu'il m'a prouvé qu'en mon absence comme en ma présence, de loin comme de près, vous n'êtes occupée que de mon bonheur.

ANNE.

N'est-ce point le premier devoir d'une mère de s'occuper du bonheur de son fils?

LE ROI.

Aussi suis-je heureux que vous m'ayez fourni l'occasion de vous remercier comme je le fais, loin de l'étiquette, seul à seul, votre bras appuyé sur le mien, et dans une intimité rare entre ces pauvres déshérités d'amour qu'on appelle les rois de la terre.

ANNE.

Vous me remerciez, Louis, et je cherche en quoi j'ai mérité ce remerciment.

LE ROI.

Voyons, avouez-le franchement, ma bonne mère, il y a une chose qui vous préoccupe en ce moment, et c'était pour vous expliquer de cette chose avec moi que vous m'avez demandé cet entretien.

ANNE.

De quelle chose voulez-vous parler?

LE ROI.

De certain sentiment que vous craignez de voir devenir trop tendre...

ANNE.

Vous avez raison ; seulement, je ne crains pas de le voir devenir trop tendre, je crains de le voir devenir trop sérieux.

LE ROI.

Soit; mais, enfin, je ne me suis pas trompé.

ANNE.

Non. Eh bien?

LE ROI.

Eh bien, n'est-ce pas dans cette préoccupation, qui indique, à tout prendre, votre profonde tendresse pour moi, et votre suprême sollicitude pour ma renommée, que vous avez eu l'idée d'inviter votre belle-sœur madame Christine de Savoie à venir en France, sous le simple prétexte d'une de ces visites que l'on se rend entre proches, et surtout à amener avec elle la princesse Marguerite, afin que le charme de ses yeux noirs pût combattre la désastreuse influence des yeux bleus de mademoiselle de Mancini?

ANNE.

Comment! vous savez?...

LE ROI.

Je sais, madame, que la princesse Marguerite est la digne petite-fille du roi Henri IV : pieuse, bienfaisante, éclairée; en outre, une charmante personne aux grands yeux mélancoliques, au nez droit, aux dents blanches, au teint un peu olivâtre peut-être pour nous autres princes de race blonde... Toutes choses, d'ailleurs, dont je pourrai juger au retour de la chasse.

ANNE.

Au retour de la chasse?

LE ROI.

Mais oui! Ne savez-vous point que madame Christine, accompagnée de la princesse Marguerite et d'une seule demoiselle d'honneur, est arrivée, il y a une heure à peine, au château, sous le nom de la comtesse de Verceil? Oh! mais, en vérité, madame, je suis trop heureux d'être si bien rense gné, que ce soit moi qui vous apprenne la première nouvelle d'une arrivée que vous attendiez avec tant d'impatience!

ANNE.

La régente et sa fille arrivées, sans que je le sache, après les ordres que j'ai donnés? Impossible! et sur ce point, mon fils, j'ai bien peur que votre agent secret ne soit en défaut.

LE ROI.

Eh! tenez, madame, voici Beringhen qui vous cherche pour vous confirmer, sans doute, ce que j'ai eu l'honneur de vous dire. — Venez, monsieur de Beringhen! venez! Vous cherchez la reine? La voici.

(Il fait quelques pas en arrière.)

ANNE, à part.

Ah! ton agent secret! oui, il existe réellement; oui, il est bien renseigné; mais je le connais, va!

SCÈNE IV

Les Mêmes, BERINGHEN.

BERINGHEN.

Deux dames qui se disent appelées en France par Votre Majesté viennent d'arriver au château. La plus âgée des deux se fait appeler la comtesse de Verceil.

ANNE.

Qui donc a apporté cette nouvelle?

BERINGHEN.

Un piqueur expédié par le maître des cérémonies, M. de Montglat. Tenez, madame, c'est le même qu'interroge en ce moment M. de Mazarin.

ANNE.

Qu'il reparte à l'instant avec l'ordre de faire conduire ces deux dames dans l'appartement que vous avez vous-même désigné au tapissier ce matin, et qui communique avec ma chambre. Dans un quart d'heure, je serai à Vincennes. Attendez-moi pour m'y ramener. (A Mazarin.) Venez, monsieur le cardinal!

7.

SCÈNE V

ANNE D'AUTRICHE, MAZARIN, LE ROI, au fond ; **BERINGHEN,** donnant au PIQUEUR l'ordre de retourner au château.

MAZARIN.
Il paraît, madame, que nos doux voyazouses sont arrivées.

ANNE.
Oui. (Montrant le Roi.) Vous lui avez tout dit, monsieur !

MAZARIN.
D'abord, Mazesté, ze ne dis zamais tout.

ANNE.
Et, cependant, il n'ignore rien.

MAZARIN.
Ze vous zoure, madame, que ze ne sais point de qui vous voulez parler.

ANNE.
Je veux parler du roi, monsieur, et je vous répète qu'il sais tout !

MAZARIN.
Qu'appelez-vous tout savoir, cère Mazesté ?

ANNE.
Il sait que je me défie de son nouvel amour ; il sait mon projet d'union entre lui et la princesse Marguerite ; il sait, enfin, ce que je ne savais pas moi-même, c'est que les deux princesses sont arrivées.

MAZARIN.
Peccato ! il sait tout cela, Mazesté ! Et qui a pou le loui dire ?

ANNE.
Alors, monsieur le cardinal, pardonnez-moi cette mauvaise pensée si elle est fausse, mais je me suis imaginé que, comme vous étiez plus intéressé que personne à ce que le mariage ne se fît point, c'était vous qui, pour le faire manquer, aviez tout dit au roi !

MAZARIN.
Plous intéressé que personne ?... Ze ne comprends pas Votre Mazesté.

ANNE.
Sans doute ! le roi...

MAZARIN.

Le roi?

ANNE.

Le roi n'aime-t-il pas votre nièce?

MAZARIN.

Vous croyez? Oh!...

ANNE.

Je vous en apprends la nouvelle, n'est-ce pas, monsieur le cardinal?

MAZARIN.

Vous savez que c'est l'habitoude de Sa Mazesté d'aimer dans ma famille, et que ces amours-là sont sans importance.

ANNE.

Oui, je sais cela; mais, si son nouvel amour devenait plus sérieux que l'autre? s'il voulait faire pour Marie de Mancini ce qu'il n'a pas eu le courage de faire pour Olympe?

MAZARIN.

Eh bien, on marierait la petite avec quelque prince dou sang de France ou de Savoie, comme on a dezà marié trois de ses sours.

ANNE.

Mariez-la à qui vous voudrez, monsieur le cardinal; mais il y a une chose que je vous garantis, c'est que vous ne la marierez pas au roi!

MAZARIN.

Eh! *buon Dio!* qui pense à oune pareille énormité? Le roi, peut-être, mais pas moi, à coup soûr!

ANNE.

Écoutez, monsieur; je ne crois pas le roi capable d'une pareille lâcheté; mais, s'il était possible qu'il en eût la pensée, je vous préviens que toute la France se révolterait contre lui et contre vous, que je me mettrais de ma personne à la tête de la révolte, et que, s'il le fallait, j'y engagerais mon second fils. Adieu, monsieur! — Venez, Beringhen.

(Elle sort.)

SCÈNE VI

MAZARIN, LE ROI, au fond.

LE ROI, à lui-même.

Bon! il paraît que la nouvelle a produit son effet.

MAZARIN, à part.

Ah! vous vous mettriez à la tête de la révolte, et vous y engazeriez votre second fils!... Cela n'empêce pas que, si le roi voulait assoloument être le nevou de monsou de Mazarin, il ferait de sa maman, de la révolte et de monsou le douque d'Anzou ce qu'il a fait dou parlement ce matin ; et, quant à moi, comme ze souis son souzet, s'il me disait : « Mon cer cardinale, ze voux épouser votre nièce, » ze ne pourrais pas loui désobéir en la loui refousant, à ce cer roi !

LE ROI, descendant la scène.

Ah! mon Dieu! qu'a donc ma mère, mon cher cardinal? Elle regagne sa voiture toute grondante comme une tempête!

MAZARIN.

Eh! sire, qui sait zamais ce qu'a oune femme, sourtout quand cette femme elle est reine?

LE ROI.

Ce n'est point contre moi qu'elle est fâchée, je l'espère, n'est-ce pas, monsieur de Mazarin?

MAZARIN.

Non.

LE ROI.

Au reste, comme j'ai quelque chose à demander, c'est vrai, mais point à elle, peu m'importe sa bonne ou sa mauvaise humeur.

MAZARIN, caressant.

Vous avez quelque çose à demander à quelqu'oun, mon cer roi?

LE ROI.

Oui.

MAZARIN.

A qui?

LE ROI.

A vous.

MAZARIN.

Demande, mon cer enfant! demande!... Oh! pardon, pardon, sire! voilà que ze parle à Votre Mazesté comme dou temps où la reine mère était rézente, et où le roi Louis était oun petit garçon pas plous haut que cela.

LE ROI.

Eh! n'avez-vous pas toujours le droit de me parler ainsi, mon cher cardinal? Qui m'a élevé? Vous! Qui m'a suivi dans l'exil? Vous! Qui m'a défendu? Vous!... Si je suis roi de France, enfin, n'est-ce point par vous que je le suis, et si, après Dieu, je dois mon royaume à quelqu'un, n'est-ce point à vous que je le dois?

MAZARIN.

Êtes-vous bien convaincou de ce que vous me dites là, mon cer Louis?

LE ROI.

Mais c'est de l'histoire, monsieur de Mazarin!

MAZARIN.

Oh! l'histoire! elle est parfois si mentouse!... Et vous m'annonciez donc, mon cer enfant, que vous aviez quelque çose à me demander. Voyons, quoi? Dites.

LE ROI.

Oui; mais, avant de vous faire cette demande, je veux vous adresser une question.

MAZARIN.

Laquelle?

LE ROI.

Êtes-vous dans un moment de bonne humeur, mon cher cardinal?

MAZARIN.

Auzourd'houi?

LE ROI.

Oui, aujourd'hui.

MAZARIN.

Auzourd'houi, ze souis d'oune houmour çarmante!

(Il sourit tendrement au Roi, qui passe son bras sous le bras de Mazarin. Contre-partie de la scène avec Anne d'Autriche.

LE ROI.

Eh bien, mon cher cardinal, j'ai besoin d'argent.

MAZARIN, se redressant.

D'arzent?

LE ROI.

Oui, d'argent.

MAZARIN.

Pardon, sire, z'espérais avoir mal entendou... D'arzent! et pour quoi faire voulez-vous de l'arzent?

LE ROI.

Mais pour donner des bals, des fêtes, des spectacles; pour m'amuser, enfin.

MAZARIN.

Vous amouzer, sire! Est-ce que vous croyez qu'on est roi pour s'amouzer?

LE ROI.

Mon cher cardinal, on est roi pour s'amuser ou pour régner : or, du moment que c'est vous et ma mère qui régnez, il faut que je m'amuse, moi, ou sinon, prenez garde! je m'apercevrai que je ne règne pas!

MAZARIN, à part.

Ouais! que dit-il donc là?

LE ROI.

Voilà pourquoi je demande de l'argent.

MAZARIN.

De l'arzent! de l'arzent! on dirait, ma parole d'honnour! que le vocaboulaire royal se compose de ces doux mots-là : De l'arzent! La reine elle en demande avec sa voix aigre : « De l'arzent, monsou le cardinal! » Monsou d'Anzou il en demande avec sa voix douce : « Monsou le cardinal, de l'arzent! » Le roi il en demande... Ma, sire, il n'y en a plous, d'arzent! Z'ai mis tout ce que nous en avions à cette fête; ze viens d'en faire le calcoul avec le mazordome, elle coûte cinq cents pistoles!

LE ROI.

Eh bien, alors, mon cher monsieur de Mazarin, comme je m'ennuie beaucoup, et qu'il n'y a point d'argent, à ce qu'il paraît...

MAZARIN.

Il n'y en a pas, non, sire!

LE ROI.

Il faudra donc que, pour me distraire, je me mêle des affaires d'État... Ce n'est point amusant, mais, enfin, c'est toujours une distraction. Vous direz donc, demain, je vous prie, à M. Fouquet, à M. Lyonne et à M. le Tellier de venir travailler avec moi, au lieu d'aller travailler avec vous ; vous vous reposerez pendant ce temps-là, vous, mon cher cardinal. Après trente ans de votre vie consacrés à la France, vous devez, certes, avoir autant besoin de repos qu'après six ans d'inaction, moi, je dois avoir besoin de travail.

MAZARIN, se grattant l'oreille.

Et il vous faudrait beaucoup d'arzent, mon cer roi?

LE ROI.

Non.

MAZARIN.

Oh! alors, si c'est oune petite somme, il y a moyen de s'entendre.

LE ROI.

Une petite somme... pour un roi, surtout quand ce roi voit autour de lui des ministres si riches !

MAZARIN.

Oh ! oui, monsou Fouquet... C'est oun scandale !... Ma voyons le ciffre de la somme... Vous comprenez, tout dépend dou ciffre.

LE ROI.

Mais je crois qu'avec un million...

MAZARIN, bondissant.

Oun million?

LE ROI.

Oui, je passerais la saison des chasses.

MAZARIN.

Oun million, mon cer Zézou !

LE ROI.

Trouvez-vous que ce soit trop peu pour un roi de France?

MAZARIN.

Oun million, mon cer enfant ! et où voulez-vous que ze prenne oun million?

LE ROI.

Mais il me semblait, monsieur, que, du moment que j'avais fait enregistrer les édits du parlement...

MAZARIN.

Eh ! sire, avant qu'ils soient promoulgués, poubliés, mis à essécoution, et, par conséquent, avant que l'arzent il rentre, il se passera plous d'oun an, plous de doux ans; il ne rentrera peut-être même zamais, ce coquin d'arzent ! Le malhou-

roux peuple il est si misérable, si rouiné, pauvre peuple !...
Ah !

LE ROI.

Eh bien, mon cher cardinal, en attendant que l'argent rentre, ne pourriez-vous pas me prêter ce million, vous ?

MAZARIN.

Madonna !

LE ROI.

Vous le reprendrez sur les premiers impôts qui seront versés au Trésor.

MAZARIN.

Moi, sire, moi, vous prêter oun million ?

LE ROI.

Mais oui ; rien ne vous est plus facile.

MAZARIN.

Buon Dio ! et où voulez-vous que ze le prenne, ce million ?

LE ROI.

Mais, par exemple, attendez, mon cher cardinal... tenez, sur les trois millions neuf cent mille livres de Lyon... ou sur les sept millions de Bordeaux... ou bien encore sur les quatre millions de Madrid...

MAZARIN.

Zézou !

LE ROI.

Ou bien, si vous hésitez à retirer de l'argent avantageusement placé, ce qui est concevable, empruntez la somme que je vous demande sur vos neuf millions de propriétés ; je payerai les intérêts au denier dix.

MAZARIN.

Ze souis volé, trahi, rouiné !

LE ROI.

Ou bien ne pourriez-vous pas encore distraire ce million de vos sept millions de rentrées générales ? Que sais-je, moi ? Enfin, il me semble, mon cher cardinal, qu'un ministre qui possède, tant en argent qu'en propriétés et en billets de caisse, trente-neuf millions deux cent soixante mille livres peut bien prêter cent mille pistoles à son roi.

MAZARIN.

Ma qui vous a dit... qui a pou vous dire ?...

LE ROI.

La même personne qui m'a appris le voyage en France de madame Christine et de la princesse Marguerite : mon agent secret !

MAZARIN.

Mais c'est que c'est le ciffre essact !

LE ROI.

Mon agent secret est incapable de se tromper d'un denier.

MAZARIN.

Et quand vous faut-il ce million, sire ?

LE ROI.

Ce soir, mon cher cardinal.

MAZARIN.

Mais que voulez-vous donc faire d'oun million ?

LE ROI.

Écoutez... je vais vous dire cela, à vous, parce que, pour vous à qui je dois tant, je n'ai pas de secrets; je suis amoureux !

MAZARIN.

Vous êtes amouroux !

LE ROI.

Et je veux absolument plaire à la femme que j'aime.

MAZARIN.

Vous voulez assoloument loui plaire ?

LE ROI.

Oui.

MAZARIN.

Oh ! oun roi si çarmant qué vous êtes n'a pas besoin d'oun million pour rendre oune femme folle de loui.

LE ROI.

N'importe, mon cher cardinal, un million dépensé en fêtes dont elle sera la reine ne gâtera rien, j'en suis sûr.

MAZARIN.

Dont elle sera la reine ? Ah ! vous voulez, mon cer roi, que celle que vous aimez soit la reine ?...

LE ROI.

De mes fêtes, mon cher cardinal, en attendant peut-être qu'elle soit la reine du royaume.

MAZARIN.

Pouisque vous donnez de si bonnes raisons, on fera son

possible; on hâtera la rentrée des impôts; on poursouivra les contribouables.

LE ROI.

Et j'aurai le million ce soir?

MAZARIN.

Comment! ce soir?

LE ROI.

Mon cher cardinal, mon amour est si grand, qu'il n'admet aucun retard.

MAZARIN.

Ah! si votre amour est si grand, c'est autre çose... Eh bien...

LE ROI.

Eh bien?

MAZARIN, avec un soupir.

On tâcera de vous le donner, ce malhouroux million!

LE ROI.

En vérité, vous êtes un homme charmant, mon cher cardinal!

(Il remonte vers le fond du théâtre.)

MAZARIN.

Le roi s'en va?

LE ROI.

Oui; tenez, on sonne l'halali à cent pas d'ici, et je vais rejoindre la chasse. A ce soir!

SCÈNE VII

MAZARIN, seul.

A ce soir, mon cer roi! mon cer eufant! mon cer nevou! Ah! vous êtes amouroux! Ah! vous voulez faire la femme que vous aimez la reine de vos fêtes, et peut-être la reine dou royaume! Diou vous entende!... Ze me doute bien, au fond, qui m'a zoué le mauvais tour de loui donner ce diable de ciffre... Ah! madame Anne d'Autrice! madame Anne d'Autrice! vous me payerez celle-là!

SCÈNE VIII

MAZARIN, BERNOUIN.

BERNOUIN, entrant.

Ah! voilà monseigneur... Monseigneur!

MAZARIN.

Quoi?... Ah! c'est toi, Bernouin! Viens, mon cer Bernouin! viens, mon ami! viens!

BERNOUIN.

Oh! oh! qu'a donc Votre Éminence? Elle me paraît fort agitée.

MAZARIN.

Oui, dou tourment, mon cer Bernouin... et pouis de la zoie aussi, oun pou... Mais que se passe-t-il donc là-bas, que te voilà? Ze t'avais dit de ne venir me rezoindre que s'il arrivait oun événement d'importance.

BERNOUIN.

Il en est arrivé deux, monseigneur.

MAZARIN.

Ah! doux?

BERNOUIN.

Oui, deux grands événements. D'abord, M. de Conti est à Vincennes, il vient apporter au roi la soumission de M. de Condé.

MAZARIN.

Après?

BERNOUIN.

Et annoncer que le prince est malade à Bruxelles.

MAZARIN.

Ah! pauvre prince! il est malade?

BERNOUIN.

Très-malade, monseigneur; ce qui fait qu'il désire rentrer en France, et envoie sa soumission.

MAZARIN.

Ze loui espédierai Guénaud, mon médecin. *Diavolo!* il ne faut pas oublier, au bout dou compte, que c'est le premier prince dou sang!

BERNOUIN.

Et, quant à sa rentrée en France?...

MAZARIN.

S'il est aussi malade que tou dis, Bernouin, il a plous besoin d'oun médecin que d'oun passe-port, et ce serait esposer sa santé que de permettre qu'il se mît en voyaze... Non, Guénaud le guérira d'abord; cela prendra dou temps, et, pendant ce temps, z'aviserai. Bernouin, si zamais tou deviens homme d'État, n'oublie pas que le grand secret de la politique est dans ces doux mots : *Savoir attendre*... L'autre événement, Bernouin?

BERNOUIN.

L'autre événement, monseigneur, c'est la présence à Vincennes du roi Charles II.

MAZARIN.

Le roi Çarles II est à Vincennes?

BERNOUIN.

Oui.

MAZARIN.

Tou en es soûr?

BERNOUIN.

J'en suis sûr.

MAZARIN.

Qui l'a vou?

BERNOUIN.

Moi, derrière sa jalousie, à l'hôtel du *Paon couronné*, près de la place d'armes.

MAZARIN.

Ah! Bernouin! oui, tou as raison, voilà oun grand événement! C'est encore la reine Anne d'Autrice qui l'aura fait venir pour embrouiller les affaires... Comme si les malhourouses affaires elles n'étaient point assez embrouillées dézà! Ah! si le roi Çarles II était sour le trône d'Angleterre, ze conçois que la petite Henriette, à défaut de l'infante, ferait oune femme toute trouvée au roi, et nous épouserions oune grande pouissance au moins! Ma c'est monsou Riçard Cromwell qui, pour le moment, est roi d'Angleterre, et nous avons des traités avec loui... Bernouin, tou vas retourner au çâteau; et que ze trouve Guitaut cez moi en arrivant, entends-tou?

BERNOUIN.

Comment! vous allez faire arrêter le roi Charles II?

MAZARIN.

Oh! non! il faut avoir des égards pour les têtes couronnées... Ze vais loui faire dire de quitter la France dans les houit zours, et Vincennes dans les vingt-quatre houres.

BERNOUIN.

Et s'il ne part pas?

MAZARIN.

Alors, ce ne sera pas ma faute, ce sera la sienne : z'azirai!

BERNOUIN.

Hum!

MAZARIN.

Bernouin! si zamais tou es ministre, souviens-toi qu'on se tire de tout avec ces doux mots : *Savoir azir*.

BERNOUIN.

Comment monseigneur concilie-t-il cette seconde maxime avec la première?

MAZARIN.

Ze ne les concilie pas, ze les mets face à face; l'oune fait pendant à l'autre, mon ami, et, selon l'occasion, ze me sers de celle dont z'ai bezoin. Ma çout!

BERNOUIN.

Quoi?

MAZARIN.

Vois-tou qui vient là-bas?

BERNOUIN.

Ah! ah! Sa Majesté et mademoiselle de Mancini.

MAZARIN.

Retourne à Vincennes, et préviens Guénaud de se tenir prêt à partir.

BERNOUIN.

Oui, monseigneur.

MAZARIN.

Ne dis pas pour quel pays!

BERNOUIN.

Ne craignez rien.

MAZARIN.

Préviens Guitaut de se tenir prêt à azir.

BERNOUIN.

Oui, monseigneur.

MAZARIN.

Ne dis pas contre qui!

BERNOUIN.

Soyez tranquille.

MAZARIN.

Va! (Bernouin sort. — Le Cardinal sortant à son tour, au moment où entrent le Roi et Marie de Mancini.) Oh! la belle çose que la zounesse! et comme cela fait touzours plaisir à voir!

SCÈNE IX

LE ROI, MARIE DE MANCINI.

Ils entrent appuyés au bras l'un de l'autre.

MARIE.

J'espère, sire, que l'on ne saurait rencontrer un cerf meilleur courtisan que le nôtre : il voit que le roi ne veut pas se donner la peine de courre la chasse, et il revient poliment mourir à son lancer... Ah! les animaux donnent parfois aux hommes de bien mauvais exemples.

LE ROI.

Vous trouvez? C'est possible... Mais laissons là cerfs, chiens et chasseurs, cors et fanfares... Venez de ce côté, Marie! j'ai besoin d'être seul un instant avec vous, d'entendre votre douce voix isolée des autres voix, de voir votre charmant visage dans un miroir qui ne reflète que lui! Vous êtes comme ces bonnes fées qui, d'un coup de leur baguette d'or, chassent les spectres, et font disparaître les mauvais génies.

(Le vent commence à siffler, et le temps à s'obscurcir.)

MARIE.

Oh! sire, la belle place que Votre Majesté me donne auprès du roi!

LE ROI.

Marie, en connaîtriez-vous une plus douce que celle d'une femme qui ferait oublier à un roi les préoccupations de la royauté?

MARIE.

Mais, avant toute chose, il faudrait que cette femme fût aimée, et surtout fût certaine de l'être.

LE ROI.

Et quelle chose devrait donc faire ce prince pour lui prouver son amour?

MARIE.

Une des premières serait, quand elle est à la chasse, de

suivre la chasse, au lieu de l'envoyer à l'autre bout de la forêt, pour rester seul... Dans quel but? Dieu le sait!

LE ROI.

Aurais-je ce grand bonheur, par hasard, que vous fussiez jalouse, chère Marie?

MARIE.

Si c'était un grand bonheur pour vous, sire, ce serait un grand malheur pour moi!

LE ROI.

Pourquoi cela? et comment mon bonheur, à moi, pourrait-il faire votre malheur, à vous? Vous êtes toujours à me parler de mon pouvoir, de mon sceptre, de ma couronne. Hélas! la seule couronne vraiment royale que Dieu mette au front de ses élus, c'est celle de l'amour; toutes les autres rident ou brûlent les fronts qui les portent : celle-là seule les éclaire et les rajeunit!

MARIE.

Eh bien, sire, qui vous dit que, si vous demandiez franchement, et à haute voix, cette couronne à la femme qui peut vous la donner, qui vous dit qu'elle vous la refuserait?

LE ROI.

Oui, mais qui me dit aussi que ce serait bien véritablement à l'amant, et non pas au roi, que cette couronne serait donnée? (La pluie tombe; le Roi, abritant Marie avec son chapeau, la conduit sous le chêne de saint Louis. Les autres Chasseurs reparaissent au fond ; mais, apercevant le Roi et Marie, ils n'osent regagner les chevaux et les voitures, et se groupent peu à peu pendant tout le reste de la scène.) Qui me dit qu'un amour ambitieux ne sacrifiera point quelque amour tendre, caché, obscur, plus enviable dans son obscurité, dans son mystère, dans sa tendresse, que celui qui se produira au grand jour? Il y a des moments où, au lieu d'être né sur le trône, je voudrais être né le dernier de mes sujets; car, alors, si une jeune et belle bouche comme la vôtre me disait : « Louis, je t'aime! » ah! je serais bien sûr d'être aimé!

MARIE.

Eh! croyez-vous donc, sire, que la femme qui vous aimera ne sera point, de son côté, tourmentée des mêmes craintes qui vous tourmentent? Si vous étiez le dernier de vos sujets, si vous étiez malheureux, si vous étiez pauvre, celle qui s'offrirait à partager votre pauvreté et votre malheur saurait que son dévouement peut être récompensé; qu'elle a l'espoir et le droit d'être aimée; qu'un ministre ne viendra pas crier : « Sire, a raison d'État! » qu'une mère ne viendra pas dire : « Mon fils, l'orgueil du sang!... » Aimer un homme ordinaire, sire, c'est être la compagne de toute sa vie; aimer un roi, c'est être la maîtresse d'un jour, la fantaisie d'une heure, le caprice d'un moment; c'est faire ce que nous faisons tous deux, ici, sous ce chêne que la foudre peut frapper; c'est oublier le temps qui s'assombrit, le tonnerre qui gronde, la pluie qui tombe, pour jouir d'un bonheur qui ne durera peut-être que ce que dure cet éclair qui passe!... Oh! la femme qui se sentirait disposée à aimer un roi, un roi jeune, beau, puissant comme vous; cette femme, si elle avait une lueur de raison dans l'esprit, une apparence de dignité dans l'âme, cette femme devrait, plutôt que de laisser grandir son amour, plutôt que de se laisser dominer par lui, l'aller chercher au plus profond de son cœur, et l'y étouffer impitoyablement de ses deux mains!...

(Mazarin apparaît dans la grotte, et écoute.)

LE ROI.

Et qui vous dit, Marie, que, si le roi était sûr de cet amour, il lui importerait en quelque chose que la femme qui le lui apporte ne fût pas une princesse, une fille de roi, une sœur de reine? Est-il absolument nécessaire, pour maintenir la grandeur d'un État, pour sauvegarder la dignité de la couronne, que le cœur se sacrifie éternellement aux exigences de la politique? Qu'importe à la prospérité de la France que j'épouse quelque pauvre princesse de Savoie, de Portugal, d'Allemagne, ou la femme que j'aime? que je sois malheureux dans ma majesté ou heureux dans mon amour?... Écoutez bien ceci, Marie. Je suis roi, résolument décidé à dire, à quiconque tentera désormais d'entraver mes desseins, ce que j'ai dit ce matin au parlement : « Je veux! » Je suis roi, dis-je, et ministre, mère, France, Europe, plieront devant ma volonté immuable et souveraine!... Oh! que l'on m'aime, que l'on m'aime seulement! que je sente que cet amour est puissant, profond, éternel; que la femme qui m'aimera d'un amour égal au mien soit pure, jeune, belle; que cette femme soit comme vous, enfin, Marie, et je dirai à cette femme : « Voilà mon cœur! » et je dirai à la France : « Voilà votre reine! »

MARIE.

Oh! sire! sire! si l'on croyait à une pareille promesse, ce serait à rendre folle la femme qui vous aimerait? Mais non, non! Madame de Fontenac vous a aimé!

LE ROI.

Elle avait un mari!

MARIE.

Ma sœur Olympe vous a aimé!

LE ROI.

J'étais un enfant!

MARIE.

Mademoiselle de la Motte vous a aimé!

LE ROI.

Je ne l'aimais pas!

MARIE.

Mais moi, mais moi, sire... Oh! mon Dieu! mon Dieu!

LE ROI.

Vous, Marie! vous, c'est autre chose! (Éclat de tonnerre.) Vous, je vous aime!

(Il tombe à genoux.)

MARIE, avec joie, et comme éblouie.

Ah!... (Revenant à elle, et regardant vers le fond.) Sire, au nom du ciel, relevez-vous! taisez-vous! on nous regarde, on nous écoute, on nous entend!

LE ROI.

Eh! qu'importe! prenez mon bras, Marie, et relevez la tête!

SCÈNE X

LE ROI, MARIE, LE DUC D'ANJOU, MAZARIN, caché; TOUTE LA CHASSE.

LE ROI, aux Chasseurs.

Messieurs, nous pouvons regagner les voitures : je crois que l'orage est fini, et que le tonnerre est tombé.

D'ANJOU, à demi-voix.

Oui, frère, aux pieds de Marie de Mancini, et, en tombant, il lui a dit : « Je vous aime! »

MAZARIN, *sortant le corps hors de la grotte, et suivant des yeux le Roi et Marie de Mancini.*

Allons, ze crois que mon million, il me rapportera plous que le denier dix !

ACTE TROISIÈME

L'appartement de Mazarin. — Au fond, la chambre du Cardinal; sur le devant, un premier salon percé de trois portes et d'une fenêtre.

SCÈNE PREMIÈRE

MAZARIN, GUÉNAUD.

MAZARIN, *venant de la chambre du fond, appuyé au bras de Guénaud.*

Vous entendez, Guénaud ? partez à l'instant même ! Monsou le Prince il est fort malade : guérissez-le, Guénaud... pas trop vite ! les guérisons trop rapides, elles ne sont pas soûres. Vous avez conzé pour oun mois, pour doux mois même... Comprenez-vous, Guénaud ?

GUÉNAUD.

Parfaitement, monseigneur.

MAZARIN.

Et z'aurai des nouvelles de monsou le Prince ?...

GUÉNAUD.

Autant que vous en voudrez.

MAZARIN.

Z'en voux tous les zours, Guénaud.

GUÉNAUD.

Mais vous, pendant ce temps, monseigneur ?...

MAZARIN.

Ne vous inquiétez pas de moi, mon cer Guénaud ! ze ne me souis zamais si bien porté ; allez, Guénaud ! allez, mon ami !

(Guénaud s'incline et sort.)

SCÈNE II

MAZARIN, seul.

Bon! Pendant les doux mois que durera la convalescence de monsou le Prince, z'aurai le temps de recevoir des nouvelles d'Espagne, et, selon ce que Diou décidera là-bas, nous aviserons ici.

SCÈNE III

MAZARIN, BERNOUIN.

BERNOUIN.

Monseigneur...

MAZARIN.

C'est toi, Bernouin?

BERNOUIN.

Oui, monseigneur. (Bas.) M. Guitaut est là.

MAZARIN.

Ah! ce bon Guitaut! fais-le entrer, Bernouin. Tou sais que z'y souis touzours pour loui.

SCÈNE IV

LES MÊMES, GUITAUT.

MAZARIN.

Bonzour, mon cer Guitaut! bonzour, mon bon ami!

GUITAUT.

Bonjour, monseigneur. Votre Éminence m'a fait demander?

MAZARIN.

Oui, z'ai plousiours çoses à vous dire.

GUITAUT.

Dites, monseigneur.

MAZARIN.

La première, c'est que vous ne me parlez pas assez souvent de votre neveu Cominzes.

GUITAUT.

Mon neveu Cominges est toujours bien votre serviteur, et celui de la reine, monseigneur... Qui faut-il arrêter?

MAZARIN, faisant semblant de ne pas entendre.

Vous recevez toujours de ses nouvelles, n'est-ce pas?

GUITAUT.

Par chaque courrier venant de Portugal, oui, monseigneur... Voyons, est-ce un robin, un homme d'Église ou un gentilhomme?

MAZARIN, sans répondre.

Ze croyais qu'il était question de quelque çose comme d'oun mariaze entre loui et votre çarmante fille. Vous savez, mon cer Guitaud, que, dans le cas où ce mariaze aurait liou, le roi donnerait cent mille écous, et signerait au contrat?

GUITAUT.

Cela ferait bien, monseigneur; car, jusqu'ici, nous avons reçu plus de coups que de pistoles au service de la royauté... Où est l'ordre?

MAZARIN.

Tu crois donc qu'il s'agit d'arrêter quelqu'oun, mon cer Guitaut?

GUITAUT.

Pardieu! quand on fait venir le capitaine des gardes, quand on lui promet pour sa fille cent mille écus... (à part) qu'on ne lui donnera pas... (haut) c'est qu'on a besoin du capitaine des gardes.

MAZARIN.

Eh bien, oui, z'ai besoin de toi, Guitaut; ma tou te trompes : ce n'est point pour arrêter quelqu'oun.

GUITAUT.

Oh! oh! Et pour quoi donc faire?

MAZARIN.

C'est pour prévenir oun étranzer qui se cace à l'hôtel dou *Paon couronné* que ze sais qu'il est là.

GUITAUT.

Bien! vous savez qu'il est là... Et vous désirez...?

MAZARIN.

Ze désire qu'il quitte l'hôtel.

GUITAUT.

Et peut-il loger dans quelque autre endroit à Vincennes, monseigneur?

MAZARIN.

C'est que ze voudrais qu'il quittât, non-soulement l'hôtel, mais Vincennes aussi... si cela ne loui était pas trop désagréable.

GUITAUT.
Bon ! et qu'il retournât à Paris, alors ?
MAZARIN.
Heu ! Paris est bien près de Vincennes, Guitaut, et ze voudrais qu'il quittât aussi Paris... si cela ne loui faisait pas trop de peine.
GUITAUT.
En quel endroit de la France lui sera-t-il permis de demeurer ?
MAZARIN.
Ah ! ze voudrais bien qu'il quittât aussi la France... si cela ne lui causait pas trop de déplaisir.
GUITAUT.
C'est-à-dire que vous l'exilez ?
MAZARIN.
Eh ! mon Diou, non ; ze le renvoie d'où il vient, voilà tout.
GUITAUT.
Et s'il refuse ?
MAZARIN.
S'il refouse ?
GUITAUT.
Oui.
MAZARIN.
Alors, tou comprends, Guitaud, ce serait différent : il faudrait employer la force... ma touzours avec les plous grands égards.
GUITAUT.
Ah çà ! mais c'est donc un grand seigneur ?
MAZARIN.
Oun très-grand seigneur, Guitaud !
GUITAUT.
Plus grand que M. de Longueville ?
MAZARIN.
Plous grand !
GUITAUT.
Plus grand que M. de Condé ?
MAZARIN.
Plous grand encore !
GUITAUT.
Plus grand que M. de Beaufort ?

MAZARIN.

Touzours plous grand!

GUITAUT.

Mais c'est donc un roi, alors?

MAZARIN.

C'est oun roi, et ce n'est pas oun roi, tou comprends, Guitaut?

GUITAUT.

Non, je ne comprends pas.

MAZARIN.

A ton avis, Guitaut, est-ce *le fait* ou *le droit* qui donne la royauté?

GUITAUT.

C'est le *droit*, monseigneur.

MAZARIN.

Eh bien, moi, ze ne souis pas tout à fait de ton avis. Ainsi, monsou Riçard Cromwell, à mes youx, il est le véritable souverain de l'Angleterre, zousqu'à ce que monsou Monk en décide autrement.

GUITAUT.

Alors, monseigneur, c'est du roi Charles II qu'il s'agit?

MAZARIN.

Zoustement! Tou vois donc, Guitaut, que ze ne pouvais pas te recommander trop de prévenances, d'égards, de politesses; car, enfin, le roi Çarles II est le petit-fils d'Henri IV! le nevou de la reine Anne d'Autrice! le cousin dou roi!... Aussi, tou le feras monter dans oune bonne voiture attelée d'essellents cevaux; tou y monteras après loui; tou t'assoiras à son té... à sa gauce, entends-tou, Guitaut? il ne faut pas manquer à l'étiquette avec oune Mazesté!... et tou placeras doux officiers bons zentilshommes, les plous aimables que tou pourras trouver, sour la banquette de devant. Et, ainsi, tou le condouiras à la frontière de Hollande, Guitaud.

GUITAUT.

Mais la reine? mais le roi?

MAZARIN.

Inoutile de leur rien dire, Guitaud: cela lour ferait de la peine.

GUITAUT.

Vous savez ce que l'on dit du roi?

MAZARIN.

Non.

GUITAUT.

Impossible?

MAZARIN.

Ze ne souis pas courieux.

GUITAUT.

Eh bien, on dit du roi que, si fin que vous soyez, monseigneur, vous ne sauriez plus lui rien cacher de ce que vous faites...

MAZARIN.

Et tou crois cela, Guitaut? Oh!

GUITAUT.

Qu'il a un agent secret, grâce auquel il n'existe plus de mystères pour lui !

MAZARIN.

Propos de cour, Guitaut !

GUITAUT.

Je vous les donne pour ce qu'ils valent, monseigneur. Il m'est prouvé que vous êtes ministre; il ne m'est pas prouvé que le roi soit roi; l'ordre me vient de vous; j'exécuterai l'ordre. Où est-il ?

MAZARIN.

Le voici par écrit, Guitaut. Ma avec toute sorte d'égards, tou entends, Guitaut?

GUITAUT.

Oui, monseigneur.

MAZARIN.

La gauce, Guitaut! la gauce! et touzours: « Mazesté ! »

GUITAUT.

Soyez tranquille.

MAZARIN.

Va, mon ami ! va !

(Guitaud sort par la porte opposée à celle par laquelle est sorti Guénaud.)

SCÈNE V

MAZARIN, seul.

Ce cer Guitaut! Voilà oun fidèle servitour ! ne discoutant zamais, touzours prêt à essécouter ! Ah! les Guitaut se perdent! Bonne race pourtant, bonne race! Ma si ce diable de brouit il allait se répandre, que le roi sait tous les secrets de la cour... Eh! eh!...

SCÈNE VI

MAZARIN, MARIE.

MARIE, de la porte.

Peut-on entrer, mon cher oncle?

MAZARIN.

Ze crois bien! oun rayon de soleil après le nouaze!... Entre, ma petite Marie! entre!

MARIE.

Oh! comme vous êtes bon pour moi, ce soir, mon cher oncle!

MAZARIN.

Sais-tou oune çose, Marie? c'est que, de toutes mes nièces, — et, Diou merci! ze n'en manque pas! — c'est que, de toutes mes nièces, tou es celle que z'aime le mioux.

MARIE.

Vraiment, mon oncle?... Mais pourquoi m'avoir caché ce secret-là pendant dix-sept ans?

MAZARIN.

Ze ne voulais pas faire de zalouses.

MARIE.

Eh bien, mon oncle, moi, je devinais cette tendresse, si bien cachée qu'elle fût, et je vous aimais, de mon côté, comme si vous m'eussiez fait part de la préférence.

MAZARIN.

Et pouis ze ne voulais pas te donner trop d'orgouil, en te laissant voir tout le bien que ze pensais de toi. Vois-tou, petite, l'orgouil il est oun pécé mortel! aussi ze me disais touzours en regardant tes sours grandir, flourir : « Faites les coquettes; c'est ma petite Marie qui sera l'honnour et la gloire de la maison! »

MARIE.

Et vous croyez que l'heure de la prédiction est arrivée, mon oncle?

MAZARIN.

Ze crois qu'elle approce! Ce matin encore, ze parlais de

toi avec Bernouin, et ze loui disais : « Les autres, elles ont épousé des comtes, des douques, des princes dou sang, et ze ne serai content que quand ze l'aurai mariée à oun roi. »

MARIE.

A un roi?

MAZARIN.

Oui... Ze ne sais pas auquel encore ; ma ze ne serai content, ze te le répète, que quand ze t'aurai mariée à oun roi.

MARIE.

Savez-vous que votre prévention en ma faveur vous rend bien ambitieux, mon oncle?

MAZARIN.

Pourquoi? N'es-tou pas belle comme oune princesse royale? et, s'il y avait autour de ce cou-là oun collier de diamants, à ces oreilles-là des pendeloques de diamants, et sour ce front-là oun diadème de diamants, n'aurais-tou pas bien autrement l'air d'oune reine que cette petite perrouce de Savoie que l'on vout faire épouser au roi Louis XIV?

MARIE.

Oui, mon oncle, s'il y avait!... Mais à ce cou, à ces oreilles, à ce front, il n'y a que les simples grâces dont la nature les a parés ; grâces que mon oncle, dans sa prévention en ma faveur, a toujours trouvées suffisantes.

MAZARIN.

Eh bien, mademoiselle de Mancini, ze vais vous prouver, moi, que vous êtes oune ingrate... (Appelant.) Bernouin! Bernouin!

BERNOUIN, paraissant.

Monseigneur!

MAZARIN,

Donne-moi la petite cassette que ze t'ai çarzé d'apporter de Paris, et que ze destinais... A qui la destinais-ze, Bernouin?

BERNOUIN.

A mademoiselle Marie de Mancini.

MAZARIN.

Va, Bernouin! va! (Bernouin sort.) La! tou vois, ze ne le loui fais pas dire. Ce cer Bernouin! il trahit ma faiblesse, ma c'est à oune bonne intention.

BERNOUIN, entrant avec la cassette.

Voici, monseigneur.

MAZARIN, la tenant dans ses mains.

Tou sais, ma petite Marie, z'ai touzours aimé les pierres préciouses, ma particoulièrement ze préfère le diamant; c'est la pierre la plous cère et la plous rare, la soule où il y ait véritablement oun rayon de soleil. (Il tire les diamants de la cassette.) Ces diamants, c'est mon soleil, à moi, pauvre forçat de la politique qui, depouis seize ans, traîne à ma zambe oun royaume pour boulet! Ces diamants, souvent, le soir, quand la zournée a été roude, ou, le matin, quand la nouit elle a été mauvaise, eh bien, ze me les fais apporter dans mon lit; ze les éparpille sour la courte-pointe de velours; ze les regarde, ze les frotte, ze les brosse, et ils me rézouissent la voue et le cour!... Eh bien, ces diamants, çaque fois que ze les vois, ze me dis : « Ces diamants-là, ils seront, un zour, pour ma petite Marie! »

MARIE.

Vraiment, mon oncle, vous vous dites cela?

MAZARIN.

Oui, et tou les aurais dézà, si cela ne me faisait pas tant de peine de m'en séparer.

MARIE.

Ce qui veut dire que vous aimez encore mieux vos diamants que moi?

MAZARIN.

Oh!

MARIE.

Voyons, avouez-le.

MAZARIN.

Ma non, pouisque, auzourd'houi, pour que tou sois plous belle que cette petite Savoyarde qui nous arrive de Tourin, de Çambéry, ze ne sais d'où! pouisque, auzourd'houi... Ma tou me promets d'être plous belle qu'elle, n'est-ce pas?

MARIE.

Oh! je vous jure, mon oncle, que j'y ferai mon possible, et que, si je n'y réussis point, il n'y aura pas de ma faute.

MAZARIN.

Eh bien, ces diamants, que ze n'ai zamais confiés qu'à Bernouin, auzourd'houi... ces diamants, qui valent cent mille écous, pour que tou te fasses belle, plous belle que la princesse Marguerite... eh bien, ze... auzourd'houi, ze... ze te les... Ma petite Marie, auzourd'houi... aies-en bien soin sourtout!... ze te les prête !

(Il sort.)

SCÈNE VII

MARIE, BERNOUIN.

MARIE, riant.

Oh! il me les prête!... Mon oncle fait l'effort suprême de me prêter ses diamants, entends-tu, Bernouin? Cela m'étonnait aussi qu'il me les donnât!

BERNOUIN.

Prenez-les toujours, mademoiselle, et ne vous inquiétez pas du reste.

MARIE.

Mais tu as entendu, Bernouin? Il a dit : « Je te les prête. »

BERNOUIN.

Mademoiselle, il y a trente ans que je suis près de Son Éminence le cardinal Mazarin, et, depuis trente ans, je ne lui ai entendu dire que trois fois : *Je vous prête*, et une fois : *Je vous donne*, et encore, cette fois-là, c'était le bonsoir qu'il donnait à la présidente Tubœuf, qui venait lui apporter dix mille écus que son mari avait perdus la veille en jouant contre lui... Je vous dirai donc comme M. le cardinal : Faites-vous belle, mademoiselle! faites-vous belle !

(Il sort.)

SCÈNE VIII

MARIE, seule.

Oh! oui, oui, je comprends ce que vous voulez dire, mon oncle, et ce que dit, d'après vous, votre fidèle Bernouin. Vous n'étiez pas si bien caché, que je ne vous aie aperçu, pendant l'orage, dans cette grotte de la forêt de Vincennes ! Vous avez vu le roi à mes pieds, et voilà que votre ambition l'emporte sur votre avarice... Quand le roi ne faisait pas attention à moi, je vous étais indifférente; le roi me regarde : je suis jolie! le roi m'aime : vous m'adorez!... Oh! vous avez raison, mon oncle, et c'est moi qui avais tort d'écouter un simple gentilhomme comme M. de Guiche. Mais qui pouvait se douter que le roi de France, que Louis XIV ferait attention à moi ? à moi qui dans mon isolement me trouvais trop heureuse d'être aimée du plus beau gentilhomme de la cour !... Oui... mais, en attendant, imprudente que j'ai été !... Oh ! mais, quand je ferai un appel à sa délicatesse, quand il saura qu'il s'agit, non pas d'être la maîtresse du roi, mais d'être reine de France, il s'écartera de mon chemin, il s'éloignera de la cour... « Faites-vous belle ! faites-vous belle ! » Eh bien, puisque tout le monde le veut, essayons. (Elle s'assied sur un tabouret au milieu du théâtre, et ouvre la cassette.) Oh ! les magnifiques diamants !

SCÈNE IX

MARIE, LE DUC D'ANJOU.

D'ANJOU, qui est entré, qui s'est approché sur la pointe du pied, et qui regarde par-dessus l'épaule de Marie.

Oh ! les magnifiques diamants !

MARIE, se retournant.

Hein !

D'ANJOU.

N'ayez pas peur : c'est la nymphe Écho !

MARIE.

Oh ! mais regardez donc, monseigneur ! regardez donc !

D'ANJOU.

Je vois bien ! Mais qui vous a donné tout cela ?

MARIE.

Mon oncle !

D'ANJOU.

Quel oncle ?... Vous avez donc deux oncles ?

MARIE.

Mon oncle Mazarin !

D'ANJOU.

Ce n'est pas vrai.

MARIE, riant.

Oh ! oh ! un démenti, monseigneur !

D'ANJOU.

Mais vous savez bien vous-même que ce n'est pas possible !

MARIE.

Cela est pourtant ainsi.

D'ANJOU.

Oh! n'importe! de quelque part qu'ils viennent, montrez-les-moi, chère Marie!

MARIE.

Je fais mieux que de vous dire : *Voyez!* monseigneur ; je vous dis : *Prenez!*

D'ANJOU.

En vérité, vous offrez cela comme des bonbons de baptême.

MARIE.

Pourquoi pas, puisque je suis marraine?

D'ANJOU.

Marraine de qui?

MARIE.

De la générosité de M. de Mazarin, qui vient de naître au monde après cinquante ans de grossesse... Le père est malade, mais l'enfant se porte bien.

D'ANJOU.

Ah! j'y suis!

MARIE.

Quoi?

D'ANJOU.

L'agent secret de mon frère lui aura dit que M. de Mazarin avait des millions plein ses caves, et notre cer cardinal, qui craint qu'on ne les lui reprenne, fait la part du feu.

MARIE.

Que ce soit cette raison-là ou une autre, peu importe! nous tenons la cassette, c'est le principal.

D'ANJOU.

Oh! mais regardez donc! comme voilà un fil de diamant qui ferait une jolie ganse de chapeau !

MARIE.

Voyez donc cette rivière! Quel admirable collier!

D'ANJOU.

Et cette agrafe de manteau !

MARIE.

Et ces boucles d'oreilles !

D'ANJOU.

Et ces boutons de manchettes !

MARIE.

Et ce diadème de brillants !

D'ANJOU.

Mais regardez donc, Marie !

MARIE.

Mais voyez donc, prince !

(Chacun d'eux fouille dans la cassette, et en tire quelque chose en poussant des cris de joie.)

SCÈNE X

LES MÊMES, LE ROI.

LE ROI, apparaissant sur la porte, et les voyant tous deux resplendissants de bijoux.

Ah çà ! mais on a donc pillé le trésor de la couronne, ici ?

MARIE.

Ah ! le roi !

(Elle prend la cassette, et se sauve.)

LE ROI.

Marie ! Marie !

D'ANJOU.

La cassette ! la cassette !

SCÈNE XI

LE ROI, LE DUC D'ANJOU.

LE ROI.

Elle se sauve ! elle me fuit ! Comprends-tu cela, d'Anjou ?

D'ANJOU.

Je crois bien ! tu arrives à l'improviste, sans te faire annoncer, avant que le soleil ait eu le temps d'allumer tous ses rayons : le soleil se cache ! Oh ! mais sois tranquille, il ne tardera pas à reparaître, va ! et plus resplendissant que jamais !

LE ROI.

Et que faisiez-vous donc là tous deux ?

D'ANJOU.

Nous égrenions les diamants de M. de Mazarin.

LE ROI.

Je ne comprends pas.

D'ANJOU.

Je crois bien que tu ne comprends pas! Écoute, Louis, et attends-toi à une nouvelle incroyable, inouïe, exorbitante! M. de Mazarin est devenu généreux!

LE ROI.

Menteur!

D'ANJOU.

M. de Mazarin vient de donner à Marie pour cent mille écus de diamants!

LE ROI.

Ils étaient faux, alors.

D'ANJOU.

Tiens, regarde, en voici... J'ai dit comme toi, d'abord; j'ai crié: « Cela n'est pas vrai! cela est impossible! » Mais, depuis, j'ai découvert le secret. Frère, nous nous étions trompés: M. de Mazarin est un prodige, et cela ne m'étonnerait pas qu'il profitât de ce que je suis chez lui pour me faire quelque magnifique cadeau... Eh! justement, voici Bernouin.

SCÈNE XII

Les Mêmes, BERNOUIN.

BERNOUIN.

Le roi!

LE ROI.

Entre, Bernouin! entre!

BERNOUIN.

Le roi m'excusera, mais je venais pour M. le duc d'Anjou.

D'ANJOU.

Vois-tu!... Qu'est-ce, Bernouin?

BERNOUIN.

Son Éminence, ayant appris par mademoiselle Marie de Mancini que monseigneur était ici, prie Son Altesse d'accepter, comme argent de poche, et pour figurer ce soir à son jeu, les trois mille pistoles que voici.

D'ANJOU.

Où cela, Bernouin?

BERNOUIN.

Dans cette bourse, monseigneur.

D'ANJOU.

Eh bien, quand je te disais, frère! — Donne, Bernouin, donne! (Il vide la bourse dans le fond de son chapeau.) Comment, c'est pour moi, tout cet or-là?

BERNOUIN.

Oui, monseigneur.

D'ANJOU, donnant une poignée d'or à Bernouin.

Tiens, Bernouin, voici pour toi. En veux-tu, Louis?

BERNOUIN.

Je remercie monseigneur.

D'ANJOU, au Roi.

Oh! prends, prends, ne te gêne pas; quand je serai riche, moi, ce sera pour donner.

BERNOUIN.

Il est inutile que monseigneur se prive en faveur du roi son frère. J'étais chargé par Son Éminence de passer chez le roi, et de lui remettre ce portefeuille, qui contient un million.

LE ROI.

Merci, Bernouin.

D'ANJOU.

Des diamants à Marie! à moi trois mille pistoles! à toi un million! tout cela venant du cardinal! (Appelant.) Guénaud! Guénaud!

BERNOUIN.

Que faites-vous, monseigneur?

D'ANJOU.

J'appelle le médecin. Oh! quel malheur, Bernouin! M. le cardinal est fou!... Guénaud! Guénaud!

(Il sort en gambadant, en faisant sonner son or, et en appelant Guénaud.)

SCÉNE XIII

Les Mêmes, GEORGETTE, à la fenêtre.

GEORGETTE, de l'extérieur.

Qu'est-ce qui appelle M. Guénaud? est-ce vous, sire?

LE ROI.

Non, ce n'est pas moi, Georgette.

BERNOUIN.
Le roi n'a pas d'ordres à me donner ?
LE ROI.
Dites à Son Éminence que je la remercie, et que tout à l'heure, au jeu, je la remercierai de nouveau.

(Bernouin s'incline et sort.)

SCÈNE XIV

LE ROI, GEORGETTE.

GEORGETTE.
Ah ! c'est que M. Guénaud, voyez-vous, sire, vous auriez eu beau l'appeler, il ne serait pas venu
LE ROI.
Et pourquoi cela ?
GEORGETTE.
Parce qu'il n'est plus ici.
LE ROI.
Bah ?
GEORGETTE.
Non, il est parti pour un grand, grand, grand voyage !
LE ROI.
Et où va-il donc ?
GEORGETTE.
Il va à Bruxelles en Brabant, soigner M. de Condé, qui est malade.
LE ROI.
M. de Condé qui est malade ? Et qui t'a dit cela, Georgette ? Viens donc me conter cela, viens !

(Il l'aide à passer par la fenêtre.)

GEORGETTE.
Personne ne me l'a dit ; mais je l'ai entendu. Le cheval de M. Guénaud était attaché à la grille du parc, et je lui faisais manger une poignée d'herbe verte, quand j'ai vu venir M. Guénaud et M. Molière ; ils causaient ensemble avec beaucoup de chaleur. M. Molière disait : « Mais le roi ne permet donc pas que M. de Condé rentre en France ? » M. Guénaud répondait : « Bon ! le roi, qui sait tout, à ce qu'on dit, ne sait seulement pas que M. de Condé a fait sa soumission ! — Mais

pourquoi M. de Condé ne s'est-il pas directement adressé au roi, au lieu de s'adresser à M. de Mazarin? disait M. Molière. Le roi est un grand cœur, tandis que M. de Mazarin n'est qu'un cuistre... — Oh! répondait M. Guénaud, parce que M. de Condé sait que le roi ne se mêle pas des affaires d'État; il a bien assez de se mêler de ses affaires d'amour! — Oh! si j'osais! reprenait M. Molière, je lui en parlerais bien, moi! et je suis sûr que, si je lui disais là-dessus tout ce que j'ai à lui dire, le roi, au lieu de se fâcher contre moi, me saurait gré de ma franchise... » C'est alors qu'ils ont dit que M. de Condé était dans une ville que l'on appelle Bruxelles en Brabant, et M. Guénaud a ajouté que c'était là qu'il allait ; qu'il fallait que la convalescence de M. de Condé durât deux mois, *et cœtera! et cœtera!*

LE ROI.

Georgette, je te promets que je ne quitterai pas Vincennes sans t'avoir trouvé un mari et donné une dot.

GEORGETTE.

Pour quoi faire?

LE ROI.

Pour quoi faire, une dot!

GEORGETTE.

Non, mais un mari?

LE ROI.

Mais pour te marier, il me semble.

GEORGETTE.

Merci, sire.

LE ROI.

Comment, merci?

GEORGETTE.

Je ne veux pas me marier, moi.

LE ROI.

Tu ne veux pas te marier?

GEORGETTE.

Non.

LE ROI.

Que veux-tu donc faire?

GEORGETTE.

Je veux être comédienne.

LE ROI.

Comédienne? Eh! bon Dieu! comment donc une pareille idée t'est-elle venue, Georgette?

GEORGETTE.

Oh! bien naturellement, sire. Mon père m'a conduite deux fois au théâtre, une fois à l'hôtel de Bourgogne, et une fois à la Comédie-Italienne : cela m'en a donné la folie.

LE ROI.

Ah! voilà la source de ta perte! Et tu crois que tu vas jouer la comédie comme cela, tout de suite, du premier coup?

GEORGETTE.

Oh! ce n'est pas bien difficile, de jouer la comédie! Je ferai comme j'ai vu faire. A l'hôtel de Bourgogne, il y avait une dame qui portait des plumes sur la tête, un grand manteau de velours brodé d'or, avec une robe de brocart qui se tenait toute seule; elle faisait de grands bras et elle disait :

> Enfin, lâche empereur! j'aperçois ta faiblesse
> A travers l'épaisseur de toute ta sagesse
> Et du déguisement dont fait ta vanité
> Un précieux prétexte à ta timidité!
> Quoi! tyran, tu pâlis? ton bras en l'air s'arrête,
> Lorsque, d'un front sans peur, je t'apporte ma tête?
> Prends garde, mon bourreau, de ne te point troubler :
> Tu manqueras ton coup, car je te fais trembler!
> Que d'un sang bien plus chaud, et d'un bras bien plus ferme,
> De tes derniers soleils j'accourcirais le terme!
> Avec combien de joie et combien de vigueur
> Je te ferais descendre un poignard dans le cœur!
> En tout cas, si je tombe en deçà de l'ouvrage,
> Je laisse encore un fils héritier de ma rage,
> Qui fera, pour venger les maux que j'ai soufferts,
> Rejaillir jusqu'à moi ton sang dans les enfers!

LE ROI.

Oh! oh!... mais je connais cela ; on jouait l'*Agrippine* de M. Cyrano de Bergerac.

GEORGETTE.

Au Théâtre-Italien, c'était autre chose. Il y avait une suivante alerte et avisée, qui disait de la façon la plus comique du monde :

Je ne veux point ouïr les discours d'amoureux :
Ils sont, en bonne foi, malins et dangereux.
Je pêche assez, d'ailleurs, sans pécher par l'oreille.
A propos de pêcher, votre vide-bouteille,
Votre grand fainéant, votre chien de valet,
Enfin, ce mal-bâti, ce maudit Jodelet,
Depuis deux ou trois jours, m'a prise pour une autre.
Je l'aurais bien frotté, si ce n'est qu'il est vôtre !
Il me trouve à son gré; tout ce que j'ai lui plaît.
Mais me plaît-il aussi, le maussade qu'il est ?
Il m'en faut bien un autre, et d'une autre fabrique !
C'est un beau marmouset ! c'est un bel as de pique !
Il pense, quand la nuit, il a guitarisé,
Que j'en ai, tout le jour, le cœur martyrisé :
A la fin, il verra, si vous n'y donnez ordre,
Que j'égratigne bien, et que je sais bien mordre!...

LE ROI.

Bravo, bravo, Georgette !

GEORGETTE.

Bon ! voilà que le roi m'a applaudie comme on applaudissait ces dames.

LE ROI.

Et cela te fait plaisir ?

GEORGETTE.

Je crois bien ! parce que, si jamais vous êtes roi...

LE ROI.

Comment, si jamais je suis roi ? J'espère bien que je le suis !

GEORGETTE.

Non, je veux dire : si jamais vous le devenez, je vous demande votre protection.

LE ROI.

Tu l'as.

(Le grand maître des cérémonies, M. de Montglat, paraît au fond.)

GEORGETTE.

Vous me feriez recevoir comédienne dans un théâtre ?

LE ROI.

Je te le promets. Mais attends, n'est-ce pas M. Molière qui passe là-bas ?

GEORGETTE.

Oui.

LE ROI.
Eh bien, cours après lui, Georgette, et envoie-le ici.
GEORGETTE.
Tout de suite, sire! (Elle sort en courant.) Oh! je serai comédienne! je serai comédienne! le roi me l'a promis.

SCÈNE XV

LE ROI, MONTGLAT.

LE ROI, se retournant.
Ah! c'est vous, monsieur le grand maître des cérémonies?
MONTGLAT.
Sire, si j'eusse su que Votre Majesté désirait entretenir M. Molière, je l'eusse fait prévenir, afin qu'il pût se présenter à l'audience du roi avec le cérémonial d'usage.
LE ROI.
Mais, mon cher marquis, vous savez bien que les Poquelin sont tapissiers de la couronne et valets de chambre du roi de père en fils; à ce double titre, ils ont leurs petites et leurs grandes entrées.
MONTGLAT.
C'est vrai : domesticité du château. Excusez-moi, sire!
LE ROI.
Vous veniez prendre les ordres pour le jeu de M. de Mazarin?...
MONTGLAT.
Je prie le roi de m'excuser. Les ordres sont pris. Non, je cherchais le roi.
LE ROI.
Vous me cherchiez, marquis? Eh bien, me voici.
MONTGLAT.
Je voulais demander à Votre Majesté si elle avait besoin de deux chambres, ou si elle désirait un appartement tout entier.
LE ROI.
Pour qui?
MONTGLAT.
Pour le nouveau dignitaire.
LE ROI.
Quel dignitaire, marquis?

MONTGLAT.

L'agent secret de Sa Majesté.

LE ROI.

Ah! oui!... Mais je n'ai demandé ni chambres ni appartement.

MONTGLAT.

Mon devoir est non-seulement d'obéir aux ordres du roi, mais encore d'aller au-devant de ses désirs.

LE ROI.

Merci de l'intention, mon cher marquis; mais la personne dont vous parlez ne logera point au château.

MONTGLAT.

Ah! elle ne logera point au château?

LE ROI.

Non.

MONTGLAT.

Et, lorsqu'elle se présentera pour voir le roi, sous quel titre faudra-t-il l'annoncer?

LE ROI.

Elle n'a pas de titres, mon cher marquis.

MONTGLAT.

Il ne me reste donc qu'à savoir, sire, si elle entrera par les grandes portes, ou par les couloirs.

LE ROI.

Elle entrera par où elle voudra, marquis; elle a les clefs de mon appartement.

MONTGLAT.

Les clefs de l'appartement du roi?

LE ROI.

Mais oui. Vous comprenez bien, mon cher? Du moment que cet agent logerait au château, du moment qu'il aurait un titre, du moment qu'il serait forcé de vous attendre pour être introduit par vous, ce ne serait plus un agent secret.

MONTGLAT.

C'est juste. Mais je dois dire au roi que ce qu'il fait est en dehors de tous les usages reçus, et qu'il n'y a pas d'exemple dans l'étiquette de la cour...

LE ROI.

Bon! Eh bien, mon cher monsieur de Montglat, j'aurai donné l'exemple de l'étiquette au lieu de le suivre. En attendant, ayez l'obligeance de vous procurer un passe-partout qui ouvre les portes extérieures du château.

MONTGLAT.

Lesquelles ?

LE ROI,

Toutes sans distinction.

MONTGLAT.

Dans une heure, le roi aura ce qu'il désire.

(Molière entre.)

LE ROI.

Merci, marquis. Maintenant, voici M. Molière ; j'ai quelques ordres à lui donner, veuillez me laisser seul avec lui, marquis.

MONTGLAT.

Je me retire. (Bas:) C'est sans doute M. Molière qui est chargé de meubler l'appartement de l'agent secret. Je suivrai M. Molière, et je saurai du moins où demeure le personnage...

(Il sort.)

SCÈNE XVI

LE ROI, MOLIÈRE.

MOLIÈRE.

Le roi me fait la faveur de me demander ?

LE ROI.

Qui vous dit que c'est une faveur, monsieur, et que je ne vous appelle pas, au contraire, pour me plaindre de vous ?

MOLIÈRE.

Ce serait encore une faveur, sire, puisque votre présence royale permettrait à l'accusé de se justifier de vive voix. Mais je suis si sûr de mon amour et de mon dévouement pour Votre Majesté, que je me présente hardiment devant elle, et avec cette certitude, qu'il est impossible que je l'aie offensée.

LE ROI.

Monsieur Molière, vous protégez M. de Condé, à ce qu'il paraît ?

MOLIÈRE.

Oh ! sire, le premier prince du sang après M. le duc d'Anjou, protégé par Mascarille !

LE ROI.

Vous le protégez, monsieur, puisque, aujourd'hui même, vous disiez à Guénaud partant pour Bruxelles que, si vous l'osiez, vous me parleriez directement, à moi, du désir de M. le Prince de rentrer en France.

MOLIÈRE.

Permettez-moi de féliciter Votre Majesté sur la fidélité des rapports qui lui sont faits. (Souriant.) Il paraît que son agent est en campagne.

LE ROI.

Oui, monsieur, et, malgré la fidélité de ses rapports, j'ai douté un instant du sien à votre endroit.

MOLIÈRE.

Pourquoi, sire? Votre Majesté m'a demandé un moyen de savoir la vérité ; je lui en ai indiqué un. Si le roi ne savait pas la vérité, mon moyen serait mauvais.

LE ROI.

Oui ; mais je croyais qu'en votre qualité de poëte et de comédien, vous abandonniez la politique à ceux qui ont le malheur d'être obligés d'en faire, et que vous ne vous occupiez que de théâtre.

MOLIÈRE.

Eh ! justement, sire ! Le roi sait que la Fronde est une comédie à travestissements, une pièce de cape et d'épée, une intrigue à l'espagnole : en ma qualité de comédien, j'ai pris un rôle dans cette comédie, voilà tout.

LE ROI.

Oui ; mais, par bonheur, la comédie touche à son dénoûment... Voyons, monsieur Molière, à votre avis, quel doit être ce dénoûment ? Vous ne récuserez pas votre compétence en pareille matière, je présume.

MOLIÈRE.

Du moment que le roi avoue lui-même que la Fronde est une comédie, le dénoûment en doit être heureux.

LE ROI.

Ainsi, à votre avis, M. de Condé ?...

MOLIÈRE.

Que le roi réfléchisse qu'il daigne me demander mon avis.

LE ROI.

Je vous le demande, monsieur Molière.

MOLIÈRE.

Eh bien, sire, à mon avis, M. de Condé devrait rentrer en France sans qu'il le demandât; à plus forte raison lorsqu'il le demande.

LE ROI.

Et que ferait M. de Condé en France?

MOLIÈRE.

Ce qu'il a déjà fait : il gagnerait des batailles à Votre Majesté.

LE ROI.

Vous oubliez, monsieur Molière, qu'il en a gagné aussi contre moi.

MOLIÈRE.

Rendez à M. de Condé la place qu'il doit occuper près de vous, sire, et lui-même déchirera du livre de sa vie la page où ces victoires fatales sont écrites.

LE ROI.

Monsieur Molière! monsieur Molière! vous êtes, je le sais, des bons amis de M. le prince de Condé.

MOLIÈRE.

Oui, sire, mais je suis, en même temps, des plus fidèles sujets du roi Louis XIV.

LE ROI.

Et quel besoin ai-je de M. de Condé en France? Vous voyez que l'on s'y passe très-bien de lui.

MOLIÈRE.

Oui, sire, parce que les nations sont oublieuses; mais, quand les nations oublient, c'est aux rois de se souvenir! Un roi ne se passe jamais d'un grand homme, sire : la majesté des rois se fait de la grandeur de ceux qui les entourent. Dieu me garde de vouloir abaisser M. de Mazarin dans votre esprit, sire : le jour où il consentira à initier le roi aux mystères de sa politique, le roi reconnaîtra que c'est, non-seulement un habile ministre, mais encore et surtout ce que nous autres gens de théâtre appelons un adroit metteur en scène; cependant, s'il a l'esprit d'un ministre et l'adresse d'un metteur en scène, il n'a pas le génie d'un roi. Laissez-lui donc, sire, le soin des accessoires, des décors et des changements à vue; mais réservez-vous l'intrigue de la pièce, le droit de choisir les personnages qui doivent jouer les premiers rôles dans l'immense spectacle que vous êtes appelé à donner à l'univers. Je sais bien qu'au théâtre, dans les jours de détresse, et quand les grands acteurs sont absents, on remplace les premiers rôles par des doubles ; mais, croyez-moi, sire, si bonne qu'elle soit, une pièce jouée par des doubles ne paraît jamais aux spectateurs qu'une plate et maussade parodie !

LE ROI.

Monsieur Molière, c'est souvent une grande faute que de relever un ennemi à terre, et que de rendre leurs armes aux désarmés.

MOLIÈRE.

C'est possible, sire ; mais c'est une faute sublime, et ces fautes sont assez rares chez les rois pour que Dieu, qui les voit dans leur imprudence s'élever jusqu'à lui par le pardon, s'en étonne, mais ne les punisse pas !

LE ROI.

Mon père Louis XIII n'a jamais pardonné, monsieur Molière, et ses contemporains l'ont appelé *Louis le Juste*.

MOLIÈRE.

Oui, sire, parce qu'il y a des époques où la Providence, au lieu de sceptre, met une hache aux mains des rois ; mais, par bonheur, les jours de Louis XI et de Richelieu, du connétable de Saint-Pol et du maréchal de Montmorency sont passés ! Qu'auriez-vous à faire aujourd'hui des gibets du Plessis-les-Tours et des échafauds de Lyon et de Toulouse ? Vous ouvrez une ère nouvelle ; vous refaites une société ; des débris du monde du passé, vous pétrissez le monde de l'avenir ! Lorsque le père a détruit, il faut que le fils rebâtisse, c'est la loi ; or, si l'on détruit avec la rigueur, sire, on ne rebâtit qu'avec la clémence. Heureux ceux qui sont appelés par la Providence à jouer ce rôle de régénérateurs des peuples et de rois des sociétés ! Nous comptons un de ces hommes-là dans le monde antique : on l'appelle Auguste ; un dans le monde moderne : on l'appelle Charlemagne ; à huit cents ans de distance d'Auguste, Charlemagne est venu ; à huit cents ans de distance de Charlemagne, vous venez, sire ! Auguste et Charlemagne ont commencé par la clémence : comme eux commencera Louis XIV, et Dieu lui fera la grâce peut-être de finir comme eux !

LE ROI.

Monsieur Molière, je vous promets de parler de M. le Prince à ma mère et à M. de Mazarin.

MOLIÈRE.

Oh! sire! ne soumettez pas de pareilles appréciations à la haine d'une femme et à la pusillanimité d'un ministre; la clémence est vertu royale ; soyez clément par vous-même, puisque vous êtes roi.

LE ROI.

Je suis roi, monsieur, c'est vrai ; mais j'hésite, car je n'ai point encore fait acte de royauté.

MOLIÈRE.

Jamais vous ne trouverez une plus belle occasion. Débutez par le pardon, sire, et le début sera digne du petit-fils d'Henri IV.

LE ROI, souriant.

Vous le voulez, monsieur Molière?

MOLIÈRE, un papier, une plume à la main, et un genou en terre.

Oui, sire, *je le veux.*

(Anne d'Autriche apparaît, et recule derrière la portière.)

LE ROI, écrivant.

« Monsieur de Condé, rentrez en France aussitôt que votre santé vous le permettra; seulement, le plus tôt sera le mieux, car j'aurai grand plaisir à vous avoir près de moi. — Votre affectionné, Louis. » Tenez, monsieur Molière, remettez, de ma part et de la vôtre, cette lettre à M. de Condé, et soyez chez moi demain à mon lever.

MOLIÈRE.

Sire, vous n'êtes encore qu'un bon roi; marchez hardiment dans la voie où vous venez d'entrer, et vous serez un grand roi!

(Il sort.

SCÈNE XVII

LE ROI, ANNE D'AUTRICHE.

LE ROI, sans voir sa mère.

C'est étrange comme cet homme a des paroles qui font penser! On dirait que, de même que pour son théâtre, il a dans la vie la faculté de lever un rideau qui laisse voir des horizons ignorés, des perspectives inconnues. (Se retournant.) Ah! c'est vous, madame!

ANNE.

Avec qui donc étiez-vous là, Louis?

LE ROI.

Avec M. Molière, madame.

ANNE.

Un comédien, je crois? Le fils de Poquelin, n'est-ce pas, qui désire un privilége de théâtre?

LE ROI.

Justement.

ANNE.

Et vous lui signiez son privilége?

LE ROI.

Non, madame, je lui signais la grâce de M. de Condé.

ANNE.

La grâce de M. de Condé? Vous autorisez M. de Condé à rentrer en France?

LE ROI.

Oui, madame.

ANNE.

Sans m'avoir consultée? sans avoir consulté M. de Mazarin?

LE ROI.

Pardon, madame, mais je croyais le droit de grâce un droit royal.

ANNE.

Sire, jamais votre auguste père n'a signé un acte de cette importance sans consulter son ministre.

LE ROI.

Mon père, madame, régnait sous M. de Richelieu, et je suis décidé, moi, à régner sur tout le monde.

ANNE.

Même...?

(Elle hésite.)

LE ROI.

Sur tout le monde, madame!

SCÈNE XVIII

LE ROI, ANNE D'AUTRICHE, MARIE DE MANCINI, resplendissante de diamants.

ANNE, retenant le Roi, qui s'avance vers Marie.

Mon fils !

LE ROI.

Pardon, madame, mais voici mademoiselle de Mancini, que j'attendais ici, et qui compte sur moi pour être son cavalier.

ANNE.

Oh !...

(Le Roi prend la main de Marie, qui, craintive, regarde tour à tour le Roi et Anne d'Autriche.)

MARIE.

Sire !...

LE ROI.

Venez, Marie ! venez ! (Bas.) Oh ! que vous êtes belle et que je vous aime !

(Marie entre, joyeuse et triomphante, chez son oncle, où les Courtisans commencent à affluer.)

SCÈNE XIX

ANNE D'AUTRICHE, seule.

Trois mille pistoles à d'Anjou ! un million à Louis ! tous ses diamants à sa nièce ! Décidément, M. de Mazarin se croit déjà l'oncle du roi de France. Oh ! et moi qui suis cause que la duchesse de Savoie et sa fille vont assister à cette honte, et subir cet affront !

SCÈNE XX

ANNE, CHARLOTTE.

CHARLOTTE.

Son Altesse la régente fait demander à Votre Majesté si

elle peut descendre avec la princesse Marguerite chez M. de Mazarin.

ANNE.

Ah! pardon, vous êtes?...

CHARLOTTE.

Je suis la demoiselle d'honneur de Son Altesse la princesse Marguerite.

ANNE.

Oui, oui, très-bien, je vous reconnais... Retournez près de ma belle-sœur et dites-lui... ou plutôt, non, j'y vais moi-même... Ah! monsieur de Mazarin, vous avez compté sans moi!

(Elle sort.)

SCÈNE XXI

CHARLOTTE, seule.

Bon! voilà qu'il y a contre-ordre à présent! que les princesses ne descendront point, et qu'il faudra peut-être repartir sans avoir vu la cour! Comme c'est amusant! faites donc deux cents lieues pour le roi Louis XIV, pour M. de Mazarin, pour la reine Henriette, pour les fêtes de la cour, pour les chasses de Vincennes, et repartez sans avoir rien goûté de tout cela!... Sans compter ce pauvre Bouchavannes, qui était si heureux de mon arrivée, et qui a trouvé moyen de m'annoncer en deux lignes que, par grâce spéciale, il était du jeu de M. de Mazarin ce soir, et que nous pourrions nous y voir, et arrêter quelque chose... Oh! s'il était là! si je pouvais lui faire signe! si je pouvais seulement échanger un mot avec lui!...

(Elle s'approche, et essaye de regarder dans la seconde pièce.)

SCÈNE XXII

CHARLOTTE, BOUCHAVANNES, entrant.

BOUCHAVANNES.

Mais je ne me trompe point, c'est Charlotte!

CHARLOTTE.

Ah! monsieur de Bouchavannes, écoutez, je n'ai qu'un

instant à rester ici, et c'est un miracle que je vous y rencontre. Les princesses ne descendent pas au jeu... J'ai reçu votre lettre... je vous aime toujours ; mais j'ai peur que nous ne partions demain, et je ne sais ni comment ni où vous revoir.

BOUCHAVANNES.

Écoutez, à votre tour, Charlotte. J'ai exploré les localités : la porte de service de l'appartement des princesses donne dans la cour de l'Orangerie. Jetez une mante sur vos épaules, et venez me rejoindre ; je serai de faction au bas de votre escalier de dix heures à minuit.

CHARLOTTE.

Bon ! je ferai tout mon possible pour descendre, et causer un instant avec vous.

SCÈNE XXIII

Les Mêmes, GUICHE, très-agité.

GUICHE.

Pardon, Bouchavannes...

CHARLOTTE.

Voici un gentilhomme qui veut vous parler.

BOUCHAVANNES.

Ah ! c'est vous, monsieur de Guiche !

GUICHE, lisant un billet.

« Il faut absolument que je vous parle cette nuit. » (A Bouchavannes.) Pouvez-vous me céder votre tour de faction dans a cour de l'Orangerie ?

BOUCHAVANNES.

Impossible, mon cher comte ; j'ai un rendez-vous pendant na faction. (A Charlotte.) A ce soir ?

CHARLOTTE.

A ce soir !

(Elle sort.)

SCÈNE XXIV

BOUCHAVANNES, GUICHE.

GUICHE.

Qui monte après vous?

BOUCHAVANNES.

Tréville.

GUICHE.

A quelle heure?

BOUCHAVANNES.

A minuit.

GUICHE.

Où croyez-vous que je le trouve?

BOUCHAVANNES.

Dans la salle des gardes.

GUICHE.

Merci.

(Il sort.)

BOUCHAVANNES.

Pauvre Guiche! ma foi, tant pis! Charité bien ordonnée est de commencer par soi-même... Oh! oh! le maître des cérémonies... Comme il a l'air soucieux!

(Il sort.)

SCÈNE XXV

MONTGLAT, entrant sans voir sortir Bouchavannes, et se parlant à lui-même.

Avoir été trente ans à la cour, en moyenne dix mille jours; par conséquent, y avoir fait dix mille déjeuners, dix mille dîners, dix mille soupers; pendant ces dix mille jours, à ces dix mille déjeuners, à ces dix mille dîners, à ces dix mille soupers, avoir vu les mêmes figures, et entendu les mêmes conversations, avec cette différence que les figures devenaient de plus en plus vieilles (Bernouin entre) et les conversations de plus en plus ennuyeuses; avoir été quinze ans...

SCÈNE XXVI

MONTGLAT, BERNOUIN.

BERNOUIN.

Pardon, monsieur le grand maître des cérémonies...

MONTGLAT.

Ah! c'est vous, monsieur Bernouin! Votre serviteur! (Reprenant.) Avoir été quinze ans...

BERNOUIN.

Excusez-moi, monsieur de Montglat, mais voudriez-vous avoir la bonté de dire sans affectation à M. le cardinal que je l'attends ici pour lui communiquer une chose de la plus haute importance?

MONTGLAT.

A l'instant même, monsieur Bernouin.

(Il entre dans la salle du fond.)

SCÈNE XXVII

BERNOUIN, GUITAUT, s'arrêtant à la porte du fond dans l'attitude militaire.

BERNOUIN.

Ah! c'est vous, monsieur Guitaut!

GUITAUT.

Le cardinal?

BERNOUIN.

Le cardinal sera ici dans un instant.

GUITAUT.

Puis-je l'attendre?

BERNOUIN.

Certainement! d'autant plus qu'il aura, selon toute probabilité, quelque recommandation particulière à vous faire.

SCÈNE XXVIII

Les Mêmes, MADAME HENRIETTE.

HENRIETTE, passant son bras sous celui de Guitaut.

Cher monsieur Guitaut!

GUITAUT.

Votre Altesse royale!

HENRIETTE.

Soyez assez aimable pour me dire les noms de MM. les mousquetaires de garde, cette nuit, dans la cour de l'Orangerie.

GUITAUT.

De huit heures à dix heures du soir, M. de Brégy ; de dix heures à minuit, M. de Bouchavannes ; de minuit à deux heures, M. de Tréville...

HENRIETTE.

Merci !... Oh! M. le cardinal !

(Elle quitte le bras de Guitaut.)

SCÈNE XXIX

LES MÊMES, MAZARIN.

Madame Henriette rentre dans la salle, tandis que Mazarin parle à Bernouin.

MAZARIN.

Tou m'as fait demander, Bernouin ?

BERNOUIN.

Oui, monseigneur. Un courrier de l'ambassadeur d'Espagne...

MAZARIN.

De monsou Pimentel ? Donne vite, Bernouin ! donne ! (Lisant.) « Monseigneur, z'ai à vous commouniquer oune nouvelle de la plous haute importance, et qui ne doit être connoue que de vous soul. Où pourrai-ze vous voir, cette nouit, sans témoins et sans qu'on sace que ze vous ai vou ? » *Diavolo!* il ne faut pas qu'il entre au palais ! Bernouin, oune ploume et de l'encre.

BERNOUIN.

Voici, monseigneur.

MAZARIN, après avoir écrit.

Tiens, Bernouin, remets cette réponse au messager. *Diavolo!* des nouvelles d'Espagne !... Ah ! c'est toi, Guitaut! Eh bien, le roi Carles II ?...

GUITAUT.

Eh bien, monseigneur, le roi Charles II a fini par entendre raison, et, demain matin, il aura quitté Vincennes.

MAZARIN.

Bon ! Et madame Henriette ?...

GUITAUT.

Quoi, madame Henriette ?

MAZARIN.

Tou ne loui as rien dit, Guitaut ?

GUITAUT.
Allons donc, monseigneur!
MAZARIN.
Bon, Guitaut! bon! tou es oun fidèle servitour, et, sois tranquille, ze ne t'oublierai pas pour les cinquante mille écous de ta nièce.
GUITAUT.
Je croyais que c'était cent mille, monseigneur?
MAZARIN.
Tou connais le mot d'ordre, Guitaut?
GUITAUT.
Oui, mais pas la consigne.
MAZARIN.
La consigne est de laisser entrer par la petite porte de la cour de l'Oranzerie la personne qui frappera trois coups, et qui dira : *France et Espagne*.
GUITAUT.
Cela suffit, monseigneur.
MAZARIN.
Nouvelles d'Espagne! Ah! *pecaïre !*...

(Il sort.)

SCÈNE XXX

BERNOUIN, GUITAUT, puis MONTGLAT, puis VILLEQUIER et DANGEAU.

BERNOUIN.
Diable! je crois Son Éminence de mauvaise humeur.
GUITAUT.
Oui, et sa mauvaise humeur lui fait perdre la mémoire... Enfin, qu'il se souvienne des cinquante mille écus, et c'est tout ce que je lui demande.

(Bernouin et Guitaut sortent chacun d'un côté.)

MONTGLAT, même entrée que la précédente.

Avoir été quinze ans grand maître des cérémonies, c'est-à-dire avoir exercé cette charge importante pendant cinq mille jours et cinq mille nuits ; avoir constamment su qui entrait chez le roi, et qui en sortait, et qu'il arrive une heure, où un homme inconnu entre et sorte sans que je sache par où ni comment! Voilà une de ces humiliations comme en réservent les nouveaux règnes aux vieux serviteurs! voilà une de ces défiances qui poussent un grand maître des cérémonies au désespoir! (Villequier et Dangeau entrent et s'approchent chacun d'un côté de Montglat.) Aussi, cela ne saurait durer, à mon égard du moins, et, à la première occasion, je me pose devant le roi, et je lui dis, tout ensemble avec le respect que je lui dois et la dignité que je conserve pour moi-même...

VILLEQUIER.

Voyons, que lui dites-vous, Montglat?

MONTGLAT.

Ah! c'est vous, Villequier!

DANGEAU.

Nous écoutons.

MONTGLAT.

Ah! c'est vous, Dangeau! Eh bien, je lui dis: « Sire, Votre Majesté a pris une mesure qui remplit de tristesse le cœur de ses fidèles sujets! Sire, Votre Majesté garde scrupuleusement l'incognito de son agent secret; mais, malgré le silence de Votre Majesté, on a vu cet agent, on connaît cet homme, et quelque chose de son passé transpire qui épouvante les amis du roi pour l'avenir! On dit sourdement que la pression de cette main inconnue devient insupportable; on dit... »

SCÈNE XXXI

Les Mêmes, LE ROI.

LE ROI.

Montglat!

VILLEQUIER et DANGEAU.

Le roi!

(Ils s'écartent, l'un à gauche, l'autre à droite.)

MONTGLAT.

Sire?

LE ROI, bas.

Avez-vous la clef que je vous ai demandée?

MONTGLAT.

La voilà, sire.

LE ROI.

Merci. (Il tire un billet de sa poche, et le lit à part.) « Trouvez-vous ce soir dans l'orangerie ; on a un secret important à vous y révéler. » Qui donc peut m'écrire cela? N'importe, j'y serai.

(Il s'éloigne.)

SCÈNE XXXII

VILLEQUIER, MONTGLAT, DANGEAU.

VILLEQUIER, se rapprochant de Dangeau.

Eh bien ?

DANGEAU, de même.

Le roi vous a parlé bas.

VILLEQUIER.

Que vous a-t-il dit ?

MONTGLAT.

Messieurs, le roi m'a fait l'honneur de me confier le nom du mystérieux inconnu.

VILLEQUIER.

Et ce nom ?...

DANGEAU.

Ce nom ?

MONTGLAT, orgueilleusement.

Le roi m'a recommandé le secret, messieurs ; faites comme moi, tâchez de le savoir.

ACTE QUATRIÈME

La cour de l'Orangerie. Ciel étoilé. — Au premier plan, à droite, une voûte conduisant du côté du château ; au second plan, une tourelle percée d'une fenêtre et d'une porte donnant sur un escalier intérieur. — Le fond est fermé par un mur au-dessus duquel s'étendent les feuillages des arbres ; dans ce mur, une petite porte praticable. — A gauche, vers le fond, un corps de bâtiment attenant à l'orangerie ; fenêtre à balcon à laquelle on peut atteindre en montant sur un banc placé au-dessous. En pan coupé et en retour, l'orangerie avec grandes fenêtres à trois pieds du sol ; terrasse au-dessus. — Au premier plan, du même côté, un passage pour entrer dans l'orangerie, dont la porte est hors de la vue du spectateur.

SCÈNE PREMIÈRE

BOUCHAVANNES, BRÉGY, DEUX AUTRES MOUSQUETAIRES.

On relève la Sentinelle. Dix heures sonnent.

BOUCHAVANNES.

Le mot d'ordre ?

BRÉGY.

Fortune et Fontainebleau.

BOUCHAVANNES.

La consigne ?

BRÉGY.

Introduire dans l'orangerie la personne qui frappera trois coups à la petite porte extérieure, et qui prononcera ces deux mots : *Espagne et France.*

BOUCHAVANNES.

Merci.

BRÉGY.

Bien du plaisir, Bouchavannes !

BOUCHAVANNES.

Mais je ne dis pas non ; j'aime beaucoup les factions de nuit.

(Brégy s'éloigne avec les deux autres Mousquetaires, et disparaît à gauche, par le passage qui longe l'orangerie.)

SCÈNE II

BOUCHAVANNES, seul.

Dix heures... C'est bien ; patience !... il ne faut pas que je compte sur Charlotte avant une heure d'ici. Voyons, orientons-nous. Voici l'escalier conduisant à la chambre des princesses, et par lequel viendra Charlotte... si Charlotte vient ; voilà la petite porte où doit frapper la personne qu'il faudra introduire dans l'orangerie ; voilà la fenêtre de la chambre de mademoiselle de Mancini... Ce logement est, par ma foi ! bien choisi, isolé, solitaire... On voit que l'amour du roi s'est fait maréchal de camp et a préparé les logis... Enfin, voilà l'orangerie... (Il revient à son poste.) Oh ! oh ! quelqu'un... Une femme ! Serait-ce déjà Charlotte ? Mais non, elle ne viendrait point par cette route. Qui va là ?

SCÈNE III

BOUCHAVANNES, MADAME HENRIETTE.

HENRIETTE.
Vous êtes M. de Bouchavannes ?
BOUCHAVANNES.
Oui. Que me voulez-vous ?
HENRIETTE.
Regardez-moi, monsieur.
BOUCHAVANNES.
La princesse Henriette !
HENRIETTE.
Qui vient, au nom de sa mère et au sien, vous demander une grâce, monsieur.

BOUCHAVANNES.
Ou plutôt me donner un ordre, veut dire Votre Altesse.
HENRIETTE.
Hélas ! non, monsieur de Bouchavannes ; vous savez bien que nous n'avons plus d'ordres à donner ici, et qu'au contraire, c'est nous qui en recevons, et de fort durs parfois !
BOUCHAVANNES.
Mais, mon Dieu ! qui peut amener Votre Altesse à cette heure dans cette cour solitaire ?
HENRIETTE.
Je vous cherchais, monsieur.
BOUCHAVANNES.
Moi ?

HENRIETTE.
Vous êtes gentilhomme, monsieur ; vous avez une mère, une sœur ; vous connaissez les émotions de la famille, tantôt douces, tantôt cruelles... Eh bien, si vous étiez séparé de votre sœur depuis trois ans ; que votre sœur fût errante, proscrite, fugitive, vous éprouveriez l'impérieux besoin de la revoir, et vous n'hésiteriez point à confier ce désir à un ami... Monsieur de Bouchavannes, vous êtes un ami pour

nous : c'est ma mère, si je ne me trompe, qui a placé la vôtre près de la princesse de Savoie.

BOUCHAVANNES.

Et vous savez, madame, que la reconnaissance de toute la famille est acquise à votre auguste mère et à vous.

HENRIETTE.

Oh! ne parlons point de reconnaissance, monsieur; ce serait donner une mesure à votre dévouement, et j'aime mieux lui faire un appel entier, complet, absolu.

BOUCHAVANNES.

Parlez, madame, je serai heureux le jour où vous me donnerez l'occasion de courir un danger quelconque pour vous.

HENRIETTE.

Je vous ai parlé d'une sœur proscrite, fugitive, exilée. Eh bien, moi, monsieur, j'ai un frère exilé, fugitif, proscrit; un frère que je n'ai pas vu depuis trois ans.

BOUCHAVANNES.

Le roi Charles II?

HENRIETTE.

Le roi Charles II, oui, monsieur. Eh bien, le roi Charles II est ici, à Vincennes, de l'autre côté de cette porte... Chassé aujourd'hui de France par M. de Mazarin, demain, au point du jour, il part, il retourne en Hollande. Monsieur de Bouchavannes, je voudrais bien revoir, je voudrais bien embrasser mon frère; je voudrais bien lui dire adieu!

BOUCHAVANNES.

Et voilà tout ce que vous aviez à me demander, madame?

HENRIETTE.

Oui, tout.

BOUCHAVANNES.

Ma tête serait en jeu pour vous procurer cette joie, je risquerais ma tête; je risque quelques jours d'arrêt, un mois de prison peut-être; en vérité, je suis honteux, madame, de faire si peu pour vous! (Il va à la petite porte et l'ouvre.) Entrez, sire! Madame Henriette attend Votre Majesté.

SCÈNE IV

Les Mêmes, CHARLES STUART.

CHARLES.

Ma sœur !

HENRIETTE.

Mon frère !

(Charles tend amicalement la main à Bouchavannes.)

BOUCHAVANNES, baisant la main du Roi et se retirant.

Sire, je veille sur vous et sur votre sœur !

CHARLES.

Oh ! ma bonne petite Henriette, pauvre ange gardien de la famille, combien je te remercie de ce que tu fais pour moi !... Où est notre mère ? Comment se porte-t-elle ?

HENRIETTE.

Ma mère, elle t'attend, et elle va être bien heureuse de te revoir ! Viens, viens ! — Oh ! monsieur de Bouchavannes, recevez tous les compliments d'une mère et d'une sœur...

BOUCHAVANNES.

Allez ! mais ne vous oubliez pas ; songez que je n'ai plus qu'une heure et demie de faction, et que, si j'étais remplacé au moment où il s'agira de repasser par cette cour...

SCÈNE V

Les Mêmes, GEORGETTE, sur la terrasse de l'orangerie.

GEORGETTE.

Sire !

BOUCHAVANNES.

Silence ! Il me semble que l'on parle là-bas.

HENRIETTE.

Oh ! veillez sur nous, monsieur de Bouchavannes !

BOUCHAVANNES.

Soyez tranquille, je ne quitte pas cette voûte, et personne n'y passera à moins d'avoir le mot d'ordre.

HENRIETTE.

Viens, Charles ! viens !

SCÈNE VI

BOUCHAVANNES, à l'entrée de la voûte; GEORGETTE, sur la terrasse.

GEORGETTE.

Sire!... Oh! mon Dieu! il ne m'entend pas!... et moi qui ne puis descendre... Sire!... (Elle casse une branche d'arbre, et frappe avec cette branche aux carreaux de la fenêtre placée au-dessous d'elle.) Sire!

SCÈNE VII

LES MÊMES, LE ROI, ouvrant la fenêtre.

LE ROI.

C'est toi, Georgette?

GEORGETTE.

C'est moi, sire... Chut! il y a une sentinelle là-bas.

LE ROI.

Je l'ai bien vue... Cet imbécile de Guitaut qui va juste placer une sentinelle sous les fenêtres de mademoiselle de Mancini!

GEORGETTE.

C'est vrai, qui pouvait se douter de cela? Mais il y a bien autre chose, sire!

LE ROI.

Qu'y a-t-il?

GEORGETTE.

Il y a que mon père vient de recevoir l'ordre de tenir l'orangerie prête pour M. de Mazarin... J'ai caché la clef, pour qu'il ne pût pas y entrer; mais M. de Mazarin a une seconde clef.

LE ROI.

Et ton père, où est-il?

GEORGETTE.

Il est allé chercher M. de Mazarin avec sa lanterne.

LE ROI.

Mais que diable M. de Mazarin vient-il faire, à cette heure, dans l'orangerie?

GEORGETTE.

Ah ! pour cela, je ne sais pas ; mais il paraît qu'il y a donné rendez-vous à quelqu'un... M. Bernouin lui-même est venu prendre la clef.

LE ROI.

Comment ne m'as-tu pas dit cela, quand tu m'as introduit dans l'orangerie ?

GEORGETTE.

Je ne le savais pas encore... Chut !

LE ROI.

Quoi ?

GEORGETTE.

On vient.

LE ROI.

Oui, deux hommes dont l'un porte une lanterne.

BOUCHAVANNES.

Qui vive ?

SCÈNE VIII

Les Mêmes, l'Homme a la lanterne, MAZARIN.

L'HOMME À LA LANTERNE.

Fortune et Fontainebleau.

BOUCHAVANNES.

Passez.

MAZARIN.

Vous savez la consigne, monsou de Bouçavannes ?

BOUCHAVANNES.

Son Éminence !

MAZARIN.

Vous la savez ?

BOUCHAVANNES.

Oui, monseigneur ; laisser entrer la personne...

MAZARIN.

Bien ! Bonne garde, monsou de Bouçavannes ! bonne garde !

(L'Homme à la lanterne et Mazarin passent devant la fenêtre de l'orangerie, qui se ferme à leur passage, et se rouvre derrière eux.)

SCÈNE IX

LES MÊMES, hors LE CARDINAL.

LE ROI.

C'est bien le cardinal! Que faire? Si j'essaye de sortir, je vais le rencontrer à la porte!

BOUCHAVANNES, à lui-même, se rapprochant.

Pourvu que le roi Charles II ne le rencontre pas!

GEORGETTE.

Sire, sire, prenez garde!

LE ROI.

Eh! pardieu! je l'entends bien! il met la clef dans la serrure, il va entrer.... Ah! ma foi, tant pis! personne ne me voit : la majesté royale est sauve.

(Il enjambe le balcon.)

GEORGETTE.

Sire, sire, la sentinelle!

LE ROI.

Oh! quelle idée!

BOUCHAVANNES, barrant la route avec son mousquet.

Qui vive?

LE ROI.

M. de Bouchavannes!

BOUCHAVANNES.

Qui vive?

LE ROI.

Je suis le roi, monsieur... Votre chapeau, votre manteau, votre mousquet... C'est moi qui achèverai votre faction.

BOUCHAVANNES.

Oh! sire!

LE ROI.

Le mot d'ordre?

BOUCHAVANNES.

Fortune et Fontainebleau.

LE ROI.

La consigne?

BOUCHAVANNES.

Laisser entrer la personne qui frappera trois coups à la petite porte du bois, et qui dira : *France et Espagne.*

LE ROI.

Qui monte après vous?

BOUCHAVANNES.

M. de Tréville.

LE ROI.

C'est bien, monsieur. Rentrez dans votre chambre, et venez demain, à mon lever, chercher votre commission de capitaine.

BOUCHAVANNNES.

Sire !

LE ROI.

Allez ! (On ferme la fenêtre de l'orangerie.) Mais allez donc!

BOUCHAVANNES.

Oh ! pauvre Charlotte !... Et madame Henriette et le roi Charles... Ah! ma foi, à la garde de Dieu !

(Il s'éloigne.)

SCÈNE X

LE ROI, GEORGETTE.

On entend une voix qui appelle Georgette.

GEORGETTE.

Vous n'avez plus besoin de moi, sire?

LE ROI.

Non.

GEORGETTE.

C'est mon père qui m'appelle.

LA VOIX.

Georgette !

LE ROI.

Va !

(Elle disparaît.)

SCÈNE XI

LE ROI, seul.

M. de Bouchavannes résistait fort, ce me semble, à me transmettre sa consigne, et à me céder son mousquet. Avait-il quelque intérêt à monter sa faction tout entière? Nous le saurons bien... Mais c'est M. de Mazarin qui m'inquiète... Quelle affaire peut-il avoir dans l'orangerie, à cette heure, et qui peut-il attendre ? Ce n'est point pour espionner sa nièce, puisqu'il a fermé la fenêtre de l'orangerie, et baissé les stores... N'importe, cela va maintenant devenir assez difficile, de faire savoir à Marie que je suis là.

SCÈNE XII

LE ROI, CHARLOTTE, à la fenêtre de la tourelle.

CHARLOTTE, bas.

M. de Bouchavannes !

LE ROI, se retournant.

Hein ?

CHARLOTTE.

Vous êtes là, n'est-ce pas ?

LE ROI.

Oui... mais...

CHARLOTTE.

C'est moi, Charlotte... Les princesses sont couchées ; elles dorment, et me voici.

LE ROI, à part.

Oh ! la demoiselle d'honneur de la régente ! je comprends ; Bouchavannes a sa mère près de madame Christine, et il a passé trois mois à la cour de Savoie...

CHARLOTTE.

Eh bien, est-ce que je ne puis pas descendre ?

LE ROI.

Si fait.

CHARLOTTE.

Alors, vous êtes seul ?

LE ROI.

Parfaitement seul.

CHARLOTTE.

Je descends.

LE ROI.

Bon ! je vais avoir des nouvelles fraîches de Turin.

CHARLOTTE, en scène.

Me voilà.

LE ROI.

Venez ici, dans l'ombre, Charlotte, afin qu'on ne nous voie point.

CHARLOTTE.

Oh! que je suis contente de pouvoir causer un instant en liberté avec vous!

LE ROI.

Et moi, donc!

CHARLOTTE, lui donnant sa main à baiser.

Tenez.

LE ROI, à part.

Eh bien, mais les factions de nuit ne sont pas si désagréables que je l'avais cru jusqu'à présent.

CHARLOTTE.

Imaginez-vous que j'ai craint un instant d'être obligée de repartir sans avoir pu vous parler.

LE ROI.

Et pourquoi cela?

CHARLOTTE.

Mais parce que vous entendez bien que nous n'allons pas rester à Vincennes, n'est-ce pas?

LE ROI.

Je ne comprends pas.

CHARLOTTE.

Comment, vous ne comprenez pas? Mais vous devez bien penser que nous avons fait un voyage inutile.

LE ROI.

Ah! oui, le roi...

CHARLOTTE.

Le roi est amoureux fou de mademoiselle de Mancini, voilà! Vous savez qu'il est sérieusement question de mariage?

LE ROI.

Bah?

CHARLOTTE.

Oh! la reine mère est furieuse! elle dit que, si elle n'avait affaire qu'au roi, elle en viendrait bien encore à bout, mais que c'est ce fourbe de M. de Mazarin qui mène toute l'intrigue. La régente Christine a passé toute la soirée dans les larmes. Dame, c'est bien naturel : elle croyait déjà sa fille reine de France.

LE ROI.

Et la princesse Marguerite?

CHARLOTTE.

Oh! elle a fait semblant d'être **fort triste.**

LE ROI.

Comment, semblant?

CHARLOTTE.

Oui; mais,..

LE ROI.

Mais?...

CHARLOTTE.

Mais, au fond, je la crois fort contente.

LE ROI.

Vraiment? Oh! expliquez-moi cela! La princesse Marguerite est contente que le roi épouse mademoiselle de Mancini?

CHARLOTTE.

Oh! mon Dieu, mademoiselle de Mancini ou une autre... pourvu qu'il ne l'épouse pas, elle.

LE ROI.

Elle déteste donc le roi?

CHARLOTTE.

Non, mais elle en aime un autre.

LE ROI.

Bah?

CHARLOTTE.

Oui, la lettre de la reine Anne d'Autriche est venue tomber comme une bombe au milieu de ces amours... Ah! c'est là qu'il y a eu des larmes! presque autant que quand nous nous sommes quittés (elle donne son front à baiser au Roi), cher Hector!

LE ROI, à part, l'embrassant.

Je comprends, maintenant, pourquoi Bouchavannes ne voulait pas me céder sa place.

CHARLOTTE.

Plaît-il?

LE ROI.

Mais qui donc aime-t-elle?

CHARLOTTE.

Ma princesse?

LE ROI.

Oui.

CHARLOTTE.

Elle aime don Ranuce, le prince Farnèse, duc de Parme et de Plaisance, près duquel mon père est grand écuyer, comme vous savez.

LE ROI.

Non, je ne savais pas.

CHARLOTTE.

Oh! un beau jeune homme de vingt-huit ans, presque aussi beau que le roi.

LE ROI.

Et vous dites qu'elle préfère être duchesse de Parme à être reine de France? Elle n'est pas ambitieuse, au moins!

CHARLOTTE.

Dame, c'est bien naturel : elle aime le duc Farnèse, et n'aime pas le roi Louis XIV. Est-ce que, moi qui vous aime, je n'aimerais pas mieux être vicomtesse de Bouchavannes que duchesse de Parme, par exemple?

LE ROI.

Vraiment?

CHARLOTTE.

Ah! vous en doutez? C'est joli, après...

LE ROI.

Après quoi?

CHARLOTTE.

Chut!

LE ROI.

Mais, si, cependant, le roi avait épousé la princesse Marguerite, le prince Farnèse...

CHARLOTTE.

Oh! le prince était bien décidé à la suivre à la cour de France, dût-il renoncer à sa principauté.

LE ROI.

Bon! heureusement, le prince Farnèse n'aura point à se déranger.

CHARLOTTE.

Oui, heureusement!

LE ROI.

Ah çà! mais vous avez donc un intérêt au mariage du duc de Parme avec la princesse de Savoie?

CHARLOTTE.

Un très-grand ! si la princes Marguerite épouse le duc Farnèse, notre mariage se fait.

LE ROI.

Comment cela?

CHARLOTTE.

Le jour de son mariage, le duc Farnèse me donne cent mille livres comme cadeau de noces ; de sorte que, si, de votre côté, vous avez seulement une compagnie...

LE ROI.

Je l'ai.

CHARLOTTE.

Comment, vous l'avez?

LE ROI.

Le roi me l'a promise ce soir ; c'est comme si je l'avais.

CHARLOTTE.

Bon ! Et la permission de M. de Mazarin, le roi l'a-t-il? Une compagnie, cela vaut quarante mille livres !

LE ROI.

Et, moi, je vous dis que c'est comme si je l'avais, Charlotte.

CHARLOTTE.

Oh ! quel bonheur ! quel bonheur !

(Elle saute au cou du Roi, et l'embrasse.)

LE ROI, à part.

Ah çà ! mieux vaut être Bouchavannes que le roi, à ce qu'il me semble.

CHARLOTTE.

Chut !

LE ROI.

Quoi?

CHARLOTTE.

Deux personnes qui viennent de ce côté.

LE ROI.

Oui, en effet... Rentrez, Charlotte ! rentrez !

CHARLOTTE.

Ainsi, vous croyez que le roi épousera mademoiselle de Mancini?

LE ROI.

Eh ! eh ! c'est probable.

CHARLOTTE.

Enfin, vous le croyez?

LE ROI.

C'est possible; mais, en tout cas, il n'épousera pas la princesse Marguerite.

CHARLOTTE.

Non?

LE ROI.

Oh! non!

CHARLOTTE.

Alors, la princesse épousera le duc Farnèse?

LE ROI, souriant.

Je ferai ce que je pourrai pour cela.

CHARLOTTE.

Vous m'aimez donc toujours?

LE ROI.

Chut! on vient!

(Il la repousse dans l'escalier de la tourelle.)

SCÈNE XIII

LE ROI, HENRIETTE, CHARLES.

LE ROI, leur barrant le passage.

Qui vive?

HENRIETTE, s'avançant.

Est-ce que vous ne nous reconnaissez point, monsieur de Bouchavannes?

LE ROI.

Si! si!... (A part.) Henriette, ma cousine! Et avec qui est-elle donc là?

CHARLES.

Monsieur de Bouchavannes, je vous remercie, car c'est à vous que je dois l'une des plus douces heures que j'aie passées depuis bien longtemps!

LE ROI, à part.

Charles II! Charles II, en France, à Paris, à Vincennes!

CHARLES.

J'avais donné à M. de Mazarin ma parole de ne voir ni le roi Louis XIV, ni la reine Anne d'Autriche; mais je ne lui avais point promis de ne revoir ni ma mère, ni ma sœur.

J'ai eu cette joie de les revoir et de les embrasser toutes deux, et c'est à vous que je le dois.
HENRIETTE.
Et croyez bien ceci, cher monsieur de Bouchavannes; c'est que, si l'on apprenait jamais ce que vous avez fait pour nous; c'est que, si l'on voulait vous punir de votre compassion pour de pauvres exilés, j'irais me jeter aux pieds de mon cousin Louis, qui est si bon, afin qu'il ne vous arrivât point malheur.
LE ROI.
Merci! (A part.) Chère petite Henriette!
CHARLES.
Au revoir, donc, monsieur, et que Dieu vous garde! Viens, chère petite sœur, afin que je ne te quitte qu'au dernier moment. Hélas! je regrette bien de ne pas avoir vu le roi!

(Charles et Henriette s'avancent vers le fond; le Roi se tient à leur portée, de manière à entendre ce qu'ils disent.)

LE ROI, à part.
Il regrette de ne m'avoir point vu!
HENRIETTE.
Explique-moi toujours ce que tu voulais lui demander, frère, et peut-être l'occasion se présentera-t-elle...
CHARLES.
Écoute bien ceci, petite sœur, quoique cela soit bien grave et bien sérieux pour toi...
HENRIETTE.
Je ne sais si, un jour, je redeviendrai joyeuse et gaie; mais je sais que, jusqu'ici, le malheur m'a faite assez sérieuse et assez grave pour exécuter ce que tu peux me dire.
CHARLES.
Eh bien, il y a un homme qui, maintenant que M. Cromwell est mort, tient dans sa main les destinées de l'Angleterre; il n'a qu'un mot à dire pour renverser M. Richard Cromwell, et m'élever sur le trône; cet homme est en Écosse, il a une armée, et, si j'avais eu un million, j'aurais peut-être eu cet homme.
HENRIETTE.
Un million! Oh! mon Dieu, M. de Mazarin qui en a tant, de millions!... Et comment s'appelle cet homme?
CHARLES.
Il s'appelle M. Monk. Peut-être, quoique la chose soit as-

sez improbable, peut-être mon cousin Louis eût-il pu me prêter ce million, et, alors, pauvres exilés, il y avait une chance que notre fortune changeât, et que nous redevinssions, moi, un vrai roi, et toi, une vraie princesse royale.

HENRIETTE.

Et peut-être, alors aussi, mon cousin Louis, que j'aime tant, et qui ne me regarde même pas, eût-il fait attention à la pauvre petite Henriette... Ah!

LE ROI, à part.

Tiens!... Ah! chère cousine, et moi qui ne me doutais pas de cela!

CHARLES.

Allons, il faut se quitter... Ah! demain va recommencer l'exil, qu'un instant j'ai cru fini ce soir!... Adieu, sœur!

HENRIETTE.

Adieu, Charles! adieu!

CHARLES.

Que je t'embrasse encore, une fois pour toi, une fois pour ma mère... Ah! si jamais je redeviens roi, comme je tâcherai de lui faire oublier ce qu'elle a souffert!

HENRIETTE.

Et, moi, je vais tâcher de lui faire attendre moins douloureusement l'instant où tu seras roi... Adieu!

CHARLES.

Adieu!...

(Il sort; Henriette referme la porte sur lui.)

SCÈNE XIV

LE ROI, HENRIETTE.

HENRIETTE.

Oh! monsieur de Bouchavannes, croyez bien que je n'oublierai jamais ce que vous venez de faire pour nous!

(Elle sort.)

SCÈNE XV

LE ROI, CHARLOTTE, à la fenêtre de la tourelle.

LE ROI.

Pauvre Charles! pauvre Henriette!... Ah! c'est une triste

et sombre besogne que celle de la politique, surtout quand on la fait comme M. de Mazarin! Ainsi, chacun a sa somme de désirs dans ce monde : Georgette veut être comédienne ; M. Molière désire un privilége; Bouchavannes sollicite une compagnie ; Charlotte demande cent mille livres ; Charles II a besoin d'un million ; Henriette... pauvre petite Henriette ! c'est la seule peut-être qui n'aura point ce qu'elle désire. Ah! M. de Bouchavannes, ma foi, pour le service que vous me rendez, ce n'est point une compagnie que je devrais vous donner, c'est un régiment... (Apercevant Charlotte à la fenêtre.) Comment vous êtes là?

CHARLOTTE.

Je vous ai dit que je vous aimais toujours; j'attends que vous me disiez que vous m'aimez encore.

LE ROI, à part.

Allons, je n'y échapperai pas. (Haut.) Plus que jamais!

CHARLOTTE.

Et, si vous avez votre compagnie, vous m'épouserez?

LE ROI.

Oui.

CHARLOTTE.

Même quand je n'aurais pas mes cent mille livres?

LE ROI.

Même quand vous ne les auriez pas.

CHARLOTTE.

Oh! que vous êtes gentil! oh! que je vous aime!... A demain !

LE ROI.

A demain!... (A part.) Ah! ma foi, tant pis! monsieur de Bouchavannes, vous voilà marié !

(Charlotte disparaît; le Roi reste seul.)

SCÈNE XVI

LE ROI, seul.

Minuit sonne.

Minuit, déjà ! jamais faction ne m'a paru plus courte... Ah çà ! mais je n'ai pas même eu le temps de faire savoir à Marie que je suis là... Bon ! voilà qu'on vient me relever.

SCÈNE XVII

LE ROI, GUICHE, en mousquetaire; DEUX MOUSQUETAIRES.

GUICHE.

Le mot d'ordre?

LE ROI.

Fortune et Fontainebleau.

GUICHE.

La consigne?

LE ROI.

Laisser entrer... Ah çà! mais depuis quand êtes-vous donc dans les mousquetaires, monsieur de Guiche?

GUICHE.

Le roi!

LE ROI.

Remontez chez vous, et gardez-y les arrêts jusqu'à nouvel ordre, monsieur; je ferai votre faction, comme j'ai fait celle de M. de Bouchavannes.

GUICHE.

Mais, sire...

LE ROI.

Remontez chez vous, et pas un mot! ni vous, messieurs, vous entendez?

TOUS, s'inclinant.

Sire!

(Il sortent.)

SCÈNE XVIII

LE ROI, seul.

M. de Guiche déguisé en mousquetaire! Que venait faire ici M. de Guiche sous ce déguisement?... Ce soir, je l'ai vu s'approcher deux fois de Marie; deux fois il lui a parlé; une fois même, il m'a semblé que leurs mains se touchaient; et, cependant, j'avais repoussé tout soupçon, et Dieu sait qu'en venant ici, je n'avais nullement l'intention de l'épier; mais m'y voilà; m'y voilà sous le déguisement qu'avait pris le comte... Jusqu'à présent, on dirait, en vérité, que la main de la Providence a conduit les événements de cette nuit. Allons jusqu'au bout, quelque chose que je puisse apprendre, quelque douleur qui me soit réservée : peut-être y a-t-il un enseignement suprême dans ce qui me reste à apprendre; peut-être allais-je commettre quelque grande faute que Dieu veut m'épargner!... Il m'a semblé entendre le bruit d'une fenêtre qui s'ouvrait... Non... si... C'est la fenêtre de Marie. Voyons, attendons, et n'oublions pas que, du moment où il remplace M. de Tréville, c'est le comte de Guiche qui monte la garde de minuit à deux heures du matin.

SCÈNE XIX

LE ROI, MARIE, à sa fenêtre.

MARIE.
Vous êtes là, monsieur de Guiche?

LE ROI, à part.
Oh! c'était bien lui qu'elle attendait!

MARIE.
Armand! (Le roi s'approche.) C'est bien vous, n'est-ce pas?

LE ROI, de même.
Ah! par ma foi, puisque tout le monde ici me trompe, combattons au moins à armes égales. (A Marie.) Oui, c'est moi.

MARIE.
M. de Tréville a donc consenti à vous céder sa place?

LE ROI.
Et, vous, Marie, vous avez donc consenti à m'accorder cette faveur que je sollicitais de vous avec tant d'instances?

MARIE.
Oui, Armand; car j'ai pensé qu'une double explication était absolument nécessaire entre nous, et que le moment était venu où je ne devais pas plus vous tromper pour le roi que tromper le roi pour vous. Depuis que le roi s'occupe de moi, comte, et particulièrement hier au Louvre, ce matin à la chasse, ce soir chez M. de Mazarin, vous m'avez fait frémir vingt fois avec vos jalousies!

LE ROI.
Mais, en effet, n'ai-je point quelques raisons d'être jaloux, Marie?

MARIE.
Oui; mais plus vous avez de raisons d'être jaloux, Armand,

moins, si vous m'aimez réellement, si vous m'aimez pour mon bonheur, si vous m'aimez pour mon avenir, moins vous devez le paraître... Je vous ai accordé ce rendez-vous parce que je ne veux pas, parce que je ne dois pas souffrir que cette double intrigue aille plus loin... Ou rendez-moi ma parole, comme, dans les circonstances où nous sommes, doit le faire tout bon gentilhomme ; ou dites-moi nettement: « J'ai votre parole, Marie ; vous m'avez dit que vous m'aimiez, vous me l'avez écrit ; j'exige de vous que vous fassiez à cette parole le sacrifice de l'amour du roi, et de l'avenir que cet amour peut vous promettre ! » S'il s'agissait pour moi, aujourd'hui, d'être simplement la maîtresse du roi Louis XIV, je crois que vous n'auriez point à hésiter, et que je n'aurais aucun droit au sacrifice que je vous demande ; mais le roi m'aime sérieusement : il m'aime au point de faire de moi sa femme. Je n'ai pas encore sa parole ; mais il est tout près de me la donner, et, s'il me la donne, il la tiendra ! Vous savez ce que dit mon oncle : « Il y a dans le roi de l'étoffe pour un roi et quatre honnêtes hommes ! » Armand, voudriez-vous arracher la couronne de France d'un front où vous eussiez voulu, disiez-vous, mettre la couronne du monde ?

LE ROI.

Mais, alors, Marie, vous aimez donc le roi ?

MARIE.

Écoutez-moi, Armand, et croyez bien que la haute position à laquelle je suis près d'atteindre reste en dehors de ce que je vais vous dire. Je ne vous parle point ici du fils de Louis XIII, du petit-fils d'Henri IV, de celui qui commande à vingt-cinq millions d'hommes ; je vous parle d'un beau, noble et séduisant gentilhomme qui, fût-il simple comte ou simple baron, aurait encore en lui, dans sa jeunesse, dans sa grâce et dans sa courtoisie, tous les avantages qui peuvent séduire une femme. Il ne serait donc pas étonnant que mon cœur, entraîné vers vous d'abord, hésitât maintenant entre le roi et vous ; mais, à ce que je viens de vous dire, ajoutez ceci : le roi est le roi, et, je vous le répète, il s'est presque engagé à m'épouser. Armand, ne me faites pas repentir toute ma vie du sentiment que vous m'aviez inspiré ; vous savez mieux que personne le peu de pas que nous avons faits sur le chemin de cet amour : je ne vous ai rien accordé, que d'innocentes faveurs ou de fugitives promesses... Armand, rendez-moi mes lettres, tenez, comme je vous rends les vôtres ; quittez la cour sous le premier prétexte venu ; cessez d'exciter la jalousie du roi ; souvenez-vous de sa rupture avec mademoiselle de la Motte, lorsqu'il lui a été prouvé qu'elle avait aimé Charamante. Laissez-moi accomplir ce merveilleux destin ; permettez que je suive cette fortune qui doit laisser si loin d'elle la fortune de mes sœurs, tant de fois jalousées par moi, et je vous bénirai, Armand ! et, plus encore, je vous aimerai comme mon véritable, comme mon meilleur ami !

LE ROI.

Merci, Marie, vous m'aviez promis d'être franche, et ma bonne fortune veut que vous l'ayez été. J'étais venu ici plein de joie et d'espérances : Marie, vous venez de briser mon bonheur, de souffler sur cette première flamme de la jeunesse que la même femme presque toujours allume et éteint ! Marie, ne m'en veuillez pas de ma promptitude à vous obéir. Je suis comme le roi, je ne veux point d'amour partagé ; il me faut, à moi, la double virginité du cœur et de l'âme... Marie, Marie, je vous le dis avec des larmes plein les yeux, à partir de ce moment, vous êtes libre !

MARIE.

Armand !

LE ROI.

Adieu, Marie !... Demain, vous aurez vos lettres, et celui dont vous craignez la présence, celui dont l'amour a osé entrer en lutte avec l'amour d'un roi, celui dont la jalousie n'a pas craint de vous menacer, celui-là aura quitté la cour.

(On frappe trois coups à la petite porte.)

MARIE, essayant de lui prendre la main.

Armand !

LE ROI, repoussant la main de Marie.

Un homme que votre oncle attend dans l'orangerie frappe à cette porte, Marie ; je suis de garde, et ma consigne est de lui ouvrir. Rentrez chez vous, et refermez votre fenêtre ; je désire, comme vous devez le désirer vous-même, que personne autre que moi ne vous voie et ne vous entende !

MARIE.

Et, demain, j'aurai mes lettres ?

LE ROI.

Vous les aurez, foi de gentilhomme !

MARIE.

Merci !

(Elle referme la fenêtre.)

SCÈNE XX

LE ROI, seul.

Oh ! mon Dieu ! mon Dieu ! est-ce pour mon bonheur, est-ce pour mon désespoir que vous venez d'arracher ce voile de dessus mes yeux ?... Mais on frappe pour la seconde fois... Oui, oui, j'entends, et j'y vais !

SCÈNE XXI

LE ROI, PIMENTEL.

LE ROI.
Vous êtes la personne qu'attend le cardinal Mazarin?

PIMENTEL.
Oui.

LE ROI.
Vous avez le mot de passe, alors?

PIMENTEL.
Espagne et France.

LE ROI.
Et vous apportez des nouvelles de Madrid?

PIMENTEL.
Des plus importantes !

LE ROI.
La reine d'Espagne est accouchée?

PIMENTEL.
Oui.

LE ROI.
D'un garçon ou d'une fille?

PIMENTEL.
Mais, monsieur, ce secret ne doit être confié qu'au cardinal.

LE ROI.
Oh ! j'espère, cependant, que vous aurez la bonté de me le dire, à moi, avant de le lui dire, à lui.

PIMENTEL.

Et qui êtes-vous pour parler sur ce ton à l'ambassadeur d'Espagne?

LE ROI.

Je suis le roi de France, monsieur!

PIMENTEL.

Oh! que d'excuses, sire!... Mais comment vous reconnaître sous ce déguisement?

LE ROI.

J'ai un ordre à donner au capitaine des gardes qui fait sa ronde de nuit; allez m'attendre sous cette voûte, monsieur; nous reprendrons la conversation chez moi.

(Pimentel s'incline et s'éloigne.)

SCÈNE XXII

LE ROI, GUITAUT et QUATRE HOMMES; PIMENTEL, sous la voûte.

LE ROI.

Venez ici, monsieur Guitaut. (Levant son chapeau.) Vous me reconnaissez?

(Un Homme éclaire le visage du Roi avec une lanterne.)

GUITAUT.

Le roi!... Sa Majesté a-t-elle quelque ordre à me donner?

LE ROI.

Vous arrêterez à l'instant M. le comte de Guiche... Me voici, monsieur Pimentel.

(Il s'éloigne et disparaît avec l'ambassadeur d'Espagne.)

SCÈNE XXIII

GUITAUT et SES QUATRE HOMMES.

GUITAUT.

Ah! le roi est donc réellement roi, enfin!

LE SERGENT.

Comment cela, capitaine?

GUITAUT.

Il vient de m'ordonner d'arrêter M. le comte de Guiche!

ACTE CINQUIÈME

Chez le Roi.

SCÈNE PREMIÈRE

MONTGLAT, DANGEAU, VILLEQUIER, Courtisans,
attendant le lever du Roi.

MONTGLAT, tirant sa montre.

Huit heures cinq minutes... Messieurs, le roi est en retard de cinq minutes sur l'heure de son lever! il faut qu'il y ait indisposition de Sa Majesté.

VILLEQUIER.

Ou, ce qui est encore plus probable, que Sa Majesté soit avec son agent secret.

DANGEAU.

Cela ne m'étonnerait pas! J'ai vu entrer, ce matin, au château, un homme dont la figure m'est complétement inconnue.

VILLEQUIER.

Quel âge?

DANGEAU.

De trente-quatre à trente-six ans, l'œil noir, la figure triste, des moustaches.

VILLEQUIER.

Vous qui le connaissez, Montglat?

MONTGLAT.

Qui?

VILLEQUIER.

L'agent secret! son signalement correspond-il à celui que donne Dangeau?

MONTGLAT.

Oui et non, messieurs. L'agent secret de Sa Majesté, pour ne pas être reconnu, change trois ou quatre fois d'âge, de visage et de costume par jour, et le double par nuit.

DANGEAU.

Mais il ne dort donc pas?

MONTGLAT, gravement.

Très-peu! Cette faculté, jointe à une excessive activité, permet à cet homme extraordinaire de remplir, avec autant d'exactitude que de persévérance, le fatigant métier qu'il a entrepris.

VILLEQUIER.

Alors, vous croyez, Montglat, que c'est lui qui est avec le roi?

MONTGLAT.

Je n'affirme point; mais, comme le roi m'a demandé, hier au soir, une clef des portes extérieures du château, je ne doute point qu'il n'ait, ce matin, une foule de nouvelles et de secrets à nous dire.

DANGEAU.

Messieurs, en fait de nouvelles, vous savez que les deux dames qui sont arrivées hier incognito à Vincennes ne sont autres que madame la duchesse de Savoie et la princesse Marguerite, sa fille?

MONTGLAT.

C'est moi qui leur ai envoyé des voitures jusqu'à Orléans.

VILLEQUIER.

En fait de secrets, vous savez que M. Pimentel, l'ambassadeur d'Espagne, est sorti de chez le roi à deux heures de la nuit?

MONTGLAT.

C'est moi qui l'ai attendu à la grille d'honneur, et qui l'ai introduit dans la chambre à coucher du roi.

DANGEAU.

Tout cela est moins étonnant, messieurs, que l'arrestation de M. de Guiche, opérée ce matin à quatre heures, par Guitaut.

VILLEQUIER.

Impossible! Guiche, le favori du roi?

MONTGLAT.

Quant à cette nouvelle, je vous la donne comme certaine: c'est moi qui ai été réveiller Guitaut; le bonhomme a même le sommeil très-dur!

DANGEAU.

Tout cela explique comment Sa Majesté est de dix minutes en retard, messieurs.

MONTGLAT, tirant sa montre.

De onze minutes et demie... Aussi, je le répète, sans doute se passe-t-il quelque chose de grave.

SCÈNE II

Les Mêmes, MOLIÈRE.

MOLIÈRE.

Messieurs, Sa Majesté vous prie de recevoir ses regrets : elle n'aura pas de petit lever ce matin ; elle désire, cependant, que personne ne s'éloigne, ayant, dit-elle, une communication importante à faire à la cour.

VILLEQUIER.

Qui donc est celui-là ?

DANGEAU.

Justement l'homme que j'ai vu entrer ce matin à Vincennes.

VILLEQUIER.

L'agent secret ?

MONTGLAT.

Eh ! non, messieurs, c'est le nouveau valet de chambre de Sa Majesté, M. Molière, le fils du vieux Poquelin, tapissier de la couronne ; c'est un comédien que le roi a pris en amitié, on ignore pourquoi. Je sais cela parce que Bontemps, le valet de chambre ordinaire du roi, a refusé hier de faire le lit de Sa Majesté avec le nouveau venu, sous prétexte qu'il ne familiarisait pas avec un histrion. Je vous réponds du fait : Bontemps est venu consulter là-dessus ma grande connaissance de l'étiquette.

DANGEAU.

Et vous avez donné tort ou raison à Bontemps ?

MONTGLAT.

Je lui ai donné tort : il y a un édit du roi Louis XIII, en date du 16 avril 1641, défendant que l'état d'acteur puisse être imputé à blâme.

MOLIÈRE.

Vous avez entendu, messieurs ?

MONTGLAT.

Dites au roi, monsieur Molière, que nous nous tenons à sa disposition, selon ses ordres.

SCÈNE III

MOLIÈRE, seul.

Allons, il paraît que le conseil que j'ai donné à Sa Majesté fait son effet : il n'est plus question ici que de l'agent secret du roi ; tout le monde l'a vu : l'un, venant à cheval ; l'autre, s'en allant à pied ; celui-ci, se promenant triste et soucieux dans les allées les plus solitaires du parc ; celui-là, donnant gaîment à manger des biscuits aux cygnes du grand bassin ; il est brun, il est blond, il est noir, il est grand, il est petit ! M. de Montglat a un rendez-vous avec lui, ce soir ; M. de Villequier déjeune avec lui, demain matin ; M. Dangeau hésite à le recevoir avant d'être certain qu'il a fait ses preuves, et qu'il peut monter dans les carrosses du roi. En attendant, chacun dénonce les espérances et les projets de son voisin, et avoue même les siens, de peur d'être prévenu par l'agent secret ; le roi reçoit lettres sur lettres et confidences sur confidences. Oh ! pauvres jouets de l'ambition, du pouvoir et de la fortune, qui prenez pompeusement le titre d'hommes, comme vous êtes bien les mêmes, que vous rampiez à la surface de la terre, soit du temps d'Aristophane, soit du temps de Plaute, et j'allais dire, orgueilleux que je suis, soit du mien !

SCÈNE IV

LE ROI, GUITAUT, MOLIÈRE.

LE ROI, regardant un paquet de lettres.

Merci, Guitaut. Et qu'a-t-il dit, quand vous l'avez arrêté ?

GUITAUT.

Ce qu'ils disent tous quand on les arrête : « Je ne sais pas pourquoi Sa Majesté... » Mais, lorsque je lui ai demandé les lettres de la personne qui lui renvoyait les siennes, il a paru comprendre, et m'a remis ce paquet sans difficulté.

LE ROI.

C'est bien, Guitaut... Retournez près de M. de Guiche, et dites-lui qu'il est libre, mais à la condition de rejoindre à l'instant l'armée, et de ne revenir à Paris que lorsque je l'y rappellerai.

GUITAUT.

Les ordres de Sa Majesté seront ponctuellement accomplis.
(Il salue et sort.)

SCÈNE V

LE ROI, MOLIÈRE.

LE ROI.

Je suis libre, à ce qu'il paraît, monsieur Molière ?

MOLIÈRE.

Oui, sire ; mais, comme le roi le désire, personne ne s'éloignera.

LE ROI.

C'est bien, monsieur... Voici la liste des personnes que je veux recevoir ce matin. Depuis vingt-quatre heures, grâce au conseil que vous m'avez donné, les choses ont si rapidement marché, que la comédie dans laquelle je vous ai donné le rôle de mon conseiller touche à son dénoûment ; vous en avez vu le commencement, monsieur Molière : vous en verrez la fin.

MOLIÈRE.

Sire, il est impossible d'être plus reconnaissant au roi qu'on respecte, au souverain qu'on adore, que je ne le suis à Votre Majesté ; enfin, il est impossible d'être plus profondément touché que je ne le suis des bontés dont le petit-fils d'Henri IV honore un pauvre poëte ; mais oserai-je dire à Sa Majesté que, cette comédie achevée, je lui demande la permission de me retirer et de reprendre ma vie de théâtre ?... Je ne suis point un homme de cour : je suis un pauvre bohème comme Callot ou Salvator Rosa, tenant un pinceau d'une main, une plume de l'autre, raillant, crayonnant, griffonnant... Roi chez mes pareils, je suis esclave ici ; honoré dans les coulisses de mon théâtre à l'égal d'un empereur, je suis méprisé dans les antichambres du roi à l'égal d'un paria. Par exemple, si le roi a mal dormi cette nuit, et a attribué cette insomnie à la façon dont son lit était fait...

LE ROI.

Oui, je sais cela, monsieur Molière : Bontemps a refusé de faire mon lit avec vous, sous prétexte, sans doute, non pas qu'un poëte n'était pas son égal, mais qu'il n'était pas l'égal d'un poëte ; ce que vous avez pris pour de l'orgueil, c'était de l'humilité. Au reste, cette dette de mon vieux Bontemps vis-à-vis de vous, je la prends pour moi, monsieur Molière, et nous la réglerons aujourd'hui même ensemble. En attendant, jetez un coup d'œil sur ma liste, et veillez à n'introduire près de moi que les personnes qui y sont portées.

MOLIÈRE.

Si j'osais faire observer à Votre Majesté qu'il y manque un nom...

LE ROI.

Lequel, monsieur?

MOLIÈRE.

Celui de mon père, sire. Ne devait-il pas venir prendre, ce matin, certaine lettre de cachet ayant pour but de faire emprisonner certain mauvais sujet de fils?

LE ROI.

Vous avez raison. Donnez l'ordre de le faire entrer, s'il se présente.

(Molière sort.)

SCÈNE VI

LE ROI, seul.

Il tombe accablé sur un fauteuil.

Oh! Louis! Louis! tu as voulu être roi, et tu ne peux pas même être homme! Comment porteras-tu, pauvre néophyte du pouvoir, le fardeau d'un empire, toi qui ne sais point porter le poids d'une douleur?... Voici ses lettres... les lettres de Marie, adressées à un autre que moi... Je ne les ai point lues, je ne les lirai point; mais, sans doute, ce qu'elle m'a écrit, à moi, avant de me l'écrire, elle le lui écrivait, à lui! A part les titres changés, qui sait? quelqu'une de ces lettres a peut-être servi pour nous deux! A chacun de nous, à coup sûr, du moins, elle a dit, elle a redit, elle a répété ces trois mots doux et terribles, ce mensonge perpétuel de la vie, avec lequel la femme nous berce de notre naissance à notre tombe : « Je vous aime! » (Avec douleur.) Oh! moi aussi, je vous aimais, Marie! je vous aimais à en devenir fou, à faire de vous ma femme, à faire de vous une reine! Si l'on était venu me dire ce que j'ai entendu cette nuit, je n'eusse point voulu le croire; vous m'avez désabusé vous-même! Merci, Marie, pour cette cruelle guérison de la douce blessure que vous m'aviez faite!... On vient... Henriette! autre cœur saignant! Celui-là, du moins, je puis le guérir.

SCÈNE VII

LE ROI, HENRIETTE.

HENRIETTE.

Sire!

LE ROI.

Venez ici, chère Henriette, et regardez-moi.

HENRIETTE.

Oh! mon Dieu, sire, savez-vous que, si votre regard n'était pas si bon et votre voix si affectueuse, savez-vous que j'aurais grand'peur?

LE ROI.

Et pourquoi cela ?

HENRIETTE.

Vous avez désiré me voir ce matin, me voir seule, me parler en particulier; que pouvez-vous avoir à dire à une pauvre enfant comme moi ?

LE ROI, *la regardant avec une grande tendresse.*

J'ai à vous dire, Henriette, que vous avez non-seulement de beaux yeux, une bouche charmante, des cheveux admirables, mais encore un noble cœur!

HENRIETTE.

Mon cousin!...

LE ROI.

Vous avez toujours été bonne et tendre fille, consolatrice de votre mère dans la douleur ; aujourd'hui, vous êtes sœur fidèle et dévouée, consolatrice de votre frère dans l'exil.

HENRIETTE.

Mon Dieu, que voulez-vous dire?

LE ROI.

Que je trouve beau et grand, ma chère Henriette, quand un frère est détrôné, proscrit, fugitif, quand un ordre injuste et tyrannique le force à quitter le pays qui devait être sa seconde patrie, de lui adoucir, au moins, par des caresses et des larmes, — hélas! pauvre enfant, c'est tout ce que vous aviez à lui donner ! — de lui adoucir, au moins, l'heure cruelle du départ.

HENRIETTE.

Oh ! mon Dieu ! mon Dieu ! votre agent secret vous a tout dit ! (Elle tombe à genoux.) Pardon, sire ! pardon !

LE ROI.

Non-seulement je vous pardonne, mais encore je vous félicite, Henriette. Maintenant, écoutez.

HENRIETTE.

Oh ! oui, j'écoute ! mais il me semble que je rêve.

LE ROI.

Je vais vous prouver que vous veillez, chère cousine. Cette nuit, en vous quittant, votre frère vous a dit., près de la petite porte de l'orangerie, vous rappelez-vous ?... qu'un million lui suffirait peut-être pour acheter M. Monk.

HENRIETTE.

Mon Dieu ! mon Dieu !

LE ROI.

Voici, dans ce portefeuille, le million que désirait votre frère ; faites-le-lui passer, Henriette. Je veux qu'il le tienne de votre main : si la négociation réussit, eh bien, c'est à vous, à vous seule qu'il devra le trône d'Angleterre.

HENRIETTE.

Mais ce million, sire...

LE ROI, avec mélancolie.

Il m'avait été envoyé par M. de Mazarin pour les fêtes que je devais donner ; mais cœur en deuil, — et vous devez savoir cela, Henriette, — cœur en deuil fuit le bruit et les plaisirs. Je n'ai plus besoin de ce million, Henriette ; je vous le donne sans regrets ; prenez-le donc sans remords. Que votre frère me pardonne seulement de faire si peu maintenant ; peut-être, plus tard, ferai-je davantage.

HENRIETTE.

Oh ! merci ! merci !

LE ROI.

Allons, chère Henriette, ne perdez pas de temps... Votre frère devait partir ce matin ; j'espère qu'il n'est pas encore parti.

HENRIETTE.

Oh ! permettez-vous que j'aille moi-même... ?

LE ROI.

Je le désire.

(Il la reconduit jusqu'à la porte.)

HENRIETTE.

Que vous êtes bon!

(Elle sort.)

SCÈNE VIII

Les Mêmes, LE DUC D'ANJOU, dans l'antichambre.

D'ANJOU.

Louis! Louis! mais dis donc que je peux entrer chez toi, quand je veux, moi! Voilà M. Molière qui me défend ta porte, à moi qui la lui ai ouverte, l'ingrat!

MOLIÈRE.

Sire, ayez la bonté de dire à M. le duc d'Anjou que je ne suis point un ingrat; que seulement j'exécute les ordres qui m'ont été donnés.

D'ANJOU.

C'est égal, j'entre.

LE ROI.

Allez, Henriette! allez!

(Elle sort.)

SCÈNE IX

LE DUC D'ANJOU, LE ROI.

D'ANJOU, avec un gros soupir.

Ah!...

LE ROI.

Qu'as-tu donc, d'Anjou? Tu as l'air presque aussi triste que moi!

D'ANJOU.

Si je suis triste, Louis, ce n'est pas pour rien!

LE ROI.

Triste, toi? triste, avec trente mille livres dans tes poches, c'est-à-dire avec des plumes à tes chapeaux, avec des dentelles à tes manchettes, avec des boucles de diamants à tes jarretières, avec des passementeries d'or à tes manteaux?

D'ANJOU.

Hélas! justement, c'est parce qu'il faut que je dise adieu aux passementeries, aux diamants, aux dentelles et aux plumes, que je suis triste! — Les trente mille livres que m'avait données M. de Mazarin, tu sais?

LE ROI.

Oui.

D'ANJOU.

Eh bien, elles sont retournées dans ses coffres!

LE ROI.

Il te les a reprises?

D'ANJOU.

Non, il a agi moins honnêtement : il me les a regagnées au jeu; et, quand j'ai été ruiné, quand ma poche a été veuve de son dernier écu, quand j'ai voulu jouer sur parole, il m'a dit « Fi! monseigneur, que c'est laid d'être déjà joueur à votre âge! » De sorte que tu vois!...

(Il retourne ses poches.)

LE ROI.

Et tu as compté sur moi?

D'ANJOU.

Pour remplir les vides... Je t'ai offert, hier, ta part de mes trois mille pistoles; je viens te demander ma part de ton million : c'est tout simple.

LE ROI.

Pauvre d'Anjou, tu tombes mal!

D'ANJOU.

Bon! le cardinal te l'aurait-il regagné aussi, ton million?

LE ROI.

Non, mais j'en ai disposé.

D'ANJOU.

Oh! et quand t'en donnera-t-il un autre?

LE ROI.

Je ne sais pas; mais, sois tranquille, s'il tarde trop, je le prendrai sans le lui demander.

D'ANJOU.

Tu vas donc devenir roi?

LE ROI.

Je l'espère!

D'ANJOU.

A partir de quel jour?

LE ROI, avec un soupir.

A partir d'aujourd'hui !

D'ANJOU.

Personne ne le sait encore ?

LE ROI.

Non.

D'ANJOU.

Eh bien, laisse-moi être le premier à t'en faire mon compliment... Sire, j'ai l'honneur...

SCÈNE X

Les Mêmes, MOLIÈRE, grattant à la porte.

LE ROI.

Entrez.

MOLIÈRE.

Le roi m'excusera, mais, madame la comtesse de Verceil et sa fille partant à midi, et le roi ayant donné audience à mademoiselle Charlotte...

LE ROI.

Qu'elle entre !

D'ANJOU.

Qu'est-ce que c'est que cela, mademoiselle Charlotte ? (Molière introduit Charlotte, qui reste toute honteuse près de la porte d'entrée.) Ah ! c'est la demoiselle d'honneur de ma cousine Marguerite !... Dis donc, Louis, aussitôt ton million touché, n'est-ce pas ?...

LE ROI, lui tendant la main.

Sois tranquille, je te donnerai tes trois mille pistoles.

D'ANJOU.

Merci !... Oh ! la jolie bague !

LE ROI, avec tristesse.

Tiens, prends-la.

D'ANJOU.

Pour moi ?

LE ROI.

Oui, elle te rappellera que c'est toi qui m'as félicité le premier sur ma royauté future.

D'ANJOU.

Oh! la jolie bague! la jolie bague!... Merci, Louis! (En passant devant Charlotte.) Tenez, voyez, la jolie bague!

CHARLOTTE, toujours inquiète.

Oui, monseigneur.

SCÈNE XI

LE ROI, CHARLOTTE.

LE ROI.

Heureux d'Anjou! une bague donnée, trois mille pistoles promises, et le voilà le plus heureux prince de la terre! (A Charlotte.) Venez, mademoiselle.

CHARLOTTE.

Pardon, sire, mais on s'est trompé, n'est-ce pas? en me disant que Votre Majesté me faisait l'honneur de m'accorder une audience.

LE ROI.

Qui vous fait supposer que l'on se soit trompé?

CHARLOTTE.

C'est que... c'est que, moi, je n'ai rien à dire à Votre Majesté... Non, rien!

LE ROI.

Mais si le roi a quelque chose à vous dire, à vous?

CHARLOTTE.

A moi! Que peut avoir à me dire le roi?

LE ROI.

Il peut avoir à vous demander des nouvelles de la princesse Marguerite et de sa mère.

CHARLOTTE.

Elles se portent bien, sire, très-bien!

LE ROI.

Madame la régente part à midi, à ce que l'on m'assure?

CHARLOTTE.

Oui, sire.

LE ROI.

Elle retourne à Turin?

CHARLOTTE.

A Turin, oui.

LE ROI.
Et quelle impression lui produit ce départ?
CHARLOTTE.
Elle est fort triste.
LE ROI.
En échange, la princesse Marguerite doit être fort gaie, elle?
CHARLOTTE.
Fort gaie?
LE ROI.
Oui; n'est-ce point l'effet que lui a produit, hier, quand la reine mère est montée chez ces dames, toute furieuse, la nouvelle de l'amour avoué du roi pour mademoiselle de Mancini?
CHARLOTTE, à part.
Mes propres expressions!...
LE ROI.
Et cette gaieté se comprend, quand elle a eu la crainte d'épouser un homme qu'elle n'aime pas...
CHARLOTTE.
Oh!
LE ROI.
Elle va revoir le seigneur don Ranuce, le duc Farnèse!
CHARLOTTE.
Oh!...
LE ROI.
Qu'elle aime tendrement.
CHARLOTTE.
Oh!...
LE ROI.
Et qui a promis à une certaine demoiselle d'honneur qu'on appelle Charlotte Godefroy...
CHARLOTTE.
Mon Dieu!
LE ROI.
Laquelle, de son côté, aime M. le vicomte de Bouchavannes...
CHARLOTTE.
Mon Dieu!...

LE ROI.

Cent mille livres, en manière de cadeau de noces, s'il épousait la princesse Marguerite.

CHARLOTTE.

Mon Dieu!... A l'aide! au secours! je vais me trouver mal!

LE ROI.

Vous ferez mieux de rappeler toutes vos forces, et d'aller prendre, sur cette table, là-bas, voyez, ce papier plié en quatre...

CHARLOTTE.

Sire, ce serait avec bien du plaisir, mais les jambes me manquent!

LE ROI.

Et qui est la commission de capitaine du vicomte de Bouchavannes...

CHARLOTTE.

Sa commision de capitaine? Oh! sire, que de remercîments!... Pardon, sire!

LE ROI.

Mais que vous ne lui donnerez qu'à la condition, condition du reste facile à remplir, qu'il sera votre mari d'ici à six semaines, Et, maintenant, je n'ai plus qu'une chose à vous dire : si le duc Farnèse, à qui j'épargne des voyages fort dispendieux en France, en n'épousant point la princesse Marguerite, est assez ladre pour ne pas vous donner les cent mille livres promises, je vous les donnerai, moi.

CHARLOTTE.

Oh! sire!

LE ROI.

Eh bien, qu'avez-vous?

CHARLOTTE.

Sire, la peur, l'émotion, la joie me font un tel effet, que je ne vois plus la porte!... (Il la conduit vers la porte.) Mais comment pouvez-vous savoir...?

LE ROI.

Laissez-moi vous rendre un baiser que vous m'avez donné cette nuit, au pied de l'escalier de la tourelle, dans la cour de l'Orangerie. Je ne veux rien avoir à M. de Bouchavannes.

CHARLOTTE.

Ah! mon Dieu! (La porte s'ouvre; Mazarin paraît. Charlotte recule; Mazarin fait quelques pas en avant; elle passe derrière lui, et disparaît en

tenant sa tête dans ses deux mains, et en continuant de crier.) Mon Dieu !
mon Dieu !

SCÈNE XII

LE ROI, MAZARIN.

LE ROI, à lui-même.
Encore deux heureux ! J'en ai presque un instant oublié
mon malheur.

MAZARIN, regardant autour de lui d'un air étonné.
Votre Mazesté me fait demander?

LE ROI, avec un soupir.
Oui, monsieur, oui.

MAZARIN.
Votre Mazesté a reçou le million?

LE ROI.
Bernouin me l'a remis.

MAZARIN.
C'est que, comme Votre Mazesté me priait de passer cez
elle, ze craignais...

LE ROI, avec hauteur.
Je vous ai prié de passer chez moi, monsieur, parce que
j'ai à vous entretenir de plusieurs affaires importantes, relatives au gouvernement du royaume, et à notre politique intérieure et extérieure.

MAZARIN.
Plaît-il, sire ?

LE ROI.
Oui, cela vous étonne, n'est-ce pas, monsieur de Mazarin,
que je vous parle de cette façon? mais il y a des choses qui
touchent de si près à mes prérogatives comme roi, ou à mes
sentiments comme homme, que je m'étonne toujours que
vous accomplissiez ces choses-là sans me consulter.

MAZARIN.
Votre Mazesté veut parler...?

LE ROI.
Je veux parler, monsieur, du refus que vous avez fait à
M. de Condé de rentrer en France, et de l'ordre que vous avez
donné à mon cousin Charles de quitter Vincennes.

MAZARIN.

Votre Mazesté sait...?

LE ROI.

Je sais que Guénaud est parti, hier au soir, pour Bruxelles, et que le roi Charles II a été prévenu par Guitaut d'avoir à quitter Vincennes ce matin.

MAZARIN.

Oh! oh!...

LE ROI.

Pourquoi ne saurais-je pas cela, monsieur? C'était moins difficile à savoir, vous l'avouerez vous-même, que le chiffre exact de votre fortune! Vous savez, je veux parler des trente-neuf millions deux cent soixante mille livres.

MAZARIN.

Bien zoué, sire! ze souis oun trop habile homme pour ne pas rendre zoustice à l'habileté... Ma, comme le roi semble me faire oun crime dou refous fait à monsou de Condé et de l'ordre donné à Sa Mazesté Çarles II, ze vais tâcer de me zoustifier en doux paroles.

LE ROI.

Faites, monsieur: laissez-moi seulement changer le mot de justification en celui d'explication.

MAZARIN.

D'abord, sire, ze n'ai point refousé à monsou de Condé sa rentrée en France : ze l'ai azournée.

LE ROI.

Oui, à la fin de sa convalescence, et vous avez fixé le terme de cette convalescence à deux mois.

MAZARIN.

Sire, ze souis soûr des zens que z'emploie ; en conséquence, vous n'avez sou ce qui s'est passé ni par Bernouin, ni par Guénaud, ni par personne de ma maison; vous l'avez sou par hasard! ma vous le savez, c'est l'important. Eh bien, z'ai retenou monsou de Condé hors de France parce que, tout en rendant zoustice à ses grandes qualités comme zénéral, ze connais son caratère comme homme politique. Monsou de Condé, oune fois à la cour au lieu d'être à l'armée, monsou de Condé, n'ayant plous de batailles à gagner, soit pour Votre Mazesté, soit contre Votre Mazesté, monsou de Condé fera de l'intrigue! il voudra vous marier, non pas selon votre goût ou selon les ézizences de la politique, ma selon ses désirs et ses intérêts, à loui. Or, tant que le roi ne sera pas marié, ou tout au moins n'aura pas pris oune résoloution irrévocable à l'endroit de son mariaze, z'aime autant que monsou de Condé soit à Brousselles que d'être à Paris.

LE ROI.

Sur ce point, je vous donne raison, monsieur, et je vous promets qu'avant que M. de Condé soit à Paris, j'aurai pris une résolution irrévocable.

MAZARIN.

Alors, il n'y aura plous d'inconvénient, et Guénaud pourra guérir monsou le Prince, et Votre Mazesté le rappeler près d'elle aussi vite que le permettront monsignor le bon Diou et monsignor le roi, mes deux seuls signors au ciel et sour la terre.

LE ROI.

Passons donc au roi Charles II.

MAZARIN.

Ah! quant au roi Çarles II, c'est autre çose, et Votre Mazesté va, dans oun instant, convenir avec moi que sa présence à Vincennes, à Paris et même en France était impossible à tolérer.

LE ROI.

Vous avouerez tout au moins, monsieur, qu'il m'est permis, à moi qui ai été proscrit et fugitif comme lui, de vous demander une explication sur cet ordre donné par un ministre à un roi, de quitter les États de son cousin et de son allié, comme s'il n'était qu'un simple particulier.

MAZARIN.

D'abord, mon cer sire, oun roi dépossédé est à la fois moins et plous qu'oun simple particoulier, attendou qu'il est parfois zênant, zamais outile, danzereux touzours! Pouis le roi Çarles II est votre cousin, c'est vrai; ma vous vous trompez en disant qu'il est votre allié : votre allié, sire, c'est monsou Riçard Cromwell, protettour de la Grande-Bretagne. Enfin, si votre cousin est proscrit et fouzitif comme vous l'avez été, c'est qu'il avait le malhour de ne pas avoir près de loui oun Zoules Mazarin comme vous en avez ou oun ; sans cela, au liou de courir les grands cemins comme il le fait, il serait à cette houre sour le trône d'Angleterre.

LE ROI.

Je sais tout ce que je vous dois, monsieur, et croyez bien

12.

que je ne l'oublierai jamais. Je rends justice à votre génie, auquel je reconnais devoir la paix, mon trône et ma puissance ; mais ce génie, si grand qu'il soit, ou juge mal la situation, ou fait une erreur. Je suis l'allié de M. Richard Cromwell, moi ? J'ignorais cela ! Le traité d'alliance avec le nouveau protecteur a-t-il été passé par vous à mon insu? Alors, c'est vrai, car votre acte comme ministre engage le roi de France, qui a eu la faiblesse ou l'insouciance de laisser faire un pareil acte à son ministre.

MAZARIN.

Sire, il y a trente ans que ze fais de la politique : avec le cardinale Zinetti d'abord, pouis avec le cardinale de Ricelion, pouis, enfin, tout soul ; ze l'ai faite soit avec ardour, soit avec esprit... Z'ai ou de l'ardour dans ma zounesse ; z'ai ou de l'esprit touzours, ze pouis bien le dire, pouisque c'est le plous grand reproce que l'on me fait... Eh bien, sire, cette politique, ze dois l'avouer, elle n'a pas touzours été très-honnête, ma elle n'a zamais été malhabile. Or, celle qu'il me faudrait souivre pour remettre le roi Çarles II sour le trône serait à la fois malhabile et malhonnête, sire !

LE ROI.

Malhonnête ?

MAZARIN.

Oui, pouisque vous avez fait oun traité avec monsou Cromwell père.

LE ROI.

Et même, dans ce traité, il a signé au-dessus de moi, il a mis son nom plus haut que le mien.

MAZARIN.

Eh ! sire, c'est la faute de Votre Mazesté ! Pourquoi a-t-elle signé si bas ? Eh ! mon Diou, monsou Cromwell il a trouvé oune bonne place, il l'a prise ; c'était assez son habitoude, vous savez.

LE ROI.

Oui, mais, comme je le disais aussi tout à l'heure, M. Cromwell est mort.

MAZARIN.

Bon ! vous croyez cela parce qu'il est enterré ? Le roi est mort, vive le roi !... Le protettour est mort, vive le protettour ! Monsou Olivier Cromwell est mort ; ma monsou Riçard Cromwell a hérité de son père, et loui a soussédé. Or, le traité que vous avez signé avec le père, ce traité, il est valable autant et plous que zamais ! Qu'y a-t-il de çanzé dans le fond ? Rien ! oun homme est trépassé, enterré, enseveli ; c'est la forme qui est ensevelie, enterrée, trépassée : le principe vit ! Eh ! mon Diou ! ze sais bien que c'est malnonnête, au point de voue de la famille, de signer oun traité avec oun homme qui a fait couper le cou à notre oncle, et, au point de voue de la morale, d'avoir contratté oune alliance avec oun parlement qu'on appelle le parlement Croupion ; ma ce n'a point été malhabile au point de voue de la politique, attendou qu'au moment où nos coffres étaient vides, monsou Cromwell m'a prêté cinq millions, et qu'au zour où ze n'avais plous d'armée, il m'a envoyé six mille Écossais... Avec le traité, z'ai sauvé la France d'oune guerre estérioure qu'elle n'était pas en état de soutenir ; avec l'arzent, z'ai fait vivre Votre Mazesté et son augouste famille, qui, sans cet arzent, serait morte de faim ; avec les hommes, z'ai comprimé la révolte ! Vous voyez bien qu'il avait dou bon parfois, ce cer monsou Cromwell... La Hollande protèze le roi Çarles II, à qui ze souhaite toute sorte de prospérités ; laissez faire la Holande, où ze le renvoie. Grâce à ce renvoi, elle se fâcera avec l'Angleterre ; l'Angleterre et la Hollande oune fois fâcées, elles se battront... Ce sont les doux soules pouissances maritimes de l'Ouropa ; laissez-les se battre, sire ! laissez-les détrouire lour marine l'oune par l'autre, et nous bâtirons oune flotte avec les débris de lours vaisseaux, si ze trouve moyen d'économiser assez d'arzent pour aceter des clous !

LE ROI.

Il me semble, monsieur, que ce moment est venu, grâce aux trente-neuf millions deux cent soixante mille livres...

MAZARIN.

D'abord, sire, il n'y a plous que trente-houit millions doux cent soixante mille livres, attendou que z'ai donné hier oun million à Votre Mazesté ; pouis, sire, ces trente-houit millions doux cent mille livres ne m'appartiennent plous, et il se peut, quand l'houre dont nous parlons arrivera, que ze sois mort, et que mon héritier, que ze crois oun pou prodigue, les ait dépensés.

LE ROI.

Vous avez disposé de ces trente-huit millions par testament ? Et en faveur de qui, monsieur ?

MAZARIN.

En faveur de celoui au service de qui ze les ai gagnés, sire... Tenez, veuillez zeter oun regard sour ce testament; il n'est pas fait depouis hier, pouisqu'il est de l'écritoure de monson Colbert, mon premier commis, qui est à Lyon depouis doux mois.

LE ROI, après avoir lu.

Comment, moi, votre unique héritier, votre légataire universel? C'est à moi que vous voulez laisser toute votre fortune?

MAZARIN.

Cet arzent n'est-il pas le vôtre? n'est-ce pas à votre service que ze l'ai gagné? Pauvre ze souis venou sour la terre de France ; ze n'ai donc à demander à la terre de France qu'oune tombe à ma taille, et, dans cette tombe, le repos éternel.

LE ROI.

Mais votre famille, monsieur de Mazarin?

MAZARIN.

Ze n'ai que des nevoux et des nièces, sire, et parfois Votre Mazesté m'a fait la grâce de m'appeler son père... D'aillours, ze connais le cour de Votre Mazesté: Votre Mazesté ne laissera pas dans la misère les parents dou bon servitour qui aura passé toute sa vie à son service et à celoui de la France.

LE ROI, le regardant avec étonnement.

Oh!... (Silence d'un instant.) Eh bien, écoutez, monsieur de Mazarin, comme ministre et comme père, je vais vous consulter sur la plus importante action de ma vie. Monsieur de Mazarin, j'aime votre nièce mademoiselle Marie de Mancini.

MAZARIN.

Oh! mon roi! mon cer roi!

LE ROI.

Je l'aime au point d'en faire ma femme, si vous voulez bien me l'accorder.

MAZARIN.

Sire! sire! c'est trop d'honnour pour le fils dou pauvre pêcour de Pissina, de devenir le beau-père de son roi; ma, cependant, si vous l'ézizez, comme mon devoir est de vous obéir...

LE ROI.

Oui, mais je vous ai dit que j'attendais de vous un conseil, ayant un choix à faire entre une femme que j'aime et une

princesse que je n'ai jamais vue, et qui, par conséquent,
m'est indifférente... Dois-je épouser la femme que j'aime,
c'est-à-dire Marie de Mancini, ou la princesse qui m'est indifférente, c'est-à-dire l'infante d'Espagne?

MAZARIN, avec agitation.

Ma l'infante, sire, l'infante, vous ne pouvez l'épouser que
si Sa Mazesté la reine d'Espagne accouce d'oun garçon!

LE ROI.

Sa Majesté la reine d'Espagne est accouchée d'un garçon.

MAZARIN.

En êtes-vous bien soûr, sire? Comment savez-vous cela,
si ze ne le sais pas, moi?

LE ROI.

Vous l'eussiez su cette nuit, si, cette nuit, M. Pimentel,
l'ambassadeur d'Espagne, au lieu d'aller vous rejoindre dans
l'orangerie, où vous l'attendiez, n'avait été conduit directement chez moi.

MAZARIN.

Par qui, sire?

LE ROI.

Par moi-même, monsieur.

MAZARIN.

Oun garçon! oun garçon! terrible nouvelle!

LE ROI.

Voici la lettre du roi qui nous notifie la naissance d'un infant baptisé sous le nom de Charles.

MAZARIN.

Cela ne dit pas que le roi d'Espagne nous accordera l'infante.

LE ROI.

Voici la lettre de Philippe IV qui me l'offre. Maintenant,
monsieur, qui dois-je épouser? Marie de Mancini ou l'infante?...

MAZARIN.

Sire!... Ah! Mazarin! pauvre Mazarin!... Sire!... sire!
(Tombant à genoux.) La gloire de mon roi et la grandeur de la
France avant tout!... Sire, le désespoir dans le cœur, ma la
convicion dans l'âme, ze vous dis: Épousez l'infante!

LE ROI.

Vous me dites cela?

MAZARIN.

Oui; et, si ze vous disais autre çose, mon roi, il ne faudrait pas me croire; il faudrait me dire : « Non, monsou, non ! vous êtes oun égoïste, oun ambitioux, oun mauvais ministre ! »

LE ROI.

Ainsi, vous insistez?

MAZARIN.

Oh ! mon cer roi, soyez grand ! plous grand qu'aucoun des prédécessours de Votre Mazesté ! et que la postérité dise : « Ounc ligne de cette grandour, le roi l'a doue au fils dou pauvre pêceur de Pissina, » et Mazarin, Mazarin... eh bien, il sera récompensé de ses trente ans de dévouement à votre père et à vous !

(Anne d'Autriche paraît à la porte.)

LE ROI.

Ce n'est point à mes pieds qu'il faut me dire cela, monsieur, c'est dans mes bras, c'est sur mon cœur !

MAZARIN.

Oh ! sire, sire ! merci dou grand honnour que vous me faites !

LE ROI.

Ma mère !

MAZARIN.

La reine !

LE ROI.

Silence, monsieur ! J'attends ici votre nièce.

MAZARIN.

Sire, ze vais obéir aux ordres de Votre Mazesté.

SCENE XIII

LE ROI, ANNE D'AUTRICHE.

ANNE, à part.

Le cardinal dans les bras du roi... le roi attendant la nièce du cardinal... Tout est fini, décidé, accompli, et j'arrive trop tard !... N'importe ! (Au Roi, qui vient à elle après avoir reconduit le Cardinal.) Sire...

LE ROI.

Ma mère ?

ANNE.

Il paraît que vous venez d'annoncer une grande et joyeuse nouvelle à Son Éminence.

LE ROI.

Oui, madame, une nouvelle qui comble tous ses vœux, et satisfait tous les miens.

ANNE, avec amertume.

Une nouvelle relative à votre mariage, sans doute?

LE ROI.

Votre sagacité habituelle ne vous a pas trompée, ma mère.

ANNE.

Alors, tout est fini... vous avez fait choix d'une femme pour vous et d'une reine pour la France?

LE ROI.

Oui, madame.

ANNE.

Vous avez fait ce choix sans me consulter?

LE ROI.

Mon choix connu, j'espère que ma mère l'approuvera.

ANNE.

Et si, par hasard, il en était autrement?... Ce choix, si je le réprouvais, si je le déclarais impolitique, antiroyal, impossible?...

LE ROI.

Ce serait un malheur, madame, mais qui ne changerait rien à ma résolution.

ANNE.

Ainsi, cette résolution est irrévocable?

LE ROI.

Irrévocable, madame.

ANNE.

Alors, c'est la guerre que vous me déclarez? c'est une lutte que vous entreprenez contre votre mère?

LE ROI.

C'est votre tendresse que je vous prie de me conserver, c'est votre bénédiction que je vous demande.

ANNE.

Ma bénédiction! ma tendresse! quand vous me frappez à la fois dans mon amour de mère, et dans mon orgueil de reine? Oh! non sire, vous n'y comptez pas.

LE ROI.

Et à quoi dois-je m'attendre, madame?

ANNE.

A trouver en moi l'adversaire la plus acharnée de cette union! Et, dès ce moment, je vous le dis, monsieur, mes précautions sont prises.

LE ROI, les dents serrées par la colère.

Vos précautions? Écoutez bien ceci, madame: il se peut que, quand je serai mort, quand je dormirai à Saint-Denis dans le caveau de mes ancêtres, dans le sépulcre de mes prédécesseurs; quand je ne serai plus là, le fouet, l'épée ou le sceptre à la main, pour dire: « Je veux! » il se peut qu'on heurte mes désirs, qu'on brise ma volonté, qu'on détruise ce que j'aurai fait; mais, moi vivant, moi ordonnant, moi régnant, tout s'inclinera, tout se courbera, tout pliera sous ma volonté!

ANNE.

Même...?

LE ROI.

Même mes ministres! même ma mère! même le destin!

ANNE.

Oh! Louis, Louis, qui vous a fait ainsi?

LE ROI.

La connaissance de la vérité, madame! de la vérité, que l'on écarte des rois avec tant de soin, que j'ai appelée à moi, et sur laquelle je m'appuie.

ANNE, tendrement.

Louis!

LE ROI.

Ma mère, peut-être, au lieu d'une grande douleur, une grande joie vous est réservée!... Entrez dans cette chambre. Tout à l'heure ma cour se rendra ici pour apprendre la nouvelle de mon mariage et le nom de la femme dont j'ai fait choix; vous viendrez prendre votre place à ma droite; M. de Mazarin prendra la sienne à ma gauche, et, je vous le dis, à l'annonce de ce mariage, au nom de celle qu'il épouse, vous bénirez votre fils au lieu de le maudire!... Allez, ma mère! J'attends mademoiselle de Mancini, et vous ne devez pas vous trouver ici avec elle.

ANNE.

Mademoiselle de Mancini?

LE ROI.

Oui, ma mère.

ANNE.

Faisons jusqu'au bout ce que vous désirez ; mais...

LE ROI.

Pas de menaces, madame... Votre main...

(Le Roi baise la main de sa mère, qui entre dans la chambre.)

SCÈNE XIV

LE ROI, seul.

Allons, mon cœur, trempe-toi comme l'acier ! épure-toi comme le diamant !

SCÈNE XV

LE ROI, MARIE, introduite par Molière.

MOLIÈRE.

Entrez, mademoiselle ; le roi vous attend.

MARIE.

Sire ! sire ! que me dit mon oncle ? c'est impossible, n'est-ce pas ?

LE ROI.

Que vous dit-il, Marie ?

MARIE.

Il me dit que je quitte la cour aujourd'hui même ; que je pars avec ma sœur Hortense ; qu'il faut que je m'ensevelisse au fond de la Saintonge !... Oh ! sire, que m'aviez-vous donc annoncé ? que m'aviez-vous donc promis ? Quel était cet avenir que vous aviez ouvert à mes yeux ? Qu'est devenu ce splendide chemin dans lequel vous m'avez fait faire quelques pas côte à côte avec vous, et à votre bras appuyée ? Où est ce but éblouissant que vous m'aviez montré ? Pourquoi faire voir le ciel entr'ouvert à une pauvre mortelle ? pourquoi l'appeler votre amie, votre amante, votre reine, pour la découronner ensuite de la seule couronne qu'elle ambitionnât, de celle de votre amour ?

LE ROI.

Hélas ! oui, Marie, vous venez de faire le roman de votre

vie, et c'est bien cela que, moi aussi, j'avais rêvé ! Mais, que voulez-vous ! tout roman a sa fin, tout rêve a son réveil : ce que nous avions espéré hier est impossible aujourd'hui.

MARIE.

Impossible !... Et c'est un cœur aimant, un cœur royal qui dit ce mot ! Mais, pour arriver à vous, sire, pour atteindre ce but que vous m'aviez proposé, à moi qui ne suis qu'une femme, à moi qui n'ai ni pouvoir, ni richesse, ni majesté, rien ne serait impossible. Oh ! rien, je vous le jure, non, rien !... Ce qui était possible hier ne l'est plus aujourd'hui ! Que s'est-il donc passé? Entre cet orage si doux et si charmant de la forêt, pendant lequel vous me disiez que vous m'aimiez, et ce calme si plein pour moi de foudres et d'éclairs où vous me dites que vous ne m'aimez plus, quel obstacle insurmontable s'est donc élevé?

LE ROI.

Quel obstacle s'est élevé, Marie? Je vais vous le dire... Un souffle a passé sur le miroir de notre amour et l'a terni ; une pierre a été jetée dans le lac limpide où nous cherchions cette belle perle qu'on appelle le bonheur, et l'a troublé ! Oh ! pour un cœur virginal, pour un amour entièrement à moi, Marie, Dieu m'est témoin que j'eusse tout combattu, et qu'avec l'aide de Dieu et de la flamme divine qui est en moi, j'eusse triomphé de tout !

MARIE.

Mais cette flamme divine, elle est donc éteinte?

LE ROI.

Hélas ! vous-même avez soufflé dessus, Marie !

MARIE.

Oh ! je ne comprends pas.

LE ROI.

Rappelez-vous, dans tous ses détails, la nuit qui vient de s'écouler... Où étiez-vous un peu après minuit? Pour qui s'ouvrait cette fenêtre de votre chambre qui donne sur la cour de l'Orangerie? Qui attendiez-vous à cette fenêtre? qui s'en est approché? qui a causé un quart d'heure avec vous? à qui avez-vous remis ses lettres? à qui avez-vous redemandé les vôtres?

MARIE.

Oh ! mon Dieu !...

LE ROI.

A M. de Guiche, n'est-ce pas?

MARIE.

Malheureuse!... Oui, je ne le nie pas, à M. de Guiche.

LE ROI.

Non, Marie, non, vous vous trompez; ce n'est pas à M. de Guiche, c'est à moi-même... A moi! à moi! Ah! vous souffrez, dites-vous? Souffrez, souffrez, Marie, et vous n'arriverez jamais à souffrir ce que j'ai souffert!

MARIE.

Mais, si c'était vous, sire, vous avez dû entendre, vous avez entendu tout ce que j'ai dit; alors, vous savez que rien de flétrissant pour mon honneur n'est sorti de ma bouche. Pauvre, isolée, abandonnée, depuis mon enfance, pour mes sœurs, plus âgées et plus belles que moi, j'attendais mon tour d'entrer dans la vie, demandant, comme fait la fleur, de l'air et du soleil; je me suis tournée à la voix de M. de Guiche du côté de l'amour; je l'ai aimé... ou j'ai cru l'aimer, c'est vrai; mais celui pour qui je rompais avec M. de Guiche, celui que j'aimais véritablement, — et, de cet amour-là, j'en suis sûre, car il est sacré de mes larmes! — celui que j'aimais véritablement, c'est vous, sire! c'est vous seul! celui que j'aimerai toujours, c'est vous! Qu'y a-t-il donc de changé dans le ciel de notre amour, parce qu'un nuage y a passé cette nuit qui, à l'aurore, était emporté par le vent?

LE ROI.

Oui, Marie; mais ce nuage a été signalé, vu, reconnu par d'autres que moi; ce nuage ferait une tache au soleil de la royauté. César répudiait sa femme sur un soupçon, car la femme de César ne devait pas même être soupçonnée!

MARIE.

Oh! oui; mais César n'aimait point sa femme, et vous m'aimez; César ne pleurait pas en la quittant, et vous pleurez, vous! (Elle lui arrache la main dont il couvrait son visage.) Voyez plutôt!

LE ROI.

Oh! Marie! Marie!

MARIE.

Vous êtes roi, vous pleurez, et je pars! oh!...

LE ROI.

Marie, voici vos lettres, que vous avez redemandées à M. de Guiche.

MARIE.

C'est bien... Tout est fini, sire! mais, avant de vous quitter pour toujours...

LE ROI.

Pour toujours, oui!

MARIE.

Laissez-moi vous dire une chose... Vous me sacrifiez, non pas à votre jalousie... Oh! vous savez bien, sire, que cet amour pour M. de Guiche n'était, de ma part, qu'un rêve d'enfant; seulement, ce rêve vous sert de prétexte! Vous me sacrifiez, non pas à votre jalousie, mais à cette cruelle divinité des rois qu'on appelle la raison d'État... Vous me repoussez hors votre cœur, non point parce que j'en aime un autre, vous savez bien que c'est vous seul que j'aime, mais parce que je ne suis ni sœur ni fille de roi!

LE ROI.

Marie!

MARIE.

Oh! écoutez-moi! ce sont mes dernières paroles, c'est mon testament d'amour... Vous avez donc cru devoir agir ainsi, et vous ne vous êtes pas inquiété du mal que vous faisiez à une pauvre âme qui ne vous a jamais fait de mal, à vous... Eh bien, par cette résolution que vous prenez, vous outragez, sire, une autre divinité non moins puissante, mais, à coup sûr, plus immuable que la raison d'État: c'est la raison humaine, celle qui dit à tout cœur : « Cherche un cœur, et réunis-toi à qui t'aime! » Eh bien, sire, ce cœur que l'homme avait cherché sans consulter le roi, ce cœur qu'il avait trouvé, c'était le mien...

LE ROI.

Marie!...

MARIE.

Oh! je n'ai plus que quelques mots à dire, et je vous quitte, je pars, j'obéis! mais, en vous obéissant, je vous laisse à une femme que vous n'avez jamais vue, que vous n'aimez pas! à qui vous demanderez de l'amour, et qui ne vous offrira que de la soumission! Alors... alors, la pauvre Marie, qui vous eût tant aimé, et qui eût été si heureuse de vous aimer, vous manquera... Vous regarderez autour de vous : elle n'y sera plus... Alors, ce bonheur que vous refusera votre femme... je me trompe : votre reine! vous le chercherez dans d'autres amours; vous éparpillerez votre cœur sur vingt maîtresses. Que leur demanderez-vous, à ces maîtresses, que vous quitterez les unes après les autres? Marie! Marie! toujours Marie!... Mais Marie ne sera plus là... Marie sera loin... Marie sera perdue... Marie sera morte ou folle!... Adieu, sire! soyez heureux, maintenant, si Dieu le permet.

(Au moment de sortir, elle s'arrête et jette un dernier regard sur le Roi, qui a fait, comme malgré lui, un pas vers elle; mais, en voyant le Roi détourner aussitôt les yeux, elle s'élance hors de l'appartement avec un geste de désespoir.)

SCÈNE XVI

LE ROI, MOLIÈRE.

Le Roi retombe sur un fauteuil, et reste la tête appuyée dans ses deux mains; Molière entre et demeure debout devant le Roi. Moment de silence où l'on n'entend plus que la respiration oppressée du Roi; peu à peu, il relève et secoue la tête, puis aperçoit Molière.

LE ROI.

Que faisiez-vous là, monsieur?

MOLIÈRE.

Sire, j'assistais au plus sublime spectacle qu'il soit permis au poëte de contempler : à la lutte de l'homme contre les passions humaines!

LE ROI.

Vous vous trompez, monsieur : ce n'est pas l'homme que vous contempliez; c'est le roi. L'homme eût cédé à ses passions, le roi les a vaincues! Tenez, voyez, regardez-moi! (Il sourit douloureusement.) La volonté peut ce qu'elle veut... Je veux oublier. Ce qui est passé n'existe pas... Marie de Mancini! que voulez-vous dire, monsieur? Je n'ai jamais connu de femme de ce nom-là! celle qui sort de cette chambre est à cent lieues d'ici déjà... ou plutôt n'y est pas entrée!... Bon! nous sommes à la fin de notre comédie, monsieur Molière! Comme je vous disais ce matin, la péripétie est accomplie : reste le dénoûment. Voyons, qu'ai-je encore à faire, et à quelle scène en suis-je?... Ah! je me souviens... Monsieur

Molière, il doit y avoir un en cas tout préparé dans cette armoire; dressez-le sur cette petite table.

MOLIÈRE.

Je suis donc toujours valet de chambre de Votre Majesté?

LE ROI.

Oui, pour un instant encore... Mettez deux couverts: j'ai un convive... Sur l'assiette de ce convive, placez ce papier.

MOLIÈRE.

Sire!

SCÈNE XVII

Les Mêmes, GEORGETTE, un plat de fruits dans les mains.

LE ROI.

Qui entre? Ah! c'est Georgette!

GEORGETTE.

Bon! cela tombe bien! Mon père m'a dit: « Va cueillir les plus beaux fruits du verger, petite, et porte-les au roi pour son déjeuner... » J'arrive juste comme le roi va se mettre à table.

LE ROI.

Oh! toi, tu arrives toujours bien, Georgette!

GEORGETTE.

Le roi est-il content de sa nuit?

LE ROI.

Oui, Georgette.

GEORGETTE.

Les choses se sont-elles passées comme le roi le désirait?

LE ROI.

On ne peut mieux.

GEORGETTE.

Et le roi a su tout ce qu'il désirait savoir?

LE ROI.

Tout... et même davantage!

MOLIÈRE.

Sire, la table est prête.

LE ROI.

C'est bien. Asseyez-vous là, monsieur Molière.

MOLIÈRE.

Moi! là, à cette table?

LE ROI.

A cette table, oui.

MOLIÈRE.

Mon devoir est d'obéir... Mais Sa Majesté...

LE ROI.

Moi, je m'assieds ici.

MOLIÈRE, prenant le papier sur son assiette.

Sire...

LE ROI.

Lisez ce papier, monsieur Molière. N'était-il pas pour mon convive ?

MOLIÈRE, après avoir jeté un coup d'œil sur le papier.

Le privilége que je sollicitais de Sa Majesté ? ce privilége m'est accordé ?

LE ROI.

Oui, mais à une condition.

MOLIÈRE.

Laquelle ?

LE ROI.

Vous engagerez dans votre troupe une jeune comédienne que je vous recommande.

MOLIÈRE.

Et où est-elle, sire ?

LE ROI.

La voici.

MOLIÈRE.

Georgette ?

GEORGETTE.

Oui, moi, monsieur Molière ; et vous verrez comme je travaillerai bien ! vous verrez comme j'aurai du talent !... Merci, sire ! merci !... Oh ! quel bonheur ! quel bonheur !

SCÈNE XVIII

Les Mêmes, POQUELIN.

POQUELIN, se présentant par la porte à laquelle Molière tourne le dos, et cherchant dans ses poches.

Sire !... excusez-moi, sire !

MOLIÈRE.

Bon ! mon père !... j'avais prévenu Votre Majesté.

LE ROI.

Ah! vous voilà, monsieur Poquelin! Que désirez-vous?

POQUELIN.

Sire! je vais vous demander d'abord si, dans le placet que j'ai eu l'honneur de remettre à Votre Majesté, il ne se serait pas glissé...

LE ROI.

Oui, un papier, n'est-ce pas? un papier sur lequel est un bon à payer de vingt mille livres signé *Mazarin?*

POQUELIN.

C'est justement cela, sire! Je croyais l'avoir perdu... Depuis hier, je le cherche de tous les côtés, je retourne toutes mes poches, je...

LE ROI.

Tenez, monsieur Poquelin, dans ce portefeuille, là-bas, sur cette console...

POQUELIN.

Merci, sire... Maintenant, il me reste à supplier Votre Majesté de faire droit à ma requête, et de m'accorder la lettre de cachet sollicitée par moi pour faire emprisonner mon coquin de fils, qui... que... (Il s'arrête stupéfait en reconnaissant Molière.) Mon fils à la table du roi!

LE ROI.

Monsieur Molière, vous offrirai-je une aile de cette perdrix?

POQUELIN.

Oh! mon Dieu! mon Dieu!

LE ROI.

Monsieur Poquelin, introduisez toutes les personnes qui attendent dans les antichambres.

MOLIÈRE, voulant se lever.

Sire...

LE ROI.

Non, restez!

POQUELIN, ouvrant les portes du fond.

Entrez, messieurs! entrez, messieurs! entrez, messieurs!

LE ROI.

Georgette ouvre cette porte, et va dire, de ma part, à la reine Anne, qui te faisait si grand'peur, qu'elle peut venir.

(Georgette obéit.)

SCÈNE XIX

Tous les Personnages de la pièce, hors GUÉNAUD.

Étonnement des Courtisans, chuchotements.

DANGEAU.

Eh bien, il paraît que je ne me trompais pas, et que l'agent secret était bien M. Molière !

MONTGLAT.

Vous êtes témoins que j'ai refusé de vous le nommer ; mais, puisque le roi le découvre lui-même...

VILLEQUIER.

Mais je croyais qu'il déjeunait ce matin avec vous ?

MONTGLAT.

Il me l'avait promis ; mais il m'a fait dire, il y a un quart d'heure, qu'il lui était impossible de tenir sa promesse, attendu qu'il déjeunait avec le roi.

LE ROI.

Messieurs, vous me voyez partageant mon en cas avec M. Molière, que Bontemps, mon valet de chambre, ne trouvait pas d'assez bonne maison pour faire mon lit.

MONTGLAT.

Sire, Sa Majesté Louis XIII a rendu un édit déclarant que l'état de comédien ne pouvait être imputé à blâme.

LE ROI.

Et j'applique cet édit, comme vous voyez, monsieur.

(Il se lève ; Molière se lève aussi, emportant la table toute servie ; Montglat, Villequier, Dangeau, s'élancent pour l'aider en disant : « Monsieur Molière monsieur Molière ! »)

LE ROI, à part.

Un valet de chambre n'a pas voulu faire mon lit avec un comédien, et voilà des ducs et pairs qui aident ce comédien à desservir ma table !... O Molière ! Molière ! pourquoi donc veux-tu quitter la cour ? (Haut.) Messieurs, le roi vous a fait réunir pour vous annoncer que, par les bons soins de sa mère Anne d'Autriche, envers laquelle il gardera une reconnaissance éternelle, et par les habiles négociations de M. le cardinal de Mazarin, avec lequel il ne sera jamais ni assez riche, ni assez puissant pour s'acquitter, il épouse l'infante d'Espagne Marie-Thérèse.

TOUS.

Oh! sire !... Sa Majesté !... L'infante !

ANNE.

Mon roi !

LE ROI.

Dites : mon fils, madame.

MAZARIN, passant un papier au Roi.

Tenez, sire.

LE ROI, à demi-voix.

Merci, mon père !... (Haut.) Et voici la procuration que je donne à M. le cardinal de Mazarin afin de me représenter et de représenter la France aux conférences qui vont avoir lieu à l'île des Faisans, pour conclure mon mariage avec l'infante, et la paix avec l'Espagne. (Il va à une table et signe.) «Louis, roi.»

GRAMONT.

Roi! et depuis quand ?

GUITAUT.

Depuis ce matin, à une heure !

DANGEAU, à l'écart, écrivant sur son carnet.

« L'agent secret du roi était M. Molière. »

MOLIÈRE, qui l'a entendu.

Voilà pourtant comme on écrit l'histoire !

FIN DE LA JEUNESSE DE LOUIS XIV

LE MARBRIER

DRAME EN TROIS ACTES

Vaudeville. — 22 mai 1854.

DISTRIBUTION

M. DE GERVAIS............................	MM.	BOCAGE.
EDMOND, son fils........................		LAGRANGE.
FIELDING, négociant américain............		ALLIÉ.
LE MARBRIER.............................		BASTIEN.
UN GARÇON D'HÔTEL.......................		ROGER.
UN DOMESTIQUE...........................		BACHELET.
CLOTILDE DUPLESSIS......................	Mlle	EUGÉNIE SAINT-MARC.
MADAME DE GERVAIS.......................	Mme	CHAMBÉRY.

ACTE PREMIER

Une chambre d'hôtel au Havre.

SCÈNE PREMIÈRE

LE GARÇON DE L'HÔTEL, UN MARBRIER.

LE GARÇON.
Est-ce à madame Gervais ou à son fils que monsieur désire parler?

LE MARBRIER.
La lettre qui me donne rendez-vous est signée : « Edmond de Gervais. »

LE GARÇON.
Alors, c'est le fils. (Il lui fait signe de s'asseoir.) Qui annoncerai-je?

LE MARBRIER.

Dites que c'est le marbrier.

(Le Garçon va jusqu'à la porte latérale, au seuil de laquelle il trouve Edmond.)

SCÈNE II

LES MÊMES, EDMOND DE GERVAIS, les yeux cerclés de rouge, vêtu de noir, un mouchoir à la main.

EDMOND, au Garçon.

C'est bien, mon ami.

LE GARÇON.

Alors, monsieur sait...?

EDMOND, au Garçon.

Parfaitement... Vous comprenez, mon ami, le plus grand silence sur l'événement; n'oubliez pas que nous attendons mon père, et qu'une semblable nouvelle, brusquement annoncée...

LE GARÇON.

Que monsieur soit tranquille, le mot d'ordre est donné à toute la maison.

EDMOND.

Merci... Allez...

(Le Garçon sort.)

SCÈNE III

EDMOND, LE MARBRIER.

LE MARBRIER.

M. Edmond de Gervais?

EDMOND.

Oui, monsieur...

LE MARBRIER.

Croyez, monsieur, que j'ai été désespéré de ne pas m'être trouvé chez moi quand vous y êtes venu; mais, dès que ma femme m'a eu dit le sujet de votre visite, je me suis empressé... (Voulant ouvrir un rouleau de papiers qu'il tient à la main.) Voici des plans, des dessins...

EDMOND.

Inutile, monsieur : voici un plan que j'ai eu le courage de tracer moi-même.

LE MARBRIER.

Soit, monsieur, je me conformerai à vos désirs...

EDMOND.

Vous graverez sur le marbre ces quelques mots seulement : « Clotilde de Gervais, morte à seize ans, le 2 septembre 1850. »

LE MARBRIER, voulant se retirer.

Fort bien, monsieur.

EDMOND.

Pardon... Combien vous devrai-je pour tout cela ?

LE MARBRIER.

Je ne puis vous le dire précisément, mais cela ira dans les quatre cent à quatre cent cinquante francs... Si cependant cela montait plus haut...

EDMOND.

Peu importe, faites ce qui sera nécessaire.

LE MARBRIER.

C'est bien, monsieur ; j'aurai l'honneur de vous remettre la facture quand le travail sera terminé.

EDMOND.

Faites vite, car vous savez que je ne reste pas au Havre.

LE MARBRIER.

Oui, monsieur ; mais je vais souvent à Paris pour mes affaires, j'aurai l'honneur de me présenter chez vous...

EDMOND.

Rue du Helder, numéro 11.

LE MARBRIER.

C'est bien, monsieur.

EDMOND.

Ma mère ! (Au Marbrier.) Vous n'avez plus rien à me dire ?

LE MARBRIER.

Non, monsieur, et je me retire.

(Il salue et sort.)

SCÈNE IV

EDMOND, MADAME DE GERVAIS.

EDMOND.

Ma mère! ma bonne mère !

MADAME DE GERVAIS.

Que lui répondrai-je quand il me redemandera sa fille?....

EDMOND, simplement.

Ma mère, d'une main, vous mettrez sa main sur votre cœur, et, de l'autre, vous lui montrerez le ciel.

MADAME DE GERVAIS.

Il en mourra !

EDMOND.

Non, puisque vous avez survécu, vous.

MADAME DE GERVAIS.

Edmond, te rappelles-tu le jour où il est parti ? Tu étais bien jeune.

EDMOND.

Pas si jeune, ma mère : j'avais douze ans.

MADAME DE GERVAIS.

Oui, et elle six... Oh ! ma pauvre Clotilde !

EDMOND, vivement et dans l'intention de distraire madame de Gervais.

Vous parliez de mon père, de son départ, ma mère.

MADAME DE GERVAIS.

Oui ; il était assis, je le vois encore ; moi, j'étais debout devant lui ; il vous prit tous les deux entre ses bras. « Mes enfants, dit-il, je suis ruiné, mais je suis jeune, mais je vous aime, et, avec l'aide de Dieu, j'ai le temps encore de vous refaire une seconde fortune. Je vous laisse trois mille livres de rente : c'est tout ce que je possède. Si vous n'aviez pas près de vous... »

EDMOND, continuant.

« Votre bonne mère, qui est la sagesse et l'économie mêmes... » Vous voyez que j'étais assez âgé pour me rappeler, ma mère.

MADAME DE GERVAIS embrasse son fils et reprend.

« Elle vous élèvera comme si vous ne deviez jamais avoir autre chose que ces soixante mille francs. Toi, Edmond, en artiste et en homme de cœur ; toi, Clotilde, en tendre fille et en bonne ménagère. Le jour où je pourrai vous rapporter un million, vous me reverrez. Mais, ce jour-là (il me tendit la main), ce jour-là, ma chère Émilie, rends-moi mes deux enfants, rends-moi mon Edmond et ma Clotilde, rends-moi ceux que j'aurai tant aimés, que pendant dix ans, douze ans, quinze ans peut-être, j'aurai consenti à ne pas voir ; car, si l'un des deux devait me manquer à mon retour, écoute, j'en mourrais... » (Elle se lève.) Et voilà qu'il revient riche, heureux, plein d'espérance, plein de joie... et voilà... voilà... qu'un de ses enfants va lui manquer ! voilà que sa fille est dans la tombe ! voilà que son ange est au ciel !... Il en mourra, vois-tu... Oh ! il en mourra, il l'a dit.

EDMOND.

Ma mère !

MADAME DE GERVAIS.

J'étais trop heureuse de venir au-devant de lui entre mes deux enfants, j'étais une trop orgueilleuse mère, et la Providence me punit dans mon orgueil.

EDMOND.

Ma mère !

MADAME DE GERVAIS.

Oh ! quand les autres femmes perdent leurs enfants, la douleur est grande, immense, intolérable ; mais elle ne promet pas une autre douleur. Quand je pense que, demain, aujourd'hui, dans une heure peut-être, le vaisseau *la Reine-Mathilde* entrera dans le port ; que, du pont, il cherchera à nous reconnaître sur la jetée ; que, ne nous voyant pas, il demandera dans laquelle de toutes ces maisons sa fille l'attend ; qu'il montera par cet escalier, qu'il entrera par cette porte, en criant : « Me voilà ! Mes enfants ! où sont mes enfants ? » et que moi, debout devant lui, muette, les yeux en pleurs, le cœur en deuil...

(Elle s'assied à gauche.)

EDMOND.

Ma bonne mère !...

MADAME DE GERVAIS.

Oh ! par ce que j'ai souffert, je sais maintenant ce qu'il souffrira, lui, lui à qui l'on me recommandait toujours de ménager les émotions, parce qu'une émotion pouvait le tuer. Edmond, je m'épouvante à cette idée, que, si malheureux que nous soyons, nous pouvons être plus malheureux encore !

EDMOND.

Lorsque vous nous avez élevés en chrétiens, lorsque vous nous avez enseigné à espérer en Dieu, c'était donc de vaines paroles que vous nous disiez, puisque vous désespérez, vous?

MADAME DE GERVAIS.

Non, tu as raison; espérons, mon fils, espérons!

SCÈNE V

Les Mêmes, le Garçon.

LE GARÇON.

Pardon, madame...

EDMOND.

Que voulez-vous, mon ami?

MADAME DE GERVAIS.

Est-ce que l'on signale le bâtiment?

LE GARÇON.

Non, pas encore.

EDMOND.

Eh bien, alors?...

LE GARÇON.

C'est une jeune demoiselle qui arrive de Paris, et qui demande madame de Gervais.

MADAME DE GERVAIS.

Une jeune fille?

LE GARÇON.

Oui, madame, de dix-sept à dix-huit ans.

MADAME DE GERVAIS, avec un soupir.

De l'âge de ma pauvre Clotilde!

EDMOND.

Ma mère ne peut recevoir en ce moment... Demain, après-demain... plus tard.

LE GARÇON.

Je prie madame de m'excuser si j'insiste; mais, comme cette jeune fille a insisté elle-même...

EDMOND.

Un pareil jour...

LE GARÇON.

Monsieur m'a défendu de dire...

EDMOND.

C'est vrai.

MADAME DE GERVAIS.

A-t-elle dit son nom?

LE GARÇON.

Elle s'appelle Clotilde Duplessis.

MADAME DE GERVAIS.

Clotilde! comme ma pauvre enfant!

LE GARÇON.

Mais elle dit, elle-même, que madame ne la connaît pas...

EDMOND.

Eh bien, raison de plus, si nous ne la connaissons pas...

MADAME DE GERVAIS.

Edmond, elle a dix-sept ans, et elle s'appelle Clotilde.

EDMOND.

Demain, ma mère, vous la verrez demain. Songez que, d'un moment à l'autre, mon père...

MADAME DE GERVAIS.

Tu as raison, oui, demain.

EDMOND, au Garçon.

Vous entendez...

(Le Garçon sort.)

SCÈNE VI

MADAME DE GERVAIS, EDMOND, puis LE GARÇON.

MADAME DE GERVAIS.

Quelle étrange chose, Edmond, que cette enfant qui est de l'âge de ta sœur, qui porte le nom de baptême de ta sœur, et qui vient à nous juste le jour...

(Le Garçon rentre.)

EDMOND.

Eh bien?

LE GARÇON.

Cette demoiselle reviendra demain, monsieur; mais elle désire qu'en attendant, je vous remette cette lettre : ce sera son excuse d'avoir insisté, dit-elle.

EDMOND.

Donnez... (Regardant la lettre.) Tiens! c'est l'écriture de ce bon M. Duverrier, mon professeur.

MADAME DE GERVAIS.

Elle vient de la part de M. Duverrier?

LE GARÇON.

Il paraît, madame.

MADAME DE GERVAIS.

Alors, si elle est toujours là...

LE GARÇON.

Elle y est toujours, oui, madame.

MADAME DE GERVAIS.

Faites entrer, alors...

EDMOND, au Garçon.

Laissez! (A Clotilde.) Entrez, mademoiselle. (La jeune fille entre. Au Garçon.) Vous savez, mon ami, c'est par *la Reine-Mathilde* que nous attendons mon père.

LE GARÇON.

Oui, monsieur.

EDMOND, le doigt sur la bouche.

Et toujours!...

LE GARÇON.

Soyez tranquille...

(Le Garçon sort.)

SCÈNE VII

Les Mêmes, CLOTILDE DUPLESSIS.

CLOTILDE.

Pardon, madame, j'allais me retirer pour revenir demain, comme on m'avait dit d'abord, quand vous avez eu la bonté de me faire rappeler.

EDMOND.

En effet, mademoiselle, ma mère avait décidé de consacrer cette journée à la solitude.

CLOTILDE.

Oh! mais, en ce cas, madame, je me retire.

MADAME DE GERVAIS.

Non, restez, mon enfant; cela me fait plaisir de voir un jeune et beau visage.

(Madame Gervais la fait asseoir.)

CLOTILDE, s'asseyant.

Vous êtes bien gracieuse et bien bonne, madame.

MADAME DE GERVAIS.

Que pouvons-nous faire pour...?

CLOTILDE.

Beaucoup!... tout, madame!

EDMOND.

Parlez, alors.

CLOTILDE.

J'ai eu l'honneur de vous faire remettre une lettre de M. Duverrier.

EDMOND.

La voilà...

CLOTILDE.

Vous ne l'avez pas lue?

EDMOND.

Non; mais, puisque vous voilà...

CLOTILDE.

Je désirerais que vous la lussiez, monsieur. (Madame de Gervais donne la lettre à Edmond, qui la lit.) La connaissance que vous en auriez prise rendrait ma demande plus facile.

MADAME DE GERVAIS.

Vous connaissez notre bon Duverrier?

CLOTILDE.

Oui, madame, c'était un ami de mon pauvre père.

MADAME DE GERVAIS.

A la façon dont vous parlez de votre père, je n'ai pas besoin de vous demander...

CLOTILDE.

Hélas! madame; il est mort il y a dix-huit mois, en me laissant orpheline et sans fortune; grâce à la protection de M. Duverrier, j'ai achevé, dans un des meilleurs pensionnats de Paris, une éducation qui m'a permis de prendre, il y a huit jours, mon diplôme d'institutrice.

EDMOND, qui a lu la lettre.

Oui, en effet, il nous annonce qu'il recommande à notre cœur une personne extrêmement distinguée.

CLOTILDE.

Il est trop bon! Croyant un instant que j'aurais à rendre à mon pauvre père, dans ses vieux jours, ce qu'il avait fait pour moi dans ma jeunesse, j'ai travaillé beaucoup.

MADAME DE GERVAIS.

Mais, enfin, comment venez-vous nous rejoindre au Havre,

où nous n'habitons pas, et où nous ne sommes que depuis huit jours?

CLOTILDE.

Mon intention était d'aller à Londres; mais M. Duverrier, sachant que justement vous étiez au Havre, m'a fait naître une bien douce espérance dans le cœur; il m'a dit : « Une de mes amies, la mère d'un de mes élèves... »

(Elle regarde Edmond.)

MADAME DE GERVAIS.

Continuez, mon enfant... (A Edmond.) Cela me fait à la fois peine et plaisir de l'entendre.

CLOTILDE.

« Une de mes bonnes amies — c'est M. Duverrier qui parle, — est en ce moment au Havre, où elle attend son mari, qui revient des Indes. Elle a avec elle ses deux enfants, une fille du même nom que toi, du même âge que toi. Eh bien, j'espère que, quand madame de Gervais aura lu ma lettre, tu n'auras pas besoin d'aller plus loin et de chercher ailleurs une autre condition. Sa fille a besoin d'une compagne, d'une amie... »

MADAME DE GERVAIS.

Oh! mon Dieu! mon Dieu!

EDMOND.

Mademoiselle!

CLOTILDE, se levant.

Qu'y a-t-il? qu'ai-je dit? qu'ai-je fait?

MADAME DE GERVAIS, se levant aussi, et montrant sa robe noire.

Voyez, mon enfant, vous pleurez votre père, et moi...

CLOTILDE.

Oh!

EDMOND.

Celle dont vous demandez à être la compagne, l'amie, je viens de la conduire à sa dernière demeure.

CLOTILDE.

Oh! madame, pardonnez-moi!... (Elle baise la main de madame de Gervais.) Malheureuse que je suis! Je me retire avec le regret bien sincère d'avoir, par mon ignorance, renouvelé une si profonde douleur.

MADAME DE GERVAIS.

Non, restez encore un instant... Clotilde.

CLOTILDE.

Croyez bien, madame, que je ne me retirais que dans la crainte de vous importuner. (A Edmond.) Comment n'ai-je pas su cela, monsieur? comment ne m'a-t-on pas prévenue?

EDMOND.

Nous attendons mon père aujourd'hui, mademoiselle; mon père adorait sa fille: une pareille nouvelle, apprise sans les ménagements nécessaires, pouvait le tuer, et, en recommandant le silence à tout le monde, nous nous sommes réservé, ma mère et moi, cette douloureuse tâche de lui apprendre la perte qu'il a faite!

CLOTILDE.

Oh! pauvre père!

MADAME DE GERVAIS.

Mais, avant qu'il arrive, avant que vous nous quittiez, dites-moi, qu'allez-vous faire, mon enfant?... Contez-moi vos projets comme à une mère; car, enfin, je voudrais bien que la recommandation de Duverrier ne vous fût pas tout à fait inutile.

CLOTILDE.

Mon Dieu, madame, je vais continuer mon voyage, aller à Londres... J'ai quelques lettres de personnes honorables... En voyant que j'ai le courage et la foi, peut-être Dieu ne m'abandonnera-t-il pas!

MADAME DE GERVAIS.

Vous connaissez Londres, mon enfant?

CLOTILDE.

Non, madame; mais je parle un peu l'anglais.

MADAME DE GERVAIS.

Ce n'est pas cela que je veux dire. Je veux dire que Londres est une ville où la vie est très-chère, et que, si vos ressources ne sont point assez étendues pour vous permettre d'attendre...

CLOTILDE, à Edmond, qui, par délicatesse, se retire.

Oh! ne vous retirez pas, monsieur, je n'ai pas honte de ma pauvreté. D'ailleurs, je voudrais la cacher, que ma mise plus que modeste...

EDMOND.

N'importe, mademoiselle, vous causerez plus librement, je crois, seule avec ma mère, quoique la lettre de mon bon Duverrier vous donne le droit de parler devant moi comme devant un frère.

MADAME DE GERVAIS.

Oui, tu as raison, Edmond.

EDMOND.

Je reviens dans un instant, ma mère. (Il embrasse sa mère au front.) Mademoiselle...

(Il sort.)

SCÈNE VIII

MADAME DE GERVAIS, CLOTILDE.

CLOTILDE.

Madame, j'ignore ce que vous aviez à me dire, mais je vous jure que ce que j'ai à vous répondre pouvait être entendu de votre fils.

MADAME DE GERVAIS.

Vous ignorez ce que j'avais à vous dire... Non, vous ne me faites pas cette injure, n'est-ce pas, chère enfant?

CLOTILDE.

Madame...

MADAME DE GERVAIS.

Ce que j'ai à vous dire, c'est que ma pauvre petite Clotilde, qui devait être votre compagne, votre amie, avait sa bourse à elle, bourse de pensionnaire, contenant peu de chose, quarante ou cinquante louis peut-être, et que je crois faire de cet argent l'emploi que, vivante, elle en aurait fait elle-même en vous disant...

CLOTILDE, avec une extrême douceur.

Pardon, madame...

MADAME DE GERVAIS.

Mon enfant, pas de faux orgueil.

CLOTILDE.

Croyez que j'apprécie toute la délicatesse de votre offre, que la forme surtout dans laquelle l'enveloppe votre tendresse maternelle double la reconnaissance que je vous ai vouée; mais...

MADAME DE GERVAIS.

Mais quoi ?... Voyons...

CLOTILDE.

Mais, tant qu'il me restera quelque chose, je ne dirai pas

de ma richesse, je n'ai jamais été riche, mais de ma médiocrité passée, je me regarderais comme coupable envers ceux qui sont encore plus pauvres que moi, si j'acceptais... une aumône.

MADAME DE GERVAIS.

Une aumône !... Oh ! mon enfant, quel mot employez-vous là ! vous oubliez que vous êtes de l'âge de ma fille, que vous vous appelez Clotilde comme elle, qu'il y a une parenté naturelle entre une enfant qui a perdu ses parents et une mère qui a perdu sa fille... Clotilde, ne me faites pas le chagrin de refuser mon offre. Vous allez dans un pays d'aristocratie, vous désirez entrer dans quelque grande famille pour faire l'éducation d'un enfant; eh bien, vous allez trébucher au premier obstacle. Cette robe, dont la simplicité est pour vous un titre de noblesse à mes yeux, cette robe ne dépassera pas les antichambres. Vous ne connaissez pas nos voisins d'outre-mer, leurs préjugés. Dans un pays où les femmes de chambre portent des chapeaux de satin, c'est bien le moins que des institutrices portent des robes de soie.

CLOTILDE.

En vérité, madame, vous êtes si parfaitement bonne, que j'aurais un remords de refuser toutes vos offres... Ma mise est trop simple, dites-vous ?... Eh bien, madame, il y a une chose que j'accepte... La fille que vous avez perdue s'appelait non-seulement Clotilde comme moi, mais encore était de mon âge et de ma taille... Eh bien... eh bien, madame, j'accepterais avec reconnaissance une robe qu'elle aurait portée ; il me semble qu'en me voyant parée de son vêtement terrestre, l'ange qui est au ciel priera le Seigneur pour moi.

MADAME DE GERVAIS.

Oui, vous avez raison; et, moi, je veux vous voir sous ce vêtement qui lui aurait appartenu. Tenez, voici sa chambre, entrez-y ; la plaie de mon cœur est encore trop douloureuse pour que je vous y suive; tout est encore là comme si elle vivait, tout, jusqu'à la robe que son père lui avait envoyée, et avec laquelle elle devait aller au-devant de lui. Entrez là, mon enfant... Prenez, choisissez... Que je vous revoie encore une fois comme une apparition des jours passés... Et puis... et puis vous irez à la garde de Dieu...

SCÈNE IX

MADAME DE GERVAIS, puis EDMOND.

MADAME DE GERVAIS.

Oh! j'ai eu raison d'exiger qu'elle entrât malgré ce que disait Edmond; la vue de cette enfant m'a fait du bien... Je respire!

EDMOND, entrant vivement.

Ma mère!

MADAME DE GERVAIS.

Qu'y a-t-il?... Comme tu es pâle, Edmond!

EDMOND.

Ma mère, j'étais sur le balcon; une voiture chargée de bagages s'est arrêtée à la porte; un voyageur en est descendu...

MADAME DE GERVAIS.

Eh bien?

EDMOND.

Je crois que c'est mon père...

MADAME DE GERVAIS.

Impossible! on signale tous les bâtiments qui entrent dans le port, et nous avons bien recommandé qu'on nous prévînt aussitôt que l'on signalerait *la Reine-Mathilde*.

EDMOND.

Eh bien, que ce soit oubli, que ce soit... Écoutez...

(Il court à la porte du fond et l'ouvre.)

VOIX, dans l'escalier.

Vous dites au deuxième étage, n'est-ce pas?

MADAME DE GERVAIS.

Mon Dieu, c'est sa voix!

LA VOIX, plus rapprochée.

Au n° 7?

EDMOND.

C'est lui, ma mère!... Ma mère, du courage!

SCÈNE X

LES MÊMES, DE GERVAIS.

EDMOND.

Mon père!

MADAME DE GERVAIS.

Mon ami !

DE GERVAIS.

Ce sont eux ! Ma femme, mes enfants !... Clotilde ! où est Clotilde ?

EDMOND.

Mon père !

DE GERVAIS.

Elle est là, n'est-ce pas ?... Mes pauvres amis !

EDMOND.

Mon père, excusez-nous si vous ne nous avez pas trouvés sur la jetée.

DE GERVAIS.

Je comprends ; mais embrassez-moi donc encore ! Je devais venir par *la Reine-Mathilde*, je vous l'avais écrit ; mais imaginez-vous qu'au moment de partir, elle a fait une avarie ; bon ! en voilà pour trois jours...

EDMOND.

Mon père !

MADAME DE GERVAIS.

Mon bon Gervais !...

DE GERVAIS.

Vous comprenez que je n'ai pas voulu perdre ces trois jours. *Le Royal-George* était en partance pour Plymouth. J'ai fait transporter mes malles sur *le Royal-George* ; en onze jours, nous sommes en Angleterre ; en vingt-quatre heures, je suis en France, et me voilà !... Chère Émilie, sais-tu que je te trouve aussi belle qu'à mon départ ? (Se tournant vers son fils.) Oh ! mon Dieu ! mon Dieu ! dix ans sur la tête d'un enfant, comme ça vous en fait un homme ! Mais elle, Clotilde ?

EDMOND.

Ah ! mon père... si nous avions pu deviner ce changement d'itinéraire !...

DE GERVAIS.

Vous n'avez pas pu être avertis, c'est trop juste ; et cependant, je dois vous le dire, quoiqu'il n'y eût pas de probabilité que vous fussiez au débarquement d'un bateau venant de Plymouth quand vous attendiez un bateau venant de New-York, avec cette obstination absurde de l'espérance. je vous cherchais sur la jetée. Imagine-toi, chérie, qu'il y avait là une femme avec deux enfants qui faisait des signes à un de nos passagers; j'ai pris les signes pour moi et je suis monté sur le bastingage, agitant mon mouchoir, oubliant que, depuis dix ans, mes enfants avaient grandi... Comprends-tu, Edmond, que je croyais te reconnaître dans un bambin haut comme cela, et elle, elle, Clotilde, dans une petite fille?... Ah çà! elle est grande, elle est belle? Ses cheveux sont-ils toujours blonds? Tu prétendais qu'ils noirciraient, te rappelles-tu, Émilie? et cela, parce que ça te faisait un idéal de beauté, cheveux noirs et yeux bleus.

MADAME DE GERVAIS.

Mon ami!

EDMOND.

Mon père!

DE GERVAIS, à sa femme

J'ai cru que nous n'arriverions jamais! Quand j'ai aperçu les côtes de France, un jour de plus, pour un million, je ne l'eusse pas attendu... Oh! mon Dieu, que l'absence fait de mal et que le retour fait de bien! Mais Clotilde, enfin, où est donc Clotilde?

EDMOND.

Mon père!

MADAME DE GERVAIS.

Mon ami...

DE GERVAIS.

Quoi! vous ne répondez pas? Voilà trois fois que je vous demande mon enfant, et que vous ne me dites pas même: « Elle va venir, elle est là... » Voyons, où est ma fille?... Répondez donc, au nom du ciel! Non, non, c'est impossible... Oh! je sens que mon cœur se brise.

MADAME DE GERVAIS.

Mon Dieu!

EDMOND, prêt à avouer.

Mon père, mon père!... eh bien...

DE GERVAIS.

Eh bien, Clotilde! Clotilde! où est Clotilde?

SCÈNE XI

Les Mêmes, CLOTILDE.

CLOTILDE, sortant de la chambre.

Qui m'appelle ?

GERVAIS, la regardant.

Ah ! la voilà ! la voilà !... Je comprends, elle voulait venir au-devant de moi avec la robe que je lui ai envoyée.

MADAME DE GERVAIS, bas, à Clotilde.

Ah ! laissez-lui croire...

DE GERVAIS.

Ma fille !...

MADAME DE GERVAIS, de même.

Il en mourrait !...

CLOTILDE.

Mon père !...

DE GERVAIS.

Oh ! mais viens donc dans mes bras !

CLOTILDE.

Mon Dieu, qu'a-t-il donc ?

DE GERVAIS, tombant sur un fauteuil que lui approche son fils.

Oh ! ce n'est rien, le bonheur... le bonheur ne fait pas de mal ; mais, je le sens, si j'étais resté un instant de plus dans le doute, j'étais mort... Oh ! mes enfants !...

(Il les presse sur son sein.)

ACTE DEUXIÈME

Chez de Gervais, à Paris. —Une table à thé servie. Un piano ouvert. Un portrait, représentant madame de Gervais, suspendu à la muraille. Des fleurs partout.

SCÈNE PREMIÈRE

DE GERVAIS, MADAME DE GERVAIS, EDMOND, CLOTILDE,
au piano, achevant une ritournelle.

DE GERVAIS.
Donne-moi ces vers adorables que tu viens de me chanter, et dis-moi de qui ils sont.

CLOTILDE.
Demandez à Edmond, mon père,

EDMOND.
Ils sont d'elle, mon père ; la musique est d'elle ; tout est d'elle.

CLOTILDE.
Et maintenant, tournez-vous, *monsieur*.

DE GERVAIS, gaiement.
Monsieur se tourne !...

CLOTILDE.
Et regardez de ce côté...

DE GERVAIS.
Le portrait de votre mère !... (A Edmond.) Et quel est l'auteur de ce portrait?

EDMOND.
Demandez à Clotilde.

CLOTILDE, montrant Edmond.
Le voilà !

DE GERVAIS.
Merci, Edmond ! tu as compris que rien ne pouvait être plus doux à mon cœur que le portrait de ta bonne mère. (Tendant les bras à sa femme.) Chère Émilie !...

MADAME DE GERVAIS.
Je suis toute honteuse d'être la seule qui ne te donne rien, le jour de ton anniversaire, mon ami.

DE GERVAIS.

Tu ne me donnes rien?... Et ces deux beaux et chers enfants-là, qui donc me les a donnés?... Un anniversaire, chers amis, à moi?... J'ai donc retrouvé, grâce à vous, cette sainte chose perdue, qu'on appelle un anniversaire! Pendant dix ans que j'ai vécu loin de vous, j'avais oublié ce que c'était; j'ai cessé de vivre du jour où je vous ai quittés, et je ne commence à exister que du jour où je vous retrouve. (Ils s'assoient à la table. Clotilde verse le thé. De Gervais prenant sa tasse.) Merci, Clotilde! J'ai toujours aimé, quoique l'habitude vienne d'Angleterre, cette heure du thé, qui, deux fois par jour, réunit la famille à la même table. Ce sont deux pages du même livre... Sur la feuille du matin, il y a : « Aimons-nous!... » sur celle du soir, il y a : « Nous nous sommes aimés! » Le hasard remplit les autres feuilles.

CLOTILDE.

Monsieur Edmond, voulez-vous sonner, s'il vous plaît?

DE GERVAIS.

Hein!... qu'est-ce que c'est que cela?...

CLOTILDE.

Pour qu'on apporte de l'eau bouillante.

DE GERVAIS, se levant.

Halte! monsieur Edmond, je vous prie... Venez ici, s'il vous plaît, mademoiselle Clotilde...

EDMOND, bas, à Clotilde.

Encore, vous voyez...

CLOTILDE, à Edmond.

Je vous jure que ce n'est pas ma faute.

DE GERVAIS.

Mes enfants, j'ai quelque chose à vous dire à tous deux...
(Ils viennent de chaque côté de Gervais; madame de Gervais reste assise.)

EDMOND.

Parlez, mon père...

DE GERVAIS.

Tu écoutes, Clotilde?...

CLOTILDE, qui regardait madame de Gervais.

Oui, mon père.

DE GERVAIS.

Eh bien, les façons cérémonieuses, convenables entre étrangers, me semblent au moins superflues entre frère et sœur...

Hier, j'entre, comme, en prenant congé de Clotilde, toi, Edmond, tu lui baisais la main. Ce matin, en parlant d'elle, tu disais *mademoiselle*... Tout à l'heure, en te priant de sonner, elle disait *monsieur*.

CLOTILDE.

Mon père !

DE GERVAIS.

Je vous ai quittés, lors de mon départ, vous aimant et vous tutoyant; je vous retrouve cérémonieux et vous disant *vous*.

EDMOND.

Ce n'est point notre faute, mon père.

DE GERVAIS.

Oui, je sais ce que vous allez me dire : c'est de bon goût, c'est de grand monde, c'est de haute aristocratie... Très-bien !... mais nous ne sommes ni des Rohan ni des Montmorency... Nous nous appelons de Gervais tout court... Nous avons même dû d'abord nous appeler Gervais, ce qui était encore plus court; nous sommes de bons bourgeois, mes enfants, profitez donc du bénéfice de la bourgeoisie... Clotilde, ne l'appelle plus *monsieur*... Edmond, n'appelle plus ta sœur *mademoiselle*... Mes enfants, ne vous dites plus *vous*... et, quand vous vous quitterez, quand vous vous reverrez, au lieu de cette froide politesse des gens du monde, qui consiste, pour la plupart du temps, à rapprocher des lèvres menteuses d'une main glacée, ayez la bonne et franche caresse des cœurs qui s'aiment, ce tendre et loyal baiser qu'on entend résonner sur les joues... parce qu'il n'a aucun motif de se cacher... Allons, mes enfants, demandez-vous pardon.

EDMOND, s'approchant de Clotilde.

Ma sœur !

CLOTILDE, baissant les yeux.

Mon frère !...

EDMOND.

Veux-tu me permettre...?

DE GERVAIS, les poussant.

Mais allons donc !... (Edmond embrasse Clotilde. A sa femme.) Oh ! les singuliers enfants que nous avons là ! (A part.) On dirait qu'ils ne s'aiment pas.

LE DOMESTIQUE, entrant.

Monsieur !

CLOTILDE, bas, à madame de Gervais.

Vous le voyez, madame, il n'y a pas de ma faute.

SCÈNE II

Les Mêmes, un Domestique.

DE GERVAIS, allant au Domestique.

Eh bien, qu'y a-t-il ?

LE DOMESTIQUE.

Monsieur, c'est une carte qu'un domestique vient d'apporter.

DE GERVAIS.

Voyons. (Lisant.) « Edwards Fielding !... » Ah ! je l'avais oublié, ou plutôt je voulais l'oublier...

LE DOMESTIQUE.

M. Edwards Fielding est arrivé ce matin de New-York, il est logé à l'hôtel des *Princes*, il viendra vers midi.

DE GERVAIS.

C'est bien !

(Il s'assied.)

MADAME DE GERVAIS.

Qu'as-tu donc, mon ami ?

DE GERVAIS.

Rien : une visite à laquelle je devais m'attendre et qu'il m'est impossible de ne pas recevoir.

MADAME DE GERVAIS.

Mais cet Edwards Fielding, n'est-ce pas celui dont tu me parlais dans tes lettres ?

EDMOND.

Un homme qui vous a rendu de grands services, je crois, mon père ?

DE GERVAIS.

Un homme à qui je dois tout.

CLOTILDE.

Ah ! comme nous l'aimerons, alors !

DE GERVAIS, la main sur le cœur.

Clotilde !...

CLOTILDE.

Mon Dieu ! ne devons-nous pas aimer ceux que vous aimez, mon père ?...

DE GERVAIS.

Aimer, oui ; seulement, tout est dans le sens qu'on attache au mot.

CLOTILDE.

Par exemple, vous disiez tout à l'heure que vous nous aimiez trop; n'était-ce pas nous dire que nous ne vous aimions pas assez?...

DE GERVAIS.

Hélas! mon enfant, nous aimons chacun comme la nature nous dit d'aimer ; qu'adviendrait-il donc de notre pauvre race humaine, si les pères et les enfants aimaient de la même façon? Non, la nature regarde en avant; que lui importe la douleur des pères? elle n'a besoin que du bonheur des enfants.

EDMOND.

Que voulez-vous dire?

DE GERVAIS.

Tu ne comprends pas?

EDMOND.

Non...

DE GERVAIS.

Ni toi non plus, Clotilde?

CLOTILDE.

Non, je l'avoue.

DE GERVAIS.

Ta mère comprend, elle.

MADAME DE GERVAIS, tristement.

Oui.

DE GERVAIS, à Clotilde.

Ah! tu ne comprendrais pas que je fusse jaloux de toi?...

CLOTILDE.

Vous jaloux! et jaloux de moi?

DE GERVAIS.

Eh! oui ; car un moment viendra, et ce moment n'est pas éloigné peut-être, où tu seras ingrate sans t'en douter.

CLOTILDE.

Ingrate?... Oh!... jamais!

DE GERVAIS, la prenant sur ses genoux.

On a demandé un enfant, on a désiré une fille... et, un jour, des bras de sa mère, on reçoit cette enfant, cet ange!... De ce moment-là, vous ne la perdez pas de vue un seul instant. Le jour pendant ses jeux, la nuit pendant son sommeil, vous ne vivez que pour elle, vous l'aimez, vous l'adorez; mais ce n'est pas assez, il faut encore que les autres l'admirent. Pour tous, elle chancelle; pour vous, elle marche; pour les autres, elle bégaye; pour vous, elle parle; pour les indifférents, elle épelle; pour vous, elle lit. Vous vous faites petit pour être à sa taille, et vous vous surprenez à trouver les contes de Perrault bien autrement intéressants que l'*Iliade* d'Homère.

CLOTILDE.

Ah! mon père!

DE GERVAIS, la regardant avec une tendresse infinie.

La voilà grande... on la trouve charmante. C'est en ce moment-là qu'un étranger, quelquefois, hélas! conduit par vous-même, voit votre fille, lui dit trois mots à l'oreille... et, sur ces trois mots, elle aime l'étranger plus que vous; elle vous quitte pour le suivre, et elle donne à cet étranger sa vie, qui est votre vie... plus encore, son cœur, qui est votre cœur... Voilà ce que tu ne comprenais pas, ma chère Clotilde, voilà ce que tu ne comprendras que lorsque tu seras mère, et que tu verras un étranger t'enlever ton enfant. (Il embrasse Clotilde.) Viens, ma bonne Émilie, viens! il faut que je te parle... Attendez-moi là, mes enfants; nous revenons, votre mère et moi, dans un instant.

(Il sort avec sa femme.)

SCÈNE III

EDMOND, CLOTILDE.

CLOTILDE.

Ah! mon Dieu, qu'a donc votre père, monsieur Edmond?

EDMOND.

N'avez-vous pas entendu?... Il craint que vous n'aimiez quelqu'un plus que lui... Pauvre père, il est jaloux.

CLOTILDE, vivement.

Il a tort... Je n'aime personne.

EDMOND.

Oh! s'il en était aussi sûr que moi, il ne s'inquiéterait plus.

CLOTILDE.

Ai-je le droit d'aimer quelqu'un? celle qui ne s'appartient pas peut-elle se donner?...

EDMOND.

Et qui donc, au contraire, s'appartient plus que vous?... Orpheline, sans parents, maîtresse de vous-même...

CLOTILDE.

Me donnez-vous la liberté de dire à votre père qui je suis?...

EDMOND.

Oh! Clotilde, attendez encore. Vous avez vu tout à l'heure qu'à la seule idée d'être séparé de vous... il a failli pleurer comme un enfant.

CLOTILDE.

Mais il faut cependant que tout ceci prenne une fin. Je ne puis laisser au hasard le soin de nous sortir de la douloureuse position que le hasard nous a faite.

EDMOND.

Non, ce n'est point le hasard qui vous a donné le même âge et le même nom que la pauvre morte. Oh! non, Clotilde, ne faites pas honneur de tout cela au hasard... et permettez que, plus croyant que vous, j'en remercie, moi, la Providence.

CLOTILDE.

La Providence!... prenez garde, monsieur, c'est peut-être parce qu'on abuse si souvent de son nom, qu'elle descend si rarement sur la terre.

EDMOND.

Clotilde, est-ce à vous de douter d'elle, vous à qui elle a tout donné? Oh! je ne suis pas si ingrat que vous, moi, et je remercie Dieu de ce qu'il a conduit vers moi la jeune fille belle, chaste, aimante, qui avait été l'idéal de mes rêves, que j'avais cherchée vainement en ce monde... et qui n'existait, je commençais à le croire, que dans celui des esprits, des anges et des fées.

(La porte s'ouvre.)

CLOTILDE.

Monsieur, quelqu'un!

(Elle se met au piano.)

EDMOND.

C'est vous, Joseph... Qu'y a-t-il encore?

SCÈNE IV

Les Mêmes, le Domestique.

Pardon, c'est M. Edwards Fielding qui se présente pour avoir l'honneur de voir monsieur votre père, et, comme je croyais M. de Gervais...

EDMOND.

Priez M. Edwards Fielding d'attendre un instant au salon et prévenez mon père...

(Le Domestique sort.)

SCÈNE V

CLOTILDE, au piano; EDMOND.

EDMOND, à Clotilde, qui veut se lever.

Ne vous dérangez pas... restez où vous êtes... J'ai tant de choses à vous dire, Clotilde!

CLOTILDE.

Monsieur Edmond...

EDMOND.

Eh bien, non, je ne dirai rien; mais laissez-moi vous regarder! vous écouter! Tenez, jouez-moi cette larme de Weber, qu'on appelle sa *Dernière Pensée*, je vous en prie!

CLOTILDE, laissant tomber ses mains sur le piano.

Volontiers!

(Elle joue.)

EDMOND, après quelques secondes.

Avez-vous jamais rêvé, dites-moi, quelque chose de plus doux, de plus mélancolique et de plus charmant que cette mélodie?

SCÈNE VI

Les Mêmes, FIELDING, poussant doucement la porte, entrant et écoutant.

FIELDING.

Oui, ravissante, mais aussi très-bien jouée, très-bien!

CLOTILDE, tressaillant.

Mon Dieu !

EDMOND.

Pardon, monsieur ; mais...

FIELDING.

Oh ! mademoiselle, je vous en supplie, achevez d'abord... ou bien ce serait me dire que j'ai été indiscret... ce qui peut être vrai... et qu'il faut que je me retire... Cependant, j'avais tout lieu d'espérer qu'Edwards Fielding n'était pas tout à fait un étranger pour les enfants de son ami de Gervais. Car c'est sans aucun doute à M. Edmond et à mademoiselle Clotilde que j'ai l'honneur de parler ?

EDMOND.

En effet, monsieur, mon père nous a dit toutes les obligations qu'il vous avait, et M. Edwards Fielding avait toute raison de croire qu'il n'était pas un étranger pour nous. Ainsi donc, ma chère Clotilde, puisque monsieur vous en prie...

(Clotilde reprend la mélodie.)

FIELDING.

Bravo, mademoiselle !... Jamais le génie de l'auteur du *Freitzchütz* n'a été compris par un cœur plus tendre, par une main plus habile.

CLOTILDE.

Monsieur !

FIELDING.

Ah ! mais que vois-je là ? un roman de notre compatriote Cooper dans sa langue originale !... C'est vous qui lisez ce livre, monsieur Edmond ?

EDMOND.

Non, monsieur, c'est ma sœur.

FIELDING.

Vous parlez l'anglais, mademoiselle ?

CLOTILDE, se levant.

Oh !... un peu, monsieur...

FIELDING.

Pour lire Cooper, il faut parler l'anglais beaucoup... C'est un auteur très-difficile pour les étrangers !

CLOTILDE.

Moins que Walter Scott pourtant.

FIELDING.

Oui, à cause des mots écossais qu'il introduit dans ses livres... Et vous aimez Cooper?

CLOTILDE.

Beaucoup.

FIELDING.

Plus que Walter Scott?

CLOTILDE.

Je n'oserais décider entre deux pareils génies. Cependant, je trouve plus d'idéalité dans le romancier américain, un plus profond sentiment de l'étendue, une plus grande perception de l'immensité.

FIELDING.

Je fais compliment à mon ami de Gervais, et vois qu'il ne m'avait rien dit de trop.

SCÈNE VII

Les Mêmes, DE GERVAIS.

DE GERVAIS, du seuil.

C'est lui!...

EDMOND.

Mon père, monsieur...

FIELDING.

Ah! mon cher de Gervais!

DE GERVAIS.

Mon bon Fielding!... (A ses enfants.) Mes amis, regardez bien cet homme! Quand votre père, arrivant chez un peuple dont il n'entendait pas la langue, errant sur une terre qui ne le reconnaissait pas pour son fils, allait douter de tout, de l'honneur, de Dieu même, cet homme m'a tendu les bras comme à un frère. Si vous me voyez vivant, c'est à son cœur que vous le devez... Si vous me voyez riche, c'est à son appui que je dois ma fortune... De tout ce qu'il me demandera à son tour, je n'ai le droit de lui rien refuser; ma fortune et ma vie sont à lui!... Edmond, Clotilde, demandez-lui l'honneur de lui serrer la main.

ÉDMOND.

Monsieur...

(Fielding serre la main d'Edmond et baise celle de Clotilde.)

DE GERVAIS.

Et maintenant, laissez-nous seuls, mes enfants; nous avons à causer, Fielding et moi.

CLOTILDE, s'éloignant à droite.

Pourquoi donc tremblé-je ainsi?

EDMOND, s'éloignant à gauche.

Oh! que peut vouloir cet homme?

(Ils sortent.)

SCÈNE VIII

FIELDING, DE GERVAIS.

FIELDING.

Vous avez là de charmants enfants, mon cher de Gervais.

DE GERVAIS.

Oui, n'est-ce pas?... et je suis un heureux père... Vous vous êtes donc décidé à venir en France, cher ami?

FIELDING.

Et, si j'eusse eu l'idée du trésor qui m'attendait ici, je ne me fusse point arrêté en route comme je l'ai fait.

DE GERVAIS.

C'est donc à cause de cela que vous êtes de quinze jours en retard?

FIELDING.

Et alors, vous vous êtes dit : « Edwards Fielding est un homme sans parole. »

DE GERVAIS.

Non! non! je me suis dit qu'il était arrivé quelque empêchement à votre voyage.

FIELDING.

Il n'y a pas d'empêchement quand il y a engagement pris. Eh bien, mon ami, j'ai vu Clotilde.

DE GERVAIS, avec un soupir.

Et vous dites?

FIELDING.

Je dis que mon fils est un drôle bien heureux!

DE GERVAIS, lui prenant la main.

Mon Dieu, vous tenez donc beaucoup à ce mariage?

FIELDING.

Comment, si j'y tiens? Plus que jamais! je vous le répète,

je viens de voir votre fille, un miracle de beauté, un trésor de grâce; et vous me demandez, mon cher de Gervais, si je tiens à être le beau-père de cet ange! C'est bien de l'honneur pour moi, je le sais; mais plus l'honneur est grand, plus j'y tiens.

DE GERVAIS.

Eh bien, puisque vous y tenez tant, la chose se fera.

FIELDING.

Comment, la chose se fera?... Mais, je vous l'avouerai, mon cher de Gervais, je la croyais faite : n'est-ce pas vous qui, le premier, m'avez parlé de votre fille? n'est-ce pas vous qui avez deviné dans mon fils l'époux qui convenait à Clotilde?

DE GERVAIS.

Oui, je le sais, et vous ne me direz rien que je ne me sois redit cent fois à moi-même depuis un mois; mais laissez-moi vous avouer une chose, Fielding : quand j'ai rêvé cette union, je n'avais pas revu Clotilde... Je l'aimais tendrement; mais j'ignorais cet empire absolu qu'une fille de son âge prend sur le cœur d'un père. Maintenant, je l'ai revue, je l'ai retrouvée plus belle que je n'osais l'espérer... non-seulement plus belle, mais instruite, distinguée, apte à tous les arts, musicienne, peintre, je dirais presque savante, si, à propos des femmes, grâce à nos préjugés, ce mot n'était pris en mauvaise part... eh bien, mon cœur s'est réjoui de sa présence, ma vie a retrouvé dans sa vue le soleil de la jeunesse... et maintenant, que voulez-vous! elle m'est nécessaire comme l'air que je respire... Je sens que je mourrais si j'étais forcé de m'en séparer.

FIELDING.

Eh bien, mon ami, je suis heureux d'avoir été au-devant de vos désirs, et de pouvoir, tout en réalisant nos projets d'avenir, ne rien vous enlever de votre joie et de votre bonheur.

DE GERVAIS.

Que dites-vous, mon ami? vous abandonneriez...?

FIELDING.

Je suis de quinze jours en retard... Pourquoi? Je vais vous le dire. Parce que je suis venu par Liverpool, Londres et le Havre... J'ai donc vu tous nos correspondants : savez-vous ce que j'ai arrêté avec eux?... J'ai résolu de fonder une maison à Paris. L'amour d'un père pour son fils n'est pas, je le comprends bien, celui d'un père pour sa fille. Vous ne pouvez vous séparer de Clotilde?

DE GERVAIS.

Impossible, mon ami.

FIELDING.

Soit; c'est moi qui me séparerai de John!... John fondera à Paris, sous vos yeux, sous votre surveillance, une maison de commerce à l'instar de New-York, et de cette façon vous ne quitterez pas votre fille... Maintenant, êtes-vous content? et suis-je digne d'être votre ami?...

DE GERVAIS.

Vous êtes le plus noble cœur que je connaisse, Edwards, et je vous remercie; mais...

FIELDING.

Ah! il y a un *mais*...

DE GERVAIS.

Oui! pardonnez aux prévoyances exagérées d'un cœur de père; mais votre fils est bien jeune.

FIELDING.

Il a vingt-deux ans.

DE GERVAIS.

Il est dans l'âge des passions...

FIELDING.

On n'a pas de passions dans la maison Fielding.

DE GERVAIS.

On peut en avoir, ce n'est pas défendu par l'acte de société. Eh bien, je m'effraye de donner ma fille à un si jeune homme.

FIELDING.

Préféreriez-vous un vieillard?

DE GERVAIS.

Non; mais je serais plus sûr d'un homme de notre âge.

FIELDING.

Et votre fille, croyez-vous qu'elle serait de votre avis?...

DE GERVAIS.

Oui, si elle était raisonnable!... Tenez, mon ami, il faut que je sois franc avec vous jusqu'au bout. Quand je pense que je vois ma fille à chaque heure, à chaque instant de la journée, que je n'ai qu'à sonner pour qu'elle vienne, qu'à l'appeler pour qu'elle entre, qu'à frapper pour qu'elle accoure; que je puis, à mon aise, à mon gré, à mon loisir, m'enivrer de sa vue, et qu'il viendra un moment où elle aura une autre maison que la mienne, une autre existence que la mienne, d'autres intérêts que les miens; qu'il faudra, quand je voudrai la voir, que je fasse mettre les chevaux à la voiture, que j'aille frapper à sa porte, que j'aille me faire annoncer chez elle; qu'il y aura là un mari, pour moi un étranger, qui comptera les minutes qu'elle passera avec moi, et qui, au bout d'une heure, d'une demi-heure, d'un quart d'heure, dira : « Assez!... assez!... » tenez, Fielding, c'est insensé, je le sais bien, mais cela me met hors de moi!...

FIELDING.

C'est-à-dire, mon ami, que vous me retirez votre parole?

DE GERVAIS.

Non; mais vous me feriez bien heureux en me la rendant...

FIELDING.

Écoutez, de Gervais, je ne sais sous l'empire de quel sentiment vous me parlez; mais vous êtes à la fois excellent père et honnête homme?

DE GERVAIS.

Fielding!

FIELDING.

Laissez-moi achever. Comme honnête homme, il y a une parole engagée entre nous; comme père, écoutez-moi; je vous dis : Vous connaissez mon fils John Fielding; c'est non-seulement un beau jeune homme à New-York, mais ce serait un élégant gentleman à Londres, un parfait cavalier à Paris. Joignez à cela un esprit cultivé, un cœur droit, une âme honnête, et vous n'aurez reconnu en lui que les qualités que tout le monde lui reconnaît!... Mon ami, vous avez vingt-quatre heures pour réfléchir.

DE GERVAIS.

Fielding!

FIELDING.

A demain, mon ami.

DE GERVAIS.

Fielding, nous quitter ainsi?... Et, tout d'abord, que notre maison soit la vôtre... Restez ici; je ne dois pas souffrir...

FIELDING.

Non, mon ami, j'ai besoin de vous laisser avec vos enfants,

votre femme; ma présence vous gênerait dans votre liberté. A demain, mon ami.

DE GERVAIS.

Fielding!

FIELDING.

A demain!

(Il sort.)

SCÈNE IX

DE GERVAIS, seul.

Oh! il a raison, et ce que je fais là est insensé!... ce que je fais là est non-seulement de la folie, mais encore de l'ingratitude!... Lui seul est dans le vrai, parce que lui seul est dans le juste. Il l'a vue, et elle a produit sur lui l'effet qu'elle produira sur tout le monde. Ces talents, cette éducation, j'en suis presque arrivé à les maudire!

(Il repousse loin de lui Cooper et froisse la musique entre ses doigts.)

SCÈNE X

DE GERVAIS, EDMOND.

EDMOND.

Mon père!

DE GERVAIS.

Ah! c'est toi, Edmond! Mon fils, tu m'aimes, n'est-ce pas?

EDMOND.

En doutez-vous, mon père?

DE GERVAIS.

Non, grâce à Dieu.

EDMOND.

Qu'avez-vous donc?

DE GERVAIS.

Je n'ai rien.

EDMOND.

Si! vous nous cachez quelque chose, mon père... L'arrivée de cet homme vous a préoccupé!... Vous étiez si heureux ce matin! avouez que le malheur est entré avec lui dans notre maison.

DE GERVAIS, agité.

Edmond, appelle ta sœur; il faut que je lui parle.

EDMOND, à part.

Oh! je m'en doutais bien, qu'il s'agissait de Clotilde.

(Fausse sortie.)

DE GERVAIS.

Edmond!...

EDMOND, revenant.

Mon père?

DE GERVAIS.

Tu sais ce que c'est qu'une parole... et ma parole est engagée.

EDMOND.

A cet homme, mon père?

DE GERVAIS.

Hélas! oui.

EDMOND.

Mais il a trente ans de plus que ma sœur.

DE GERVAIS.

Son fils a ton âge.

EDMOND.

Oh! mon père, vous qui l'aimiez tant, à ce que vous disiez...

DE GERVAIS.

Edmond!

EDMOND.

Vous qui prétendiez mourir si on vous séparait d'elle...

DE GERVAIS.

John Fielding vient à Paris.

EDMOND.

Alors, vous refusez de rompre cette union?

DE GERVAIS.

Je cherche un moyen honorable...

EDMOND.

Il y en a dix!

DE GERVAIS.

Appelle ta sœur, Edmond.

EDMOND, ouvrant la porte.

Viens, Clotilde, viens! viens!

SCÈNE XI

Les Mêmes, CLOTILDE.

EDMOND, bas.

Clotilde, attendez-vous à ce qui peut m'arriver de plus malheureux!...

DE GERVAIS.

Viens, mon enfant, et je vais te dire en deux mots ce dont il est question...

CLOTILDE.

Mon Dieu! vous m'effrayez... Qu'y a-t-il?

EDMOND.

Clotilde, vous êtes fiancée sans vous en douter ; mon père a promis votre main à M. John Fiélding.

CLOTILDE.

Oh! monsieur ce mariage est impossible.

EDMOND.

Vous l'entendez, je le disais bien.

DE GERVAIS, vivement.

Impossible, as-tu dit, mon enfant?

CLOTILDE.

Oh! oui...

DE GERVAIS.

Et comment cela?

CLOTILDE.

Mon père, je ne veux pas me marier.

DE GERVAIS, avec joie.

Tu aimes quelqu'un?

CLOTILDE, vivement.

Non, non... personne...

DE GERVAIS.

Oh! si tu aimais, et que j'eusse au moins cette excuse à donner, que je ne peux pas faire le malheur de ma fille... Je connais assez maintenant et la pureté de ton cœur et la distinction de ton esprit pour être sûr que celui que tu aimes est digne de toi!...

EDMOND.

Clotilde, comprenez bien, mon père ne vous demande pas

le nom de celui que vous aimez; mon père ne veut que gagner du temps!

DE GERVAIS, joyeux.

- Oui, du temps! une année de bonheur encore, pareille au mois qui vient de s'écouler.

CLOTILDE.

Je dis que cette union est impossible, voilà tout.

DE GERVAIS.

Impossible! comment cela? Dis, mon enfant, dis l'impossibilité! Tu gardes le silence; je comprends, je ne suis pas encore assez devenu l'ami de ma fille pour être initié à tous ses secrets. (Madame de Gervais entre.) Tiens, tu auras peut-être un peu plus de confiance en ta mère... Les femmes entre elles ont un abandon... (A madame de Gervais.) Cause, ma bonne Émilie, avec ta fille; tu seras peut-être plus heureuse que moi; peut-être te dira-t-elle ce qu'elle n'ose m'avouer; mais n'oubliez pas que Fielding attend ma réponse... Viens, Edmond.

(Il sort avec son fils.)

SCÈNE XII

MADAME DE GERVAIS, CLOTILDE.

CLOTILDE.

Oh! ma mère! pour la dernière fois peut-être, laissez-moi vous appeler ma mère.

MADAME DE GERVAIS.

Que dis-tu là, mon enfant?

CLOTILDE.

Qu'il faut que je vous dise adieu, que je vous quitte, que je parte!...

MADAME DE GERVAIS.

Oh! mon Dieu, partir! nous étions si heureux!

CLOTILDE.

Trop heureux, madame, et voilà pourquoi ce bonheur ne pouvait durer. Songez donc aux difficultés, aux complications, aux impossibilités que chaque jour amène... Nous ne sommes de retour à Paris que depuis un mois... M de Gervais s'est isolé dans sa tendresse pour ses enfants; mais je ne puis pas toujours me cacher, me dérober à tous les yeux... Au-

15.

jourd'hui... aujourd'hui... c'est chose plus grave: c'est un mariage que l'on me propose, c'est tout un avenir ! non pas l'avenir d'une seule famille, mais de deux, que l'on bâtit sur moi ; j'ai beau résister, on m'entraîne ; je suis un faux perpétuel et vivant dans votre maison, et je m'épouvante en sentant où je vais.

MADAME DE GERVAIS.

Oui, c'est vrai... Mais, que veux-tu, mon enfant ! peut-être, au moment de son arrivée, pouvions-nous annoncer à M. de Gervais la perte qu'il avait faite. L'absence est une demi-mort ; il était préparé, par la séparation momentanée, à la séparation éternelle. Mais, aujourd'hui, cette blessure que nous avons hésité à lui faire, guérissable peut-être alors... aujourd'hui qu'il t'a vue, qu'il t'aime, et que tu lui es nécessaire, que tu es devenue une partie de son existence... aujourd'hui... à coup sûr, cette blessure serait mortelle !

CLOTILDE.

Mon Dieu ! mon Dieu !

MADAME DE GERVAIS.

M. de Gervais veut te marier ; mais il t'aime tant, que, dès que tu lui diras que ce mariage ferait ton malheur, il y renoncera. Demande à voyager, il y consentira ; et nous, nous, que nous importe d'habiter avec toi l'Italie, l'Allemagne ou l'Angleterre, pourvu que le bonheur qui est entré avec toi dans la maison n'en sorte pas ?

CLOTILDE.

Mais votre fils m'aime, madame ! il m'aime !

MADAME DE GERVAIS.

Mon Dieu, crois-tu que, depuis un mois que je vous observe l'un et l'autre, je n'aie pas vu naître et grandir cet amour ?

CLOTILDE.

Madame ! au nom du ciel, éloignez-le, ou éloignez-moi ! ne nous laissez pas plus longtemps l'un près de l'autre dans la même maison, sous le même toit !

MADAME DE GERVAIS.

Que m'importe qu'il t'aime ? que m'importe que je doute de lui, si je ne doute pas de toi ?...

CLOTILDE.

Oh ! madame ! madame !

MADAME DE GERVAIS.

Mais puisque tu es sûre de ton cœur! mais puisque tu n'aimes personne!

CLOTILDE.

Ma mère, ma mère! laissez-moi... laissez-moi, vous le dire, si bas que personne ne l'entende, pas même mon cœur... Edmond... je l'aime! (Mouvement de madame de Gervais.) Ah! vous voyez bien qu'il faut que l'un de nous deux parte, et, puisque je suis l'étrangère, il est tout simple que ce soit moi.

(De Gervais paraît au fond.)

MADAME DE GERVAIS.

M. de Gervais!

SCÈNE XIII

Les Mêmes, DE GERVAIS.

DE GERVAIS, résigné mais abattu.

Eh bien, ma bonne Émilie, que t'a dit notre enfant?

MADAME DE GERVAIS.

Elle m'a dit, mon cher Gervais, que, puisque tu la laissais libre de refuser ou d'accepter ce mariage... elle refusait.

DE GERVAIS.

Malheureusement, la question n'est pas si simple que cela... Ma parole est engagée, et à un refus il faut une raison.

MADAME DE GERVAIS.

Eh bien, mon ami, veux-tu que je t'avoue une chose?... Je crois que Clotilde aime quelqu'un!...

DE GERVAIS.

Je le lui ai demandé, elle m'a dit que non.

MADAME DE GERVAIS.

A toi, mon ami, elle n'a peut-être pas osé...

DE GERVAIS.

Clotilde!

CLOTILDE, se rapprochant.

Me voilà!

DE GERVAIS.

Pourquoi ne m'as-tu pas avoué...?

CLOTILDE.

Quoi?

DE GERVAIS.

Que ton cœur n'était pas libre; je te l'ai demandé. (Clotilde jette un regard de reproche à madame de Gervais.) Eh bien, voyons, puisque tu as fait un premier aveu, achève... Qui aimes-tu?

CLOTILDE.

Ma mère vous a dit cela, mon père, parce qu'elle sait la douleur, le chagrin, le regret...

DE GERVAIS.

Oui, et ce n'est pas vrai, je comprends... Vous me veniez en aide par un mensonge... Allons, soyons fort; nous avons, en homme d'honneur, engagé notre parole; tenons notre parole en homme d'honneur.

(Il va à une table, s'assied, soupire, s'essuie le front, prend une plume et commence à écrire.)

MADAME DE GERVAIS s'approche de son mari avec embarras.

Alors, en ce moment, il serait maladroit de venir te parler.

DE GERVAIS.

De quoi, chère amie?

MADAME DE GERVAIS.

Cesse d'écrire, et écoute-moi.

DE GERVAIS.

Volontiers, parle; qu'allais tu me dire?

MADAME DE GERVAIS.

J'allais te dire qu'il faut, malgré ta tendresse pour tes enfants, te séparer au moins de l'un deux.

DE GERVAIS.

Duquel?...

MADAME DE GERVAIS.

D'Edmond?

DE GERVAIS.

Ah! et pourquoi?

MADAME DE GERVAIS.

C'est que, depuis longtemps, Edmond, en sa qualité d'artiste, nourrit le désir de faire un voyage en Italie.

DE GERVAIS.

Ah! et pourquoi, depuis un mois que je suis de retour, ne m'en a-t-il jamais parlé?

MADAME DE GERVAIS.

Il aurait craint de t'affliger.

DE GERVAIS, après avoir regardé sa femme et Clotilde.

C'est bien; dans quelques jours, Edmond partira.

MADAME DE GERVAIS.

Moi, je crois, mon ami, que demain, aujourd'hui vaudrait peut-être mieux encore.

DE GERVAIS.

Ah! nous verrons.

(Il se remet à écrire.)

SCÈNE XIV

Les Mêmes, EDMOND.

EDMOND.

Que fait mon père?

MADAME DE GERVAIS.

Tu vois.

EDMOND.

Il écrit... A qui?

CLOTILDE, ne pouvant retenir un cri de douleur.

Edmond!... Edmond!...

EDMOND, à de Gervais.

Mon père, à qui écrivez-vous?

DE GERVAIS.

Mais à M. Edwards Fielding.

EDMOND.

Et que lui écrivez-vous?

DE GERVAIS.

Que je suis prêt à tenir ma parole.

EDMOND, vivement.

Mon père!

MADAME DE GERVAIS, le retenant.

Edmond!

EDMOND, bas.

Mais vous entendez, vous voyez, ma mère! dans dix minutes, il sera trop tard.

CLOTILDE.

Ah! madame, je vous en supplie, dites-lui tout.

EDMOND, bas.

Non, c'est moi qui...

MADAME DE GERVAIS, bas.

Arrête, Edmond!... c'est à la mère, c'est à la femme d'annoncer au mari et au père la terrible nouvelle!

EDMOND.

Alors, ma mère...

(Jeu muet; moment d'hésitation entre les personnages du fond.)

MADAME DE GERVAIS, à son mari.

Mon ami !

DE GERVAIS.

Quoi ?

MADAME DE GERVAIS.

Avant que tu ailles plus loin, mon ami...

DE GERVAIS.

Qu'as-tu, et pourquoi es-tu si émue, si tremblante ?

MADAME DE GERVAIS.

C'est que le moment est venu de te dire...

DE GERVAIS.

Voyons, parle.

MADAME DE GERVAIS.

Écoute-moi, mon ami; c'est souvent au moment où l'on se croit le plus heureux, le plus certain du bonheur...

DE GERVAIS.

Mais tu m'inquiètes ! qu'as-tu donc ?

SCÈNE XV

Les Mêmes, le Domestique, FIELDING.

LE DOMESTIQUE.

M. Edwards Fielding.

DE GERVAIS.

Déjà !

FIELDING.

Excusez-moi, mon cher de Gervais... Vous ne vous attendiez pas à me revoir si tôt, n'est-ce pas ? (Il salue madame de Gervais. Madame... (A Gervais.) En vous quittant, j'ai été chez mon correspondant...

DE GERVAIS.

Et ?...

FIELDING.

Chez mon correspondant, j'ai trouvé...

DE GERVAIS.

Qu'avez-vous trouvé, mon ami ?...

FIELDING.

Une lettre de monsieur mon fils.

DE GERVAIS.

Bien.

FIELDING.

Non, pas bien...

DE GERVAIS.

Je ne comprends pas.

FIELDING.

Vous avez désiré que je vous rendisse votre parole, mon ami, je vous la rends.

DE GERVAIS.

Fielding!...

CLOTILDE, à part, avec joie.

Mon Dieu!

EDMOND, de même.

Oh! merci!

MADAME DE GERVAIS, à part.

Oh! je n'ai rien dit...

FIELDING.

John a profité de mon absence pour épouser, là-bas, une jeune fille dont il était amoureux, et il m'écrit qu'il est marié...

EDMOND, bas.

Oh! Clotilde, Clotilde!... tu entends.

CLOTILDE, bas.

Monsieur...

MADAME DE GERVAIS, à Edmond.

Prends garde, ton père te voit.

FIELDING.

Ainsi, mon ami, ce n'est pas vous qui manquez à votre parole, c'est moi ; mais... mais... attendez!... John a compromis l'honneur de la maison Fielding et fils, en manquant à sa parole... Or, la maison Fielding et fils n'a jamais manqué à sa parole : je viens donc, et je dis à mon ami de Gervais : C'est moi qui fonde une maison de commerce à Paris ; c'est moi qui tiens l'engagement de mon fils ; c'est moi, enfin, qui épouse mademoiselle Clotilde de Gervais.

CLOTILDE, à part.

Mon Dieu!

EDMOND, à part.

Ah!

FIELDING.

Vous m'avez dit tantôt, cher ami, que vous seriez plus heureux, plus tranquille, si votre fille épousait un homme de notre âge. (Se tournant vers Clotilde.) Mademoiselle, j'ai quarante-deux ans; je vous offre un nom honorablement connu partout où il a été prononcé; je vous reconnais un million de dot... Voulez-vous de moi pour mari?

EDMOND, ironique.

Vous, monsieur?

DE GERVAIS.

Edmond!

FIELDING.

Oui, moi, monsieur.

DE GERVAIS.

Clotilde!

CLOTILDE, interrompant de Gervais.

Mon père?...

DE GERVAIS.

Tu es libre, mon enfant.

FIELDING.

Mademoiselle...

CLOTILDE.

Bientôt, monsieur, vous aurez ma réponse.

EDMOND, bas, à Clotilde.

Oh! repoussez cet homme, je vous en supplie!

DE GERVAIS, qui a surpris ces derniers mots.

J'avais peur qu'ils ne s'aimassent point assez... Si je m'étais trompé! s'ils s'aimaient trop!

ACTE TROISIÈME

Un salon.

—

SCÈNE PREMIÈRE

CLOTILDE, LE DOMESTIQUE, entrant.

LE DOMESTIQUE.

M. Edwards Fielding.

CLOTILDE.

Faites entrer.

SCÈNE II

FIELDING, CLOTILDE.

FIELDING, saluant.

Mademoiselle...

CLOTILDE.

Asseyez-vous, monsieur; car j'ai beaucoup de choses à vous dire!...

FIELDING, s'asseyant.

Tant mieux! car je suis heureux en vous entendant parler.

CLOTILDE.

Monsieur Fielding, écoutez-moi... M. de Gervais avait promis la main de sa fille à M. John Fielding; mais, du moment que votre fils a rompu de lui-même...

FIELDING.

De Gervais est dégagé envers moi, je le reconnais.

CLOTILDE.

C'est alors que vous m'avez fait l'honneur de me demander en mariage... N'étant plus enchaînée par la parole de mon père, j'aurais pu, monsieur, et cela sans blesser en rien votre susceptibilité, j'aurais pu répondre que je voulais encore garder ma liberté; mais je suis devant M. Edwards Fielding, devant l'homme auquel M. de Gervais doit la fortune, la vie peut-être! Ce n'est donc pas un simple refus, quoique enveloppé de politesse, qu'il faut adresser à M. Fielding ; il lui faut une raison tellement grave, tellement imposante, que M. Fielding, tout en regrettant peut-être de voir ses vœux repoussés, soit heureux encore de voir l'estime qu'il inspire et la profonde confiance qu'on a en lui... Je vais vous parler, monsieur, avec la conviction que je parle à un honnête homme. Prenez-vous l'engagement de me garder le secret?

FIELDING.

Sur l'honneur, mademoiselle, je le promets.

CLOTILDE.

Monsieur, je ne suis point la fille de M. de Gervais.

FIELDING, étonné.

Vous n'êtes point la fille de M. de Gervais?

CLOTILDE.

Non ; laissez-moi tout vous dire... Trois jours avant l'arrivée de M. de Gervais, sa fille est morte...

FIELDING.

Sa fille ?...

CLOTILDE.

Une heure avant qu'il débarquât, je me présentais chez madame de Gervais avec une lettre de recommandation. M. de Gervais adorait sa fille ; j'avais à peu près l'âge qu'elle devait avoir, je portais le même nom, et, lorsque le père appelait Clotilde, j'entrai comme si la main de Dieu m'avait poussée... Il me prit pour sa fille... Madame de Gervais et son fils, épouvantés de la douleur qu'allait lui causer la perte de cette illusion, me firent signe de ne rien dire. Je me laissai appeler *ma fille ;* mais ce rôle que je joue devant M. de Gervais, pour lui sauver une douleur, je ne puis le continuer en face de vous, en face des magistrats, en face de l'Église. En face de vous, c'eût été un vol ; en face des magistrats, c'était un faux ; en face de l'Église, un sacrilège...

FIELDING.

Oh ! je comprends.

CLOTILDE.

Alors, je me suis dit : « Il n'y a qu'un moyen de tout concilier, la franchise ; il n'y a qu'un homme à qui l'on puisse avouer ce secret, c'est M. Fielding ; il n'y a qu'une personne qui puisse le lui avouer, c'est celle qui perd tout en l'avouant. »

FIELDING, se levant.

Ainsi, vous n'êtes pas la fille de M. de Gervais?

CLOTILDE.

Non, monsieur.

FIELDING.

Au moment de son arrivée, vous veniez pour la première fois et par hasard dans sa maison?

CLOTILDE.

Pour demander une place d'institutrice ou de demoiselle de compagnie près de celle qui était morte.

FIELDING.

Vous êtes pauvre, et vous ne dépendez que de vous absolument?...

CLOTILDE.

J'ai ce malheur.

FIELDING.

Vous avez le même âge?

CLOTILDE.

Dix-huit ans, monsieur.

FIELDING.

Le même nom?

CLOTILDE.

Clotilde.

FIELDING.

Seulement, au lieu de vous appeler Clotilde de Gervais, vous vous appelez?...

CLOTILDE.

Clotilde Duplessis.

FIELDING.

Eh bien, mademoiselle Clotilde Duplessis, j'ai quarante-deux ans, trois millions de fortune, un nom sans tache en Europe et en Amérique... Mademoiselle Clotilde Duplessis, voulez-vous me faire l'honneur d'être ma femme?

CLOTILDE.

Monsieur...

FIELDING.

Le courrier part dans deux heures; je vous donne une heure pour réfléchir. Dites non, je retourne en Amérique; dites oui, je reste à Paris.

CLOTILDE.

Mais, monsieur...

FIELDING, saluant.

Dans une heure juste, j'aurai l'honneur de venir prendre votre réponse.

(Il sort.)

SCÈNE III

CLOTILDE, puis EDMOND.

CLOTILDE.

Mon Dieu! mon Dieu! mon Dieu!...

EDMOND.

Clotilde!

CLOTILDE.

Vous, Edmond?...

EDMOND.

J'attendais qu'il sortît... Que lui avez-vous dit?

CLOTILDE.

Tout ce que je devais lui dire, Edmond; mais il a autant insisté pour épouser Clotilde Duplessis, plus encore peut-être, qu'il n'eût insisté pour épouser Clotilde de Gervais.

EDMOND.

Et qu'avez-vous répondu?

CLOTILDE.

Il est sorti sans attendre ma réponse, me donnant une heure pour réfléchir.

EDMOND.

Maintenant, qu'allez-vous faire?

CLOTILDE.

Le sais-je moi-même, et n'ai-je pas fait tout ce que j'ai pu?

EDMOND.

Oh! cet homme avec ses millions!...

CLOTILDE.

Edmond, prenez garde! vous êtes tout près de m'insulter, et, Dieu merci, je ne vous en ai pas donné le droit; il a demandé une heure, c'est plus qu'il n'en faut pour que je parte sans que personne, pas même vous, sache où je suis allée.

EDMOND.

Oh! vous savez bien qu'il vous est impossible de partir.

CLOTILDE.

Et cependant, il m'est plus impossible encore de rester.

EDMOND.

Ainsi, vous aimez mieux faire mon désespoir, faire celui de mon père, le tuer peut-être, que de dire à un étranger que vous ne l'aimez pas, que vous ne voulez pas l'épouser?

CLOTILDE.

Il y a, vis-à-vis de certaines gens, dans certaines circonstances, des choses bien difficiles à dire, monsieur.

EDMOND.

Dites-lui que vous m'aimez, Clotilde.

CLOTILDE.

Vous l'ai-je jamais dit à vous-même?

EDMOND.

Dussiez-vous mentir, dites-le-lui, je vous en supplie.

CLOTILDE.

Oh! Edmond, je vous en ai déjà prié, laissez-moi vous quitter, laissez-moi fuir.

EDMOND.

Eh bien, non, c'est moi qui partirai, qui m'exilerai; je ne reviendrai que sur un signe, sur un mot de vous. Je pars, Clotilde; mais, auparavant, dites-moi que vous m'aimez, avec cet accent qui, partant du cœur, ne laisse point de doute dans le cœur, et je pars, Clotilde. Au nom du ciel, à vos genoux, Clotilde, je vous en supplie, je vous en conjure!

CLOTILDE.

M. de Gervais!

EDMOND.

Mon père!

SCÈNE IV

Les Mêmes, DE GERVAIS.

DE GERVAIS, très-pâle mais calme, à part.

Je ne m'étais pas trompé. (Haut.) Eh bien, que fais-tu donc là, Edmond, aux genoux de ta sœur?

EDMOND.

Je lui disais de ne pas nous quitter, mon père; je lui disais que son absence serait votre désespoir, plus que votre désespoir, peut-être votre mort!

DE GERVAIS.

Merci, Edmond; c'est d'un bon fils, ce que tu faisais là. Laisse-moi avec Clotilde.

EDMOND.

Mon père, vous lui parlerez dans ce sens, n'est-ce pas ? Vous obtiendrez d'elle qu'elle n'épouse pas cet étranger qui, d'un moment à l'autre, peut oublier sa promesse et l'emmener en Amérique.

DE GERVAIS.

Sois tranquille, Edmond, Clotilde ne se mariera jamais que de son plein gré, et je la connais : fille pieuse, elle ne s'éloignera jamais de moi que de mon consentement ; n'est-ce pas, Clotilde ?...

CLOTILDE, s'élançant dans les bras de Gervais.

Ah ! mon père !

DE GERVAIS, impérieusement.

Laisse-nous, Edmond.

SCÈNE V

DE GERVAIS, CLOTILDE.

CLOTILDE.

Jamais, mon père, non, je ne vous quitterai jamais.

DE GERVAIS, la pressant contre sa poitrine.

Reste là, mon enfant, et écoute ce que j'ai à te dire, car ce que j'ai à te dire est grave et triste.

CLOTILDE.

Mon père !

DE GERVAIS.

Fielding te quitte.

CLOTILDE.

Oui, mon père.

DE GERVAIS.

Je le sais, je l'ai vu. Je ne dirai pas que je le crois amoureux de toi, Clotilde ; mais je crois qu'il t'aime fort et t'estime beaucoup.

CLOTILDE.

Je ne lui ai rien promis, mon père.

DE GERVAIS.

Il me l'a dit ; il m'a dit que, si tu répondais non, il partirait dans une heure.

CLOTILDE.

Mon père !...

DE GERVAIS.

M'aimes-tu, Clotilde?

CLOTILDE.

Oh! qui donc ne vous aimerait pas, vous si bon!.

DE GERVAIS.

Cet amour irait-il jusqu'à faire un sacrifice à mon bonheur?

CLOTILDE.

Cet amour ira jusqu'où vous l'exigerez, mon père.

DE GERVAIS.

Écoute donc, mon enfant, et, d'abord, grave bien ceci dans .on cœur; que ce n'est pas un ordre que je te donne, mais que c'est une prière que je te fais.

CLOTILDE, à part.

Mon Dieu! que va-t-il me dire?

DE GERVAIS.

Si tu ne te sens pas pour M. Fielding une de ces répugnances invincibles...

CLOTILDE.

Mon père...

DE GERVAIS.

Je le connais comme le cœur le plus noble, l'âme la plus généreuse.

CLOTILDE.

Mais s'il allait me séparer de vous, mon père?...

DE GERVAIS.

Ce serait un grand malheur, sans doute, et qui briserait le rêve de ma vieillesse; mais, que veux-tu! tu sauras cela quand tu auras vécu tes jours, ma pauvre enfant! c'est presque toujours dans son aveuglement que l'homme fait le plan de sa vie à venir; puis les heures coulent, cet avenir rêvé devient le présent, et l'homme s'aperçoit que là où il avait mis son bonheur l'attend parfois la plus amère déception. Clotilde, si tu deviens, ce que je souhaite de tout mon cœur, la femme de Fielding, que Fielding veuille t'emmener, ne résiste pas, mon enfant. Ce sera avec un profond regret que je te dirai adieu après t'avoir revue si tard et t'avoir gardée si peu de temps; mais je te dirai dans mes larmes, dans ma résignation: « Je quitte mon enfant, je me sépare de ma fille bien-aimée; je laisse s'éloigner celle que j'eusse voulu garder éternellement à mes côtés comme la représentation vivante de l'espérance et du bonheur; mais qui sait, mon Dieu!

si sa présence ne serait pas plus fatale encore à ma maison que son absence n'est douloureuse à mon âme ? »

CLOTILDE, baissant la tête.

Oh! mon Dieu! mon Dieu!

DE GERVAIS.

Tu me comprends, n'est-ce pas? toi qui es restée pure et chaste, qui résistes quand on te presse, et qui te défends avec ta pudeur et tes larmes d'un amour que tu dois appeler impie...

CLOTILDE.

Mon père!

DE GERVAIS.

Tu épouseras Fielding, n'est-ce pas, mon enfant?

CLOTILDE.

Mon père!

DE GERVAIS.

S'il veut t'emmener en Amérique, tu l'y suivras?

CLOTILDE.

Mon père!

DE GERVAIS.

Et, s'il ne te le propose pas, et que, toi, tu penses dans ta sagesse que cela devienne nécessaire, eh bien, tu le lui proposeras toi-même.

CLOTILDE, tombant à genoux.

Oh!

DE GERVAIS.

Tu feras cela, n'est-ce pas, mon enfant bien-aimée?... J'ai commencé par dire que je n'ordonnais pas, que je priais, eh bien, tu céderas à ma prière; puis, quand ton père te dira, au nom de cet amour qui prouve que l'âme est fille de Dieu, puisqu'elle peut, comme Dieu, aimer d'un amour éternel: « Aime un étranger, suis cet étranger dans un autre monde, pars, éloigne-toi, va-t'en ! » tu t'en iras, tu t'éloigneras, tu partiras, n'est-ce pas, ma fille? Et moi, un jour, eh bien, quand je sentirai que mon heure approche, n'ayant pu vivre avec toi, je quitterai tout pour aller mourir près de toi. Ta parole, mon enfant, ta parole?...

CLOTILDE.

Tout ce que vous voudrez, mon père. Ordonnez, j'obéirai : tout, tout!

(Elle se lève.)

DE GERVAIS.

C'est bien, embrasse-moi. Va ! je n'aurais plus de forces, et j'ai besoin de toutes mes forces !... mon enfant !...

CLOTILDE, sortant.

Oh ! pauvre Edmond !

(Edmond paraît au fond.)

SCÈNE VI

DE GERVAIS, puis EDMOND.

DE GERVAIS.

Allons, allons, le sacrifice est fait ; du courage, du courage ! O mon Dieu ! vous qui voulez cette séparation, envoyez-moi donc la force, car vous voyez bien que j'y succombe...

EDMOND.

Mon père !

DE GERVAIS, tressaillant.

C'est lui !

EDMOND.

Mon père !

DE GERVAIS.

Ah ! vous voilà, Edmond.

EDMOND, pâlissant.

Clotilde vous quitte en pleurant ; que lui avez-vous dit ? qu'avez-vous donc exigé d'elle ? Dites !...

DE GERVAIS.

Je l'ai décidée à épouser Fielding et à partir avec lui.

EDMOND, chancelant.

A partir avec lui ?

DE GERVAIS.

Oui.

EDMOND.

Impossible, mon père !...

DE GERVAIS.

Et pourquoi impossible ?...

EDMOND.

Y songez-vous ?... Clotilde quitter la France !... nous quitter !... vous quitter... vous !...

DE GERVAIS.

Dieu n'a-t-il pas dit à la femme : « Tu quitteras ton père, ta mère et ta patrie, pour suivre ton époux ? »

EDMOND.

Oh! mon père, mon Dieu! vous qui disiez que vous séparer de l'un de nous à présent, ce serait... votre mort...

DE GERVAIS.

Oui, je l'ai dit.

EDMOND.

Mais vous n'aimez donc pas ma sœur?

DE GERVAIS.

Mais tu l'aimes donc plus qu'un frère, toi, malheureux!

EDMOND.

Moi... moi... aimer Clotilde!... Qui vous a dit cela?

DE GERVAIS.

Mais tu ne vois donc rien? tu ne comprends donc rien?... parce que ta passion insensée et impie te rend aveugle et sourd, tu me crois donc aveugle et sourd moi-même?

EDMOND, cherchant à fuir.

Mon Dieu! mon Dieu!

DE GERVAIS.

J'avais dit que je mourrais si je me séparais de l'un de vous? Je n'aime pas ta sœur?... Oh! voyez-vous ce sacrilége qui dit à un père qu'il n'aime pas sa fille?... J'avais dit que je mourrais d'une séparation? Et qui te dit donc que je ne mourrai pas, à toi qui me forces à me séparer?...

EDMOND.

Mon père!... Non, non... Vous avez raison, c'est à moi de m'en aller, c'est à moi de partir, mon père, à l'instant... (Tombant à genoux.) Votre bénédiction, et je pars...

DE GERVAIS.

Ma bénédiction, à toi, malheureux?

EDMOND.

Oui, votre bénédiction, car je pars, et je vous dis, moi, que j'ai le droit de vous demander votre bénédiction.

DE GERVAIS, hors de lui.

Tais-toi! tais-toi!...

SCÈNE VII

Les Mêmes, MADAME DE GERVAIS.

MADAME DE GERVAIS, accourant.

Oh! mon Dieu! mon Dieu! que se passe-t-il donc?

EDMOND.

Ma mère ! ma mère, venez à mon secours !

DE GERVAIS.

Oui, oui, venez, madame.

EDMOND.

Je pars... je pars, je vous quitte pour longtemps, pour toujours peut-être ; mais, je vous en supplie, dites à mon père que je pars digne de sa bénédiction.

MADAME DE GERVAIS.

Mon ami...

DE GERVAIS.

Venez ici, femme... venez !... non pas pour excuser les autres, mais pour vous justifier vous même... Je pars... je vous laisse deux enfants, un frère, une sœur ; que m'avez-vous rendu ? Répondez !... Un amant !...

MADAME DE GERVAIS.

Gervais !

EDMOND.

Taisez-vous, ma mère ; prions, ne nous justifions pas.

DE GERVAIS.

O mon Dieu, mon Dieu ! moi qui vous demandais de les retrouver tous vivants, ma femme, mon fils, ma fille ! O mon Dieu ! votre colère, en ne m'exauçant pas, n'eût-elle pas été plus clémente que votre bonté en m'exauçant ? Oui... oui, je le dis avec désespoir, plutôt que d'avoir inspiré une telle passion à son frère, pardonnez-moi, mon Dieu, mais j'aimerais mieux que ma fille fût morte !

EDMOND et MADAME DE GERVAIS.

Oh !...

SCÈNE VIII

Les Mêmes, le Marbrier.

LE DOMESTIQUE, au Marbrier.

Voici M. de Gervais.

LE MARBRIER, s'avançant.

Pardon, monsieur...

EDMOND, effrayé.

Oh ! ma mère, cet homme...

MADAME DE GERVAIS.

Arrête, mon fils ! la main de Dieu est dans tout ceci.

LE MARBRIER.

C'est à M. de Gervais que j'ai l'honneur de parler?

DE GERVAIS.

C'est moi.

(Le Marbrier lui présente sa note, de Gervais la prend et la lit ; pendant cette lecture, Edmond dit quelques mots au Marbrier, qui se retire.)

DE GERVAIS, lisant.

« Pour avoir fourni la dalle de marbre, 300 francs; pour avoir gravé sur cette dalle de marbre soixante et une lettres composant l'inscription suivante (entrée de Clotilde) : « CLOTILDE » DE GERVAIS, morte à seize ans, le 2 septembre 1850. Priez » pour elle... » Oh! Edmond, mon fils! ma femme! me pardonnerez-vous?...

(Edmond se jette aux genoux de son père.)

CLOTILDE.

Mon père! je suis toujours votre fille.

EDMOND.

Seulement, mon père, elle n'est plus ma sœur.

DE GERVAIS.

O mon Dieu! que vous êtes bon! que vous êtes grand! que vous êtes miséricordieux! vous faites un ange de plus au ciel, et, à sa place, vous rendez une fille pour le père, une épouse pour le fils. (Les pressant tous les deux sur son cœur.) Mes enfants! mes enfants!

FIN DU TOME DIX-NEUVIÈME

TABLE

	Pages
ROMULUS.	1
LA JEUNESSE DE LOUIS XIV.	57
LE MARBRIER.	227

F. Aureau. — Imprimerie de Lagny

www.ingramcontent.com/pod-product-compliance
Lightning Source LLC
Chambersburg PA
CBHW050645170426
43200CB00008B/1157